리츠 투자
무작정따라하기

리츠 투자 무작정 따라하기

초판 1쇄 발행 · 2021년 2월 25일
초판 2쇄 발행 · 2021년 3월 1일

지은이 · 김선희
발행인 · 이종원
발행처 · (주)도서출판 길벗
출판사 등록일 · 1990년 12월 24일
주소 · 서울시 마포구 월드컵로 10길 56(서교동)
대표전화 · 02)332-0931 | **팩스** · 02)323-0586
홈페이지 · www.gilbut.co.kr | **이메일** · gilbut@gilbut.co.kr

기획 및 책임편집 · 이지현 (lee@gilbut.co.kr) | **디자인** · 신세진 | **영업마케팅** · 정경원, 최명주, 전예진
웹마케팅 · 김진영 | **제작** · 손일순 | **영업관리** · 김명자 | **독자지원** · 송혜란, 윤정아

교정·교열 · 안종군 | **일러스트** · 정민영 | **전산편집** · 예다움 | **CTP 출력 및 인쇄** · 예림인쇄

ISBN 979-11-6521-459-3 13320
(길벗도서번호 070454)

정가 19,000원

독자의 1초까지 아껴주는 정성 '길벗 출판 그룹'
길벗 | IT실용서, IT/일반 수험서, IT전문서, 경제실용서, 취미실용서, 건강실용서, 자녀교육서
더퀘스트 | 인문교양서, 비즈니스서
길벗이지톡 | 어학단행본, 어학수험서
길벗스쿨 | 국어학습서, 수학학습서, 유아학습서, 어학학습서, 어린이교양서, 교과서

카카오1분 · https://1boon.kakao.com/gilbut
네이버포스트 · https://post.naver.com/gilbutzigy
유튜브 · https://youtube.com/ilovegilbut
페이스북 · https://www.facebook.com/gilbutzigy

리츠 투자
무작정 따라하기

김선희 지음

길벗

20여 년 넘게 국내 및 해외에서 다양한 부동산 투자 및 운용 업무를 해오면서 부동산 투자의 가장 큰 매력이라고 느낀 것은 '안정적인 임대수익'과 '매각 차익'이었습니다. 그러나 경기 또는 부동산 시장의 침체기에 임대료가 하락하거나 공실이 발생하는 문제와 적절한 타이밍에 신속하게 매각하여 자금을 회수할 수 없다는 유동성 문제는 부동산 투자의 단점이기도 했습니다.

이러한 문제를 해결하기 위해 부동산 투자의 단점을 보완한 리츠 투자에 자연스럽게 관심을 갖게 되었습니다. 해외에서는 이미 미국, 호주, 싱가포르, 일본 등 전 세계 주요 선진국의 리츠에 투자하고 있습니다. 오피스, 리테일, 호텔, 임대주택, 물류창고 등 다양한 부동산 섹터로 포트폴리오를 구성하여 안정적으로 배당을 받고, 주식시장에서 언제든지 매각할 수 있도록 유동성 리스크도 줄이고 있습니다.

이러한 해외 리츠의 장점에 매료되어 새로운 사업을 시작하면서 글로벌 리츠 운용 1세대인 저자를 만나게 되었습니다. 이 책의 저자는 국내에서 유일하게 지난 10여 년간 해외 리츠에 직접 투자하고 다양한 리츠 상품을 개발해왔습니다. 누구보다 시장을 바라보는 혜안이 뛰어나고, 리츠에 관해 많은 지식을 보유하고 있으며, 장기투자 실적까지 겸비하고 있는 검증된 전문가입니다.

최근 리츠가 기관투자자뿐 아니라 개인투자자에게도 실물 부동산 투자의 대안으로 각광받고 있습니다. 이 책에서는 저자의 전문 지식과 노하우가 담겨 있습니다. 이 책을 통해 더 많은 개인투자자들이 리츠 시장에 대한 이해의 폭을 넓히고 더 나아가 국내 및 해외 리츠 투자가 더욱 활성화되길 기대합니다.

이규성(이지스자산운용 대표이사)

부동산 투자 포트폴리오를 완성시키는
리츠 투자

남희식씨는 강남과 도심에 빌딩을 여러 채 보유하고 있는 자산가입니다. 그는 이 빌딩들의 사진을 카톡 프로필에 올려놓을 정도로 자랑스럽게 여기고 있었는데, 최근 들어 이 빌딩들이 애물단지가 돼 버렸습니다. 최근 코로나 사태의 영향으로 1층 상가의 임대료가 밀리기 시작하면서 빌딩관리와 임대료관리가 점점 어려워지기 시작했기 때문입니다.

더욱이 코로나 때문에 확산된 언택트[1] 문화로 1층 상가 및 오피스에 사람들의 발걸음이 뜸해지면서 임차인들과의 계약 연장이 불투명해졌고 심지어 큰 재산을 형성하기 위해 산 빌딩의 가치가 향후 하락하지 않을까 하는 걱정 때문에 불면증까지 생겼습니다.

그는 지인에게 "미래의 경제 상황이 불투명하기 때문에 우리나라의 자산만 갖고 있는 것은 불안해. 부동산은 막상 팔려고 하면 팔기 힘드니까 말이야. 그래서 미국 뉴욕이나 샌프란시스코 같은 선진국의 대도시에 부동산을 사고 싶은데, 의외로 세금과 거래 수수료가 상당히 높네."라는 푸념을 털어놓습니다.

이젠 트렌드가 바뀌어 미국의 기관투자가들은 전통적인 오피스, 아파트, 호텔, 상가 같은 전통적인 빌딩 대신 언택트 문화의 수혜를 입은 대형 물류창고, 데이터센터 등에 투자한다고 하는데, 한국에서는 개인이 이런 빌딩에 직접 투자할 기회는 많지 않은 것 같습니다.

임대사업자인 김정수씨는 젊은 시절부터 근검과 절약을 생활화해 30억원대의 자산을 가진 부자가 됐습니다. 노후에 편히 살겠다는 목표를 세우고 임대사업자로 등록한 후 아파트를 꾸준히 사들여 지금은 서울과 지방에 열 채가 넘는 아파트를 보유하고 있습니다. 그런데 최근 들어 정부의 임대사업자에 대한 세금 혜택이 점차 없어지는 상황이 전개됐고, 주말에도 쉬지 못하고 각 지방을 다니며 아파트 월세 계약을 하는 일이 점점 힘에 부치기 시작했습니다.

'지금은 아파트 가격이 상승하고 있기 때문에 힘이 나지만, 만약 나이가 더 들어 아파트 가격이 하락하면 어쩌지?'라는 걱정도 하게 되고 최근 상장하기 시작한다는 아파트 리츠 뉴스도 심상치 않게 들립니다. 개인 임대사업자 외에도 외국처럼 법인 임대사업자가 본격적으로 등장하면 든든하게 생각했던 임대사업자라는 위치가 위험할 수도 있겠다는 생각에 불안해집니다.

지금까지 다룬 사례가 바로 대한민국의 재테크 현주소입니다. 부자가 되거나 노후를 안락하게 보내는 것은 우리 모두의 간절한 바람이지요. 그런데 이런 바람을 이루는 지름길로 여겨왔던 빌딩 주인과 주택 임대사업자도 이처럼 고민이 많습니다. 더욱이 코로나 사태로 접촉을 회피하는 언택트 문화가 확산되면서 부동산의 물길이 급격히 바뀌고 있습니다. 꼬마 오피스 빌딩과 목 좋은 상가만 마련하면 임차인을 쉽게 구할 수 있다는 전제가 흔들리고 있는 것입니다.

전 세계 나라 중에서 우리나라의 개인 부동산 소유 비율이 가장 높다고 하지요? 우리나라 사람들이 부동산을 좋아해서 그렇다곤 하지만 사실은 부동산 수익률은 높고, 다른 수익률은 낮기 때문일 것입니다. 다른 나라에 없는 전세제도 덕분에 주택을 싸게 살 수 있고, 이와 반대로 우리나라 주식은 선진국 주식 대비 변동성은 큰데 장기수익률은 낮은 편이지요. 그래서 우리나라의 부자는 빌딩 주인을 꿈꾸고, 중산층은 임대사업자로 등록해 부동산 분야에서 재테크 수단을 마련하고자 합니다.

여러분의 부동산 재테크는 안전한가요? 앞의 사례에서 알 수 있듯이 아파트나 빌딩은 장점만큼이나 단점도 많습니다. 중요한 순서대로 살펴보겠습니다.

우리나라의 부동산은 원하는 시점에 팔 수 있는 유동성이 부족하고, 자산이 일정 지역에만 집중돼 있을 경우에는 위험이 배가됩니다. 더욱이 부동산에는 규제와 세금, 수수료가 많아 실제 수익률은 생각보다 낮고요. 무엇보다 임장[2], 임대인 관리, 경매 등에 따른 현장 방문이 많아 커리어, 가정 생활 등에 소홀해지기도 합니다.

코로나 위기로 증명됐듯이 좋은 위치에 있는 빌딩이 아닌 이상, 개인이 살 수 있는 빌딩이나 상가는 경제위기나 질병 유행 시 공실률이 증가하거나 임대료를 제대로 받지 못할 위험성이 큽니다. 더욱이 언택트 시대에 접어들어 사람들이 오피스, 호텔, 상가, 쇼핑몰과 같은 수익형 부동산을 이용하는 횟수가 줄어들면서 임대료를 잘 받지 못할 위험성도 높아졌습니다.

인터넷 등의 발달로 수혜를 입은 대형 물류창고나 데이터센터와 같은 빌딩이 많아졌다고
는 하지만, 이런 빌딩을 보유할 수 있는 방법은 찾기 힘듭니다.

그럼 현재 부동산 재테크의 부족한 점을 채울 방법은 없는 것일까요? 다행스럽게도 아주
좋은 솔루션이 있습니다. 바로 '리츠'입니다.

이미 수십 년 전부터 이와 같은 문제들이 존재했던 미국, 호주, 일본, 싱가포르 같은 선진
국의 개인과 기관투자자들은 리츠를 활용해 부동산 포트폴리오를 완성하고 있습니다.

"오피스텔이나 아파트 다주택 투자는 생각보다 세금이 많고 매수를 하는 데도 비용도 많이 들
고 관리하기도 쉽지 않아요."

"시간을 많이 들여 발품을 팔거나 관리하지 않아도 원하는 우량 상가나 임대용 주택을 살 수 있
을까요?"

"코로나 위기에도 가치가 거의 변하지 않고 트렌드에도 부합하는 빌딩을 개인이 살 수 있는 방
법이 있을까요?"

"급전이 필요할 때 쉽게 팔 수 있고 나보다 뛰어난 전문가 그룹이 관리해주는 편한 빌딩관리법
이 있을까요?"

"더 높은 수익률을 기대할 수 있는 부동산 자산이 있을까요?"

리츠는 이런 질문에 대한 솔루션입니다. 즉, 모든 부동산 투자자에게 필요한 재테크 방법
이라 할 수 있습니다.

리츠는 상장된 상업용 부동산(주로 '빌딩'이라고 합니다)을 보유하고 있는 회사가 주식시장에
상장한 형태를 말합니다. 자산운용사나 부동산운영회사가 빌딩을 소유하고, 임대료를 받
으려는 목적으로 세운 회사를 상장한 형태죠.

선진국의 리츠는 세계의 우량 빌딩들에 주로 투자해 자산가치가 높고, 주식처럼 사고팔 수
도 있는 장점이 있습니다. 더욱이 장기적으로 볼 때 수익률도 연 10% 수준입니다. 그 덕분
에 우리나라보다 노령화가 빨리 진행되고 저금리가 일반화돼 있는 선진국의 주요 자산으
로 자리잡았습니다. 우리나라의 국민연금을 포함한 세계 주요 연기금에서 투자하고 있고,
선진국 국민들의 퇴직연금 필수품이기도 합니다.

우리나라처럼 자산이 아파트에만 집중돼 있는 경우는 위험합니다. 목돈이 필요할 때 현금화
할 수 없거나 여러 지역에 걸쳐 수채의 아파트를 갖게 되면 관리하기가 힘들어지곤 합니다.

자산의 가격이 하락하면 퇴직자산이 예상보다 줄어들 위험성도 있습니다. 리츠는 환금성이 뛰어나고 리츠 회사의 전문가들이 운용하므로 직접 관리할 필요도 없으며, 해외 곳곳에 우량 빌딩을 사는 효과를 거둘 수 있어 안정성도 뛰어납니다.

특히 급변하는 사회 환경 때문에 예전에 인기 있었던 오피스, 쇼핑몰, 호텔 같은 빌딩의 미래가 점점 불투명해지는 요즘, 리츠로는 전 세계 대부분의 섹터[3]가 상장돼 있어 기관투자가조차 실물 투자기회를 찾기 힘든 데이터센터, 통신탑 리츠 같은 4차 산업혁명 시대에 걸맞은 빌딩에도 투자할 수 있습니다.

그런데 '구슬이 서말이라도 꿰어야 보배'라는 말처럼 장점이 많은 리츠 자산도 그 특징을 잘 모르고 투자하면 실패할 확률이 높습니다. 마치 람보르기니 스포츠카를 샀는데 운전 방법을 몰라 주차장에 둘 수밖에 없는 것과 같은 안타까운 상황입니다. 따라서 리츠 투자의 장점을 살리고 리츠 본연의 '해외 최고급 빌딩'에 투자해 수익률을 달성하는 투자방법을 알아야 합니다.

리츠 투자를 성공시키는 '알고리츠'

저는 해외 리츠 펀드를 8년간 운용하면서 '왜 이 좋은 자산[4]이 한국이나 개인투자자들에게 인기가 없을까?'라는 생각을 한 적이 많았습니다. 그전에는 비상장기업 투자(Private Equity) 및 인프라 펀드 등 국내 실물자산과 국내주식투자를 12년간 해왔습니다. 이렇게 실물자산과 상장자산을 둘 다 운용해본 경험이 있기 때문에 두 자산 간의 차이를 잘 파악하고 있습니다. 좋은 리츠가 보유한 자산들은 실물시장에서 오히려 더 높게 평가되는데, 똑같은 자산을 가진 리츠는 주식시장에 상장됐기 때문에 주가 변동을 싫어하는 투자자들 사이에서는 낮게 평가된 채 거래되는 경우가 많습니다.

장점이 많은 리츠가 국내에서만 유독 투자자가 적은 이유는 '한국 투자자들이 리츠로 돈을 벌어본 경험이 적다'라는 사실 때문입니다. 가까운 일본에서는 리츠가 2000년대 중반에 소개된 이래 재테크의 중요한 축이 됐고, 개인들은 마이너스 금리의 예금상품과 일본 내의 집에 투자하는 대신, 선진국의 빌딩 투자인 리츠로 눈을 돌려 오랜 기간 투자 수익을 올렸습니다.

우리나라에서 리츠로 돈을 번 경험이 적은 이유는 '리츠의 핵심적인 특성과 투자방법을 잘 몰랐기 때문'일 것입니다. 어느 자산이든 투자 성공의 알고리즘은 자산의 핵심 특성을 파악한 후 그 특성에 맞는 투자방법으로 고수익을 실현하는 것입니다. 이 책에서는 이 투자

방법을 리츠에 적용하는 것을 '알고리츠'라고 표현하겠습니다.

알고리츠는 '알고 하는 리츠 투자 성공비법' 또는 '성공하는 투자 알고리즘에 입각한 리츠 투자 비법'을 뜻합니다.

제가 운용해온 해외 리츠 펀드의 수익률은 배당을 합해 연 10%대 초반이었습니다. 그 이유는 오랜 기간 검증돼온 '알고리츠'를 활용했기 때문입니다.

알고리츠의 핵심은 리츠 투자에 대한 많은 정보 중 필요 없거나 왜곡된 것을 제거하고 투자에만 집중하는 데 있습니다.

- 알고리츠를 하면 리츠가 어떤 자산인지 알게 됩니다. ⋯ 리츠 자산이 우량 빌딩자산임을 알게 돼 본인만의 리츠 최적 투자금액과 기간을 계산할 수 있습니다.
- 알고리츠를 하면 리츠에 투자할 때 꼭 필요한 지식이 뭔지 알게 됩니다. ⋯ 필요 없는 지식을 찾아 낭비하는 시간이 줄어듭니다.
- 알고리츠를 하면 누구나 어렵지 않게 적용할 수 있는 리츠 투자의 비결을 배울 수 있습니다. ⋯ 리츠 투자의 결과가 장기적으로 좋아집니다.

알고리츠는 리츠가 '주식'이나 '금융상품'이 아닌 '부동산'이라는 인식에서 출발합니다. 마치 부동산을 사듯 입지와 섹터에 대해 공부하고, 합리적으로 선택해 오랜 기간 보유하면, 리츠 본연의 좋은 수익률을 기대할 수 있습니다.

이 책에는 리츠와 섹터, 종목에 대한 1차적인 소개를 넘어 자산을 이해하는 데 필수적인 지식과 투자 노하우가 모두 담겨 있습니다.

예를 들어 요즘 인기 있는 IT와 관련된 리츠 섹터들, 즉 데이터센터, 물류, 통신탑을 단순히 성장성이라는 시각에서 바라보면 모두 비슷해 보이지만, 비용 구조, 섹터 내 종류 분석, 임대차 기간 및 형태라는 시각에서 바라보면 세 분야의 차이점이 드러납니다. 이렇게 차이점을 알게 되면 투자 결정이 쉬워집니다.

친구에게 권하고 싶은 리츠 투자

수차례에 걸쳐 리츠에 대해 인터뷰도 했고, 증권사나 은행 지점, 본점, 재테크박람회에서 세미나도 진행했는데, 많은 분이 세미나 내용은 소수 참석한 사람에게만 전달되므로 책으로 소개해주면 좋겠다는 제안을 해주셨습니다. 이 책은 소중한 자신의 자산을 보다 잘 운용하고자 하는 일반 독자분들을 대상으로 썼지만, 일선 PB분들이나 자산운용과 관련된 직업에 종사하시는 분들이 고객에게 자산을 소개할 때나 우리나라 리츠 회사 경영진들이 좋은 수익률을 내는 리츠전략을 세울 때도 참고가 될 것입니다.

아직 리츠를 잘 몰라 투자를 하진 못하지만 제게 리츠에 대해 자주 물어보는 제 친구를 떠올리며 썼습니다. 직접 만나 설명하더라도 책으로 소개하는 내용과는 차이가 있습니다. 똑똑하고 현명하지만 리츠가 생소해 아직 투자하지 못한 친구가 이 책에 소개한 '알고리츠'를 따라 하면 좋은 결과를 얻으리라 생각합니다.

리츠는 저금리, 저성장 국면에 진입한 우리나라의 상황에 가장 적합한 자산입니다. 리츠에 장기투자하면 해외 우량 빌딩에 투자한 만큼의 수익률을 기대할 수 있기 때문입니다. 이 책은 장기간에 걸쳐 높은 한 자릿수에서 낮은 두 자릿수(연 6~12%) 수준의 수익률을 원하는 분들이나 경기 침체 시에도 장기적인 안정을 원하는 분들에게 많은 도움이 될 것입니다.

국내에 해외 리츠 펀드가 소개된 지 약 15년이 흘렀습니다. 이제 본격적으로 국내에서도 좋은 리츠들이 상장되고 있고, 앞으로 더 많아질 것입니다. 이 책에서 소개한 리츠 투자 방식을 통해 독자분들이 리츠를 자산증식에 잘 활용할 수 있다면 더할 나위 없이 기쁘겠습니다.

이 책을 쓰면서 많은 분의 도움을 받았습니다. 리츠에 대해 배울 수 있고, 투자할 수 있는 기회를 마련해주신 한화자산운용, 이지스자산운용, 신세계 프라퍼티의 여러분들, 함께 일하며 도와주신 분들, 정성껏 원고를 보고 피드백해주신 분들, 기도하고 응원해주신 분들, 원고를 멋지게 편집해주신 출판사, 책을 쓰는 동안 묵묵히 지원해준 가족들에게 고마운 마음을 전합니다. 책을 쓰는 동안 참고가 된 좋은 책, 리서치 자료, 신문기사를 편찬해주신 분들과 그 자료들을 전달해주신 분들께도 신세를 졌습니다. 마지막으로 이 책이 나올 수 있게 인도해주신 하나님께 감사합니다.

저자 김선희

---

(1) 언택트(untact): 소비자와 판매자가 직접 만날 필요가 없는, 즉 접촉을 최소화하는 새로운 소비 경향을 말한다.

(2) 임장: 어떤 일이나 문제가 일어난 현장에 나오는 것을 말한다.

(3) 섹터: 특정 업종. 상업용 빌딩에도 오피스, 상가, 임대아파트처럼 다양한 업종이 존재하는데, 이를 '섹터'라고 한다.

(4) 좋은 자산: 일정한 리스크(변동성 등 위험성) 대비 수익률이 상대적으로 좋은 자산을 말한다.

- 이 책은 '선지식 후적용'의 구조로 쓰였으므로 처음부터 읽는 것을 추천합니다. 이 책은 리츠에 투자해야 하는 이유, 리츠에 투자하는 데 필요한 기본적 지식, 구체적인 투자방법과 투자 상품을 소개하는 순서로 배치했습니다. 맨 뒤에 배치한 심층지식편은 기본지식편 다음에 읽어보는 것이 좋습니다.
  지역별로는 해외 리츠, 특히 미국 리츠를 중심으로 소개합니다. 미국 리츠는 가장 오랜 역사를 지녔고 가장 발달됐으며, 다양한 지역과 섹터를 보유하고 있습니다. 이런 특성 때문에 미국 리츠를 알게 되면, 후발주자로서 좀 더 단순한 형태의 유럽과 아시아 그리고 한국 리츠와 비교하거나 적용할 수 있습니다.
- 이 책에 등장하는 개별 리츠 및 지역 리츠의 수익률은 코로나 발생 이전인 2019년 11월을 기준으로 소개했습니다. 코로나 이후에 하락한 리츠의 주가는 순자산 대비 크게 할인받고 있으므로 일반적인 경우에 적용하기는 어렵다고 판단했기 때문입니다.
- 이 책의 투자 비법은 해외나 국내주식을 투자할 때도 활용할 수 있습니다. 해외에서 오랜 기간 검증된 투자 알고리즘 중 일반인이 적용하기에 가장 좋은 방법입니다. 이 투자법을 국내주식이나 해외주식에 적용하면, 초보자도 리스크가 적고 하락장에서도 보다 방어적이며 장기 수익률이 좋은 투자를 할 수 있습니다.

PART 2　리츠, 섹터를 알면 전략이 보인다!

PART 3   매력적인 리츠, 지금부터 실전 투자!

PART
1

리츠에 투자하기 좋은 시기입니다

지금,
리츠가 필요한 이유

왜 리츠에 투자해야 할까요? 리츠는 일반적인 주식, 아파트, 꼬마빌딩이

갖지 못한 장점을 갖고 있기 때문입니다. 리츠에 투자하면 부동산이 주는

안정감을 느끼면서 주식이 주는 유동성과 성장성까지 챙길 수 있습니다.

한편으론 내가 원하는 지역과 종류의 빌딩을 몇 개씩 살 수도 있습니다.

이제, 당신이 리츠에 투자할 차례입니다.

당신에겐 리츠가 필요하다

편안한 노후를 위해, 안정적인 삶을 위해

누구나 안정적으로 돈을 모으고, 나와 가족의 노후를 대비하고 싶은 꿈을 갖고 있습니다. 그런데 은행 이자는 너무 낮고 집값은 계속 올라 집을 사서 자산을 불리기가 힘들어졌습니다. 임대사업으로 노후를 대비하고 싶어도 세금과 규제 때문에 힘들고 주식을 해보려고 해도 새롭게 공부해야 하고 변동성이 두렵습니다. 이런 분들에게 리츠 투자를 권합니다. 왜냐고요? 리츠는 부동산이지만, 소액으로 전 세계에 있는 우량 빌딩에 투자할 수 있기 때문입니다. 리츠는 '부동산'이므로 장기적인 수익률이 우량 빌딩과 비슷합니다. 배당도 미국 리츠 평균 연 4%에 달하고(2007~2018), 배당 포함 수익률은 연 8~12%(40년간, 2019. 6. 기준)에 가까운데다 복잡한 세금과 규제 문제도 없습니다. 정부도 이런 리츠가 보통 사람들에게 꼭 필요하다고 생각해 점차 국내 시장에서 리츠를 발전시키고, 리츠에 투자하는 것을 독려하고 있습니다.

선진국의 개인투자자뿐 아니라 자산가, 펀드매니저, 대형 연기금 등이 리츠에 많이 투자합니다. 미국의 자산운용 전문가들이 권하는 리츠 투자금액은 개인 저축 자산의 10% 정도입니다. 보통 사람들이 매월 수만 원~수십만원 정도를 저축하거나 퇴직금으로 운영하는데, 이 금액의 10%를 리츠로 바꿔보면 어떨까요? 5~10년 후의 수익률이 투자한 지역과 섹터의 실물 빌딩과 비슷하거나 심지어 더 좋을 수도 있습니다.

빌딩 주인도 리츠에 투자해야 한다

보통 사람들에게도 리츠 투자가 필요하지만, 빌딩을 갖고 있는 사람, 다주택자처럼 부동산 자산을 어느 정도 구축한 사람들에게도 필요합니다. 그 이유를 하나씩 알아보겠습니다.

'조물주 위에 빌딩주'라는 말이 유행한 적이 있었습니다. 유명 자산운용사에 입사한 신입사원들이나 펀드매니저들에게 꿈을 물어보면 모두 한결같이 '빌딩 주인'이었죠. 조금 현실적으로 '꼬마빌딩 주인'이라 말하는 사람도 있지만, 결국 모두가 원하는 것은 '빌딩 주인'입니다.

그런데 현실은 어떨까요? 큰 빌딩이나 꼬마빌딩을 갖고 있는 사람들 중 다수가 임대인 관리 때문에 힘들고 수익이 생각보다 좋지 않아 남몰래 속을 썩이고 있습니다.

Ⓐ "임차인이 나가면 바로 공실이 생기는데, 가격을 낮춰도 손해, 공실이 나도 손해….".(수익률 하락)

Ⓑ "새벽 4시에도 수도가 고장 났다고 전화오기 일쑤예요. 주말에도 임차인들의 요구사항을 처리해줘야 하기 때문에 쉴 수가 없어요."(삶의 질 저하)

Ⓐ "생각보다 임대료의 연체율이 높아 생활비로 쓰기는 불안정하고, 건물이 오래 될수록 수리비도 많이 나가네요."(수익률 하락)

B "어차피 팔기도 힘드니 증여용으로 생각하고 있어요."

A "예전에는 오피스, 상가가 최고였지만, 요즘은 시대가 바뀌어서 공유오피스, 재택근무, 온라인쇼핑이 확대되기 때문에 10년 후면 임차인이 있을지 걱정돼요."(미래 수익률 하락 가능성)

사람들이 빌딩 주인이 되길 원하는 이유는 간단합니다. 꼬마빌딩을 사려면 적어도 20억원, 웬만큼 큰 빌딩을 사려면 수백억원이 듭니다. 빌딩 매입은 그 큰 재산을 상대적으로 안정되게 운용할 수 있는 방법인 것이죠. 땅의 가격은 대개 장기간에 걸쳐 꾸준히 상승하고, 사업보다는 안정적으로 돈을 벌 수 있는 방법이니까요.

저도 한때는 돈을 벌면 당연히 빌딩을 사야 한다고 생각했는데, 부동산 자산운용사에 근무하면서 생각이 바뀌었습니다.

부자가 됐을 때 우리가 살 수 있는 빌딩의 종류로는 오피스, 다주택, 상가를 들 수 있습니다. 그런데 현실에서는 아주 좋은 입지가 아니면 빌딩 가격이 잘 오르지 않고 임대관리도 힘이 듭니다. 즉, '부익부 빈익빈'이 되기 쉽죠. 광화문의 파이낸스센터와 같이 좋은 빌딩도 임대관리가 쉽지 않은데, 하물며 일반 빌딩의 임대관리는 어떻겠습니까? 힘들게 돈을 벌어 남들이 원하는 빌딩주가 되더라도 고민은 생각보다 많습니다. 빌딩관리도 힘들고, 빌딩 가격이 하락할 때도 있습니다. 또 옛날과 달리 전통적인 오피스, 상가 등의 미래 전망도 불투명합니다. 이런 고민을 해결하려면 입지가 좋은 빌딩을 사야 하고, 국내가 아닌 해외에도 빌딩이 있어야 하고, 가급적 원할 때 사고팔 수 있을 정도의 유동성이 있어야 하고, 오피스, 리테일(소매 판매점) 외에도 다양한 섹터(병원 빌딩, 연구시설 빌딩, 도심에 있는 좋은 위치의 고급 임대아파트 등)에 투자할 수 있어야 합니다. 그뿐 아니라 전문 관리인이 이 빌딩의 비용, 임대 상황 등 전반적인 관리를 맡아주면 금상첨화겠지요.

해외 큰손들은 이미 리츠에 투자하고 있다!

알아두세요

캘퍼스(CalPERS)
미국 최대의 연기금을 말한다. 캘리포니아 주 정부 공무원과 교육 공무원, 지방 공공기관 공무원에게 은퇴연금과 의료보장 혜택을 제공한다. 2019년 말 기준 400조원의 기금을 운용하고 있다.

좋은 부동산에 투자하려면 엄청난 자금과 정보력, 네트워크가 필요하므로 캘퍼스*, 국민연금 등 국내외의 대형 연기금이나 자산운용사의 서비스를 받는 거액 자산가가 돼야 합니다. 그런데 이런 연기금이나 거액 자산가들은 전체 부동산 투자 자산의 약 10~20% 정도를 '리츠'에 투자합니다. 왜 이들은 실물 빌딩 외에 상장리츠에 투자하는 것일까요?

앞서 말한 것처럼 투자자가 실물 빌딩만으로는 부족하거나 불편한 점이 많기 때문입니다. 선진국에서는 이를 해결하기 위해 리츠를 만들었습니다. 유동성, 좋은 자산, 원하는 섹터를 고를 수 있는 유연성을 모두 만족시키는 부동산 투자방법이죠. 이번 코로나 위기로 알게 된 바와 같이 빌딩이라고 해서 임대료를 모두 잘 받는 것은 아닙니다.

- 오피스, 상가의 경우 입지와 품질이 좋아야 임대관리가 쉽습니다. ⋯ 리츠의 경우 대개 세계 최상위의 입지와 높은 품질의 빌딩들을 갖고 있습니다.

- 실물 빌딩의 경우 임대관리와 빌딩관리가 힘들거나 어려워 수익률이 낮아질 수 있습니다. ⋯ 리츠는 세계적인 부동산 운용사나 부동산 회사가 운용합니다.

- 아무리 돈이 많아도 개인이 여러 지역과 다양한 종류의 빌딩에 투자하기는 힘듭니다. ⋯ 리츠를 통해서는 얼마든지 다양한 지역과 섹터의 빌딩에 투자할 수 있습니다.

- 경제위기, 인터넷 쇼핑, 재택근무에 전혀 영향을 받지 않는 빌딩에 투자하기가 힘듭니다. ⋯ 리츠로는 데이터센터, 통신탑, 연구빌딩, 최신 물류센터에 투자할 수 있습니다.

- 매매수수료, 관리비용 등을 제외한 실물 빌딩의 수익률은 예상보다 낮을 수 있습니다. ⋯ 리츠는 실물 빌딩 수수료보다 저렴하고 과거 수십 년간 연 10% 수준의 수익률을 거둔 기록이 있습니다.

최근 해외 부자나 기관투자가들은 통상적으로 투자하던 오피스, 리테일 몰, 호텔 외에도 새로운 형태의 상업용 빌딩(물류센터, 헬스케어 데이터센터 등)을 찾는 경향이 두드러지고 있습니다. 리츠는 이런 새로운 형태의 섹터에서 우위를 점하고 있습니다. 우리나라에서는 모든 사람이 빌딩주가 되고 싶어 하지만, 정작 좋은 빌딩을 살 수 있는 해외 큰손들은 리츠를 하고 있다는 사실을 기억해야 합니다. 지금이 바로 선진국 투자자의 노하우를 배워야 할 때입니다.

빌닝을 갖고 있너라도 리츠에 투자하면 빌딩에만 투자했을 때의 단점을 보완할 수 있습니다. 빌딩을 갖고 있지 않다면 더욱 리츠에 투자하세요. 돈을 모을 수 있을 뿐 아니라 실제 빌딩에 투자한 것 이상의 수익률을 거둘 수 있습니다.

우리는 리츠에 투자해야 합니다. 정석대로 투자한다면 해외 최고급 빌딩에 투자하는 것 이상의 수익을 냅니다. 이 책에는 리츠를 통해 정말 좋은 빌딩의 주인이 되는 비결이 담겨 있습니다.

02

일찍 시작할수록
빛을 발하는 리츠 투자

모든 종잣돈은 절약에서 시작된다

종잣돈을 모으는 데 특별한 비결은 없습니다. 금수저가 아닌 한 대개 절약에서 시작됩니다. 그리고 가장 실천하기 힘든 일이기도 합니다. 왜냐하면 최근의 트렌드가 '좋은 소비=투자'이기 때문입니다. 경험, 명품 등도 투자이긴 하지만, 이런 투자는 돈이 아니라 추억만 남습니다. 구태의연한 이야기지만 번 돈이 크든, 적든 써버리는 순간 종잣돈은 적어집니다. 많이 벌고 적게 저축하면, 적게 벌고 많이 저축하는 사람보다 뒤처집니다.

저도 한때 주변 사람들의 소비 수준과 비슷한 자동차, 식도락, 명품에 치중했던 적이 있었습니다. 즐거웠던 추억은 '사진'으로 남았지만 '돈'으로 남지는 않았습니다. 이와 비슷한 시기에 외국계 금융회사에 입사한 후배는 연 수억원이 넘는 연봉에도 반지하방 생활을 하면서 종잣돈을 모아 십수 년이 지난 지금 강남 아파트와 수익형 부동산까지 소유하고 있습니다.

혹시 여러분은 외국계 금융회사급 소비를 하고 있는 것은 아닌지요? 실제 외국계 금융회사에 다니는 사람들은 자수성가한 부자 부모를 둔 경우가 많아서 절약의 중요성을 잘 알고 근검, 절약하는 습관이 몸에 배어 있습니다.

리츠는 청년기에 추천하는 좋은 투자 자산!

"투자 자산으로는 어떤 것을 추천하시나요?"
"저는 국내외 리츠를 추천합니다."

왜 리츠냐고요? 청년들에게 좋은 경제공부이기도 하고, 수익률도 좋은 자산이기 때문입니다. 리츠는 고품질 빌딩을 운용하는 회사가 주식으로 상장한 자산을 말합니다. 리츠에 투자하면 투자한 자산인 국내외 상업용 부동산, 상장된 형태인 주식, 금리와 그 나라의 경제까지 공부하게 됩니다. 즉, 해외 리츠에 투자하면서 주식, 채권, 부동산, 해외 경제까지 모두 공부하게 되는 셈이지요.
더욱이 수익률도 좋습니다. 장기투자할 경우 리츠가 보유한 해외명품빌딩 수익률 이상(연 8~11% 정도)의 총 수익률*을 거둘 수 있습니다 (왜 좀 더 수익률이 좋은지는 2부에서 설명합니다).

알아두세요

총 수익률
자산상승률(배당과 이자를 제외한 가격 상승분)과 배당(또는 이자)을 합산한 개념으로, 투자 자산을 보유했을 때 받을 수 있는 배당을 재투자한다는 가정하에서의 수익률을 말한다.

주식투자를 할 때 너무 종목에만 치우치면 경제공부를 하지 못할 우려가 있고, 특히 한국 주식만 공부하면 우물 안 개구리가 되기 쉽습니다. 장기적인 수익률도 부동산을 기초자산으로 한 리츠보다 덜 안정적이고 저조한 편입니다(40년 기준 한국 주식 연 5%, 미국 주식 10%, 미국 리츠 11%). 더 빨리 돈을 벌고 싶어 비트코인만 공부하는 것도 좁은 범위의 자산 공부입니다.

투자의 귀재가 추천하는 '개인투자 포트폴리오'

세계 대학기금 기관투자가 중 가장 높은 수익률을 기록해 많은 기관 투자가가 멘토로 삼고 있는 예일대학교 연기금 CEO인 데이비드 스웬슨이 추천한 개인을 위한 투자 제안을 살펴볼까요? 그는 1985년 이후 지금까지 예일대학교 대학기금을 맡아 운용하면서 탁월한 운용 능력으로 대학기금의 규모를 30배가량 키운 주인공입니다. 다음은 미국 최대 연기금인 캘퍼스가 운용하는 한 펀드의 자산 예시입니다.

《 데이비드 스웬슨의 포트폴리오와 벤치마크(코스피200지수) 성과 》

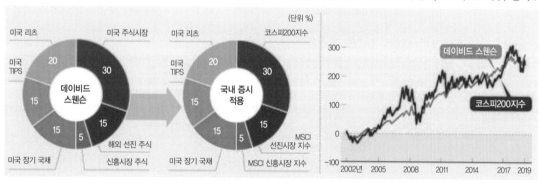

(출처: 한국경제신문)

《 캘퍼스 운용펀드의 투자배분 예시 》

(단위: %)

CERBT3	전략적 목표 배분율	목표 오차 범위	현재 배분율	목표와 실제 간 차이
해외주식(GLOBAL EQUITY)	24	±2	24.7	0.7
채권(FIXED INCOME)	39	±2	38.6	(0.4)
물가연동부 채권(TIPS)	26	±2	25.7	(0.3)
리츠(REITs)	8	±2	8.1	0.1
원자재(COMMODITIES)	3	±2	2.9	(0.1)
현금(LIQUIDITY)	0	+2	0.0	0.0

(출처: 캘퍼스, 자료: Allocations approved by the Board at the October 2014 IC meeting)

주 자산이 채권, 미국 주식, 해외 주식, 리츠, 물가연동부채권(TIPS), 상품 등으로 구성돼 있습니다. 이것이 바로 청년 시기에 공부해야 할 자산들로, 좀 더 범위가 크고 장기적으로 안정적인 수익률을 달성한 자산들입니다. 여기에 포함되지 않은 적은 수의 자산들, 예를 들어 한국 부동산, 비트코인, 한국 주식 공부에만 몰두하는 것은 국영수는 공부하지 않고 특정 과목에만 집중하는 전략으로 대학에 진학하고자 하는 것과 같습니다.

주요 과목은 대학 또는 사회생활에도 영향을 미치기 때문에 고등학교 때 공부를 해놓지 않으면 손해를 보게 됩니다. 저는 고등학교 때 시간이 없다는 핑계로 출제 빈도가 낮은 통계를 빼고 공부했는데, 대학원은 물론 회사 업무에도 끊임없이 영향을 미쳐 후회했던 기억이 있습니다. 금리, 채권은 어떤 자산에 투자해도 영향을 미치는 재테크의 기본과목입니다. 따라서 청년기에 배워두는 것이 좋습니다.

이번 기회에 해외 채권, 주식, 상품 등 재테크 실력을 쌓아보는 건 어떨까요? 여유 시간에 재테크 실력을 쌓으면서 시간을 합리적으로 배분해 본업인 커리어에 매진한다면, 분명히 선순환이 될 겁니다. 경제를 알면 마케팅, 금융, 영업 등 많은 부분에 활용할 수 있습니다.

리츠를 공부하면 나중에 실제 빌딩주가 될 때도 어떤 지역, 섹터, 전략으로 투자해야 할지에 대한 안목을 갖게 됩니다.

꾸준한 절약 습관으로 종잣돈을 마련하고, 그 돈을 기반으로 진짜 돈 공부를 하며 투자 자산을 불려나간다면, 부자가 안 되는 것이 오히려 이상할 것입니다.

리츠는 뭐가 특별할까?

투자 자산으로서 리츠의 진짜 장점은?

여기까지 읽은 분들은 이미 투자 자산으로서의 리츠에 대해 많이 배운 것입니다. 미국리츠협회의 홈페이지에서는 리츠를 'real estate working for you'라고 표현하고 있습니다. 이는 '당신을 위해 열심히 일하는 부동산'이라는 뜻입니다.

공실이 많아 임대료를 걷기 힘든 빌딩, 위치가 좋지 않아 매각이 잘 안 되는 빌딩, 너무 비싼 가격에 사서 팔 때 손해를 보는 빌딩은 결국 투자자의 자산증식에 도움이 안 되기 때문에 '게으른' 부동산 또는 '쓸모 없는' 부동산이라 할 수 있습니다.

임대료를 받을 수 있는 상업용 빌딩을 갖고 싶다면, 직접 빌딩을 살 수도 있고 출시되는 좋은 부동산 펀드를 통해 국내외 오피스 빌딩이나 물류 센터 등에 투자할 수도 있습니다. 그런데 상업용 부동산에 투자하는 것과 리츠에 투자하는 것에는 어떤 차이가 있을까요? 리츠를 한 마디로 믿음직하고, 능력이 있으며, 여러모로 쓸모가 있다'라고 표현할 수 있습니다.

《 리츠의 장점 》

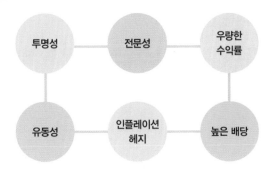

리츠의 능력 ① 장기수익률이 좋고 배당률이 높다

우량한 수익률

리츠의 가장 큰 장점은 다른 자산 대비 장기수익률이 양호하다는 것입니다. 장기간 두 자릿수의 수익률을 낸 자산은 많지 않습니다. 세계 최고 부호 중 한 명인 워런 버핏이 선호할 만큼 안정적으로 좋은 수익률을 낸 미국 주식보다 수익률이 좋은 자산입니다. 같은 주식이라도 한국 주식과 미국 주식의 장기수익률이 다르고, 리스크(위험) 지표도 다릅니다. 미국 리츠의 수익률은 장기간 연 10% 내외로, 모든 상업용 부동산 펀드와 실물 빌딩 그룹 중에서도, 더 나아가 주식이나 채권을 포함한 모든 자산 수익률 중에서도 매우 우수한 그룹에 속합니다. 위험 지표인 표준편차˙까지 감안한 샤프지수˙를 살펴보더라도 채권을 제외하고 가장 우수합니다.

알아두세요

표준편차
자료가 얼마나 평균의 주변에 모여 있는지, 흩어져 있는지(산포도)를 알아야 한다면 일반적으로 표준편차를 구해야 한다. 표준편차는 편차의 제곱을 이용해 구한다.

샤프지수
특정 펀드가 한 단위의 자산에 투자해 얻은 초과수익의 정도를 나타내는 지표이다. 똑같은 변동성을 기준으로 할 때 어느 펀드가 더 우수한 수익률을 창출했는지를 보여준다.

《 글로벌 자산군별 수익률과 표준편차(1991~2018년) 》 (단위: %)

자산군	연 총 수익률	표준편차	샤프지수
현금	2.94	2.36	–
S&P500(미국 대기업 주식)	9.75	17.47	0.39
REIT(미국 리츠)	11.24	18.06	0.46

중형 주식	9.94	17.68	0.40
소형 주식	10.15	18.81	0.38
상품	−0.37	25.00	−0.13
유럽과 아프리카	5.52	19.24	0.13
채권(총괄)	5.70	4.93	0.56
미국 지방채	5.53	5.37	0.48
하이일드 채권	8.81	15.88	0.37
미국 국채	7.52	11.94	0.38
이머징마켓 주식	17.59	46.17	0.32

(출처: 블룸버그)

높은 배당률과 안정성

배당률이 높고 매우 안정적입니다. 리츠의 배당률은 4~7% 정도로 매우 높습니다. 미국 리츠 펀드 설명 문구가 '배당의 원천이 되는 임대료라는 점에서 현금흐름이 다르다!'라고 시작할 정도로 안정성이 뛰어납니다. 배당주 중에서도 배당의 원천이 되는 임대료는 채권의 이자 다음으로 법적인 강제성이 높고 리츠 제도상 90% 이상을 배당해야 합니다. 배당의 원천이 되는 사업의 성격이 불안정하거나 회사 마음대로 배당 성향을 정하는 일반 배당주보다 배당이 매우 안정적입니다. 이런 이유 때문에 일본에서는 월지급형 배당형 펀드* 중 리츠 펀드가 해외 채권펀드와 함께 가장 많이 팔리고 있습니다.

알아두세요

월지급형 배당형 펀드
일본에서 많이 팔리는 유형의 펀드로, 정액의 배당률로 배당금을 매월 지급하는 펀드를 말한다.

인플레이션 헤지

인플레이션(물가상승)에 대응할 수 있습니다. 인플레이션이 되면 임대료도 올라갈 수 있습니다. 빌딩 가격은 임대료를 근거로 계산되기 때문에 인플레이션이 되면 대개 빌딩 가격도 상승합니다. 따라서 빌딩을 주로 보유하고 있는 리츠 가격도 물가상승과 함께 올라가겠죠?

리츠의 능력 ② 투명하고 전문적으로 운용된다

투자자가 돈을 맡길 때는 그 펀드의 운용회사나 위탁자가 전문성을 갖추고, 정보를 투명하게 공개하길 바랍니다. 대개의 상장리츠들은 부동산 전문경영인, 전문 운용회사가 운용하기 때문에 전문성이 매우 높습니다. 특히 리츠의 규모가 클수록 이런 경향이 있습니다.

공모리츠는 상장돼 있기 때문에 상장주식과 같이 정기적으로 경영정보를 공개해야 하고 외부감사까지 받습니다. 공개 내용에는 보유한 빌딩들의 합산 공실률, 임대료 상승률, 개별 빌딩 특이사항, 경영진 변동, 시장상황, 재무제표까지 모두 포함되며, 대부분의 대형 리츠의 경우 경영진이 분기마다 리츠 경영상황을 보고하는 동영상이나 녹음 파일까지 공개되니 정말 믿음직하죠? 실물 부동산의 단점이 정보가 잘 공개되지 않거나 운영상황을 직접 챙겨야 한다는 것인데, 리츠는 이 부분도 깔끔하게 해결해줍니다. 내가 아프거나 나이가 들거나 힘들 때도 리츠는 일을 하며, 운영사항을 투명하게 보고합니다.

리츠의 능력 ③ 부동산 자산이면서 유동성이 높다

유동성을 이용해 자산을 배분할 수 있다

부동산의 단점은 '유동성이 낮다'는 것입니다. 유동성이 낮으면 위험성이 높아지는 것은 당연한 일이겠지만, 일반 운용에 있어서도 원하는 시기에 사고팔지 못하면 타 자산과 함께 운용할 때 유연성이 낮아져 더 좋은 수익률을 내는 데 방해가 될 수도 있습니다.

예를 들어 경제위기로 삼성전자의 주식이 지금의 1/10 가격으로 폭락했을 때 유동성 없는 자산만 있다면, 이 매력적인 기회를 놓칠 수 있습니다. 하지만 리츠로 투자할 경우 주식처럼 사고팔 수 있기 때문에 투자기회도 놓치지 않고, 원할 때 원하는 만큼의 리츠를 더 사고팔 수도 있어 포트폴리오 자산을 운영하기에 적합합니다.

특히 기관투자가의 경우, 유동성이 높다는 것은 큰 장점이라 할 수 있습니다. 투자자의 환매나 처분이 필요할 경우 리츠를 활용할 수 있으니까요. 이렇게 유동성이 높기 때문에 리츠를 포함해 여러 가지 자산 전략을 펼칠 수 있습니다.

만약, 여러분의 노후자산에 미국 맨해튼 빌딩을 30% 정도 포함시키고 싶은데, 총 자산이 10억원이라면 약 3억원으로는 이 빌딩을 사기 힘듭니다. 그러나 맨해튼 A급 오피스 빌딩을 주로 가진 리츠를 3억원 정도에 사서 장기보유하면 이와 비슷한 효과를 누릴 수 있을 것입니다.

투자 안정성을 높이고 해외통화 투자로 환차익까지

앞에서 이야기했듯이 리츠는 지역 간 상관관계°가 낮은 편이므로 여러 지역과 섹터의 리츠들을 혼합해 투자하면 리스크가 낮아집니다. 그뿐 아니라 부동산 자산 자체도 전통적인 주식이나 채권과 비교할 때 상승 및 하락 사이클, 경기 민감도 등이 많이 다릅니다. 그래서 '대체투자(alternative investment)°'라고 불립니다. 요즘 이런 대체투자를 많이 하는 이유는 전통자산과의 상관관계가 낮아 대체자산인 부동산이나 인프라를 투자했을 때보다 위험률은 낮추고 수익률은 높이는 효과를 얻을 수 있기 때문입니다. 국민연금과 같이 큰 기관은 해외 유수의 빌딩을 직접 사서 대체투자의 효과를 거둘 수 있겠지만, 개인이 대체투자를 할 수 있는 방법은 부동산 펀드나 리츠뿐입니다. 마지막으로 해외통화로 투자할 수 있기 때문에 환율로 추가 이익을 내거나 위험을 관리할 수 있습니다. 달러가 상승할 것으로 예상되면 내가 투자한 미국 리츠의 환헤지°를 하지 않으면 됩니다. 이럴 경우 리츠의 자산 가격 상승 및 미국 달러의 강세를 동시에 노릴 수 있습니다. 물론 이와 반대의 경우에는 환헤지를 하면 되겠지요.

아직도 실물자산에만 투자하고 있다면!

리츠의 본질은 '부동산'이다

우리나라에서는 최근 들어 여러 부동산 자산을 공부하는 스마트한 투자자들이 리츠에 관심을 갖기 시작했습니다. 하지만 선진국에서는 일반투자자와 대형 기관투자가들이 리츠를 이미 오래전부터 필수품처럼 여기고 있었습니다. 이것이 바로 선진국의 금융상품이나 연금 수익률이 높은 이유 중 하나이지요.

"선진국 투자 사례도 좋지만 강남에 아파트 수채가 있으니 재테크에 문제가 없지 않을까요?"

물론 이는 재테크에 성공했을 때의 이야기입니다. 우리나라의 아파트 중심 투자는 과거부터 현재까지 수익률이 매우 좋았고, 많은 투자자에게 인기 있는 투자방법입니다. '무이자 전세 레버리지'라는 제도가 우리나라에만 있기 때문이었죠. 그런데 이 방법에는 리스크가 없을까요? 아파트 투자로만 자산의 대부분을 구성하는 것에는 두 가지 리스크가 있습니다. 우리와 비슷하게 노령화 문제를 안고 있는 선진국 국민들이 우리나라처럼 주택 매입으로만 재테크하지 않고 리츠에 투자하는 이유가 분명히 있을 겁니다.

첫째, 미국과 일본은 주택 가격 하락 시기*의 위험성을 잘 알고 있기 때문입니다. 두 나라 모두 주택 가격 하락을 경험한 후 다주택자 비중이 줄어들었습니다. 일본인들은 부동산 버블을 경험한 후 현금을 많이 보유하고, 월 지급형 펀드(리츠, 해외 채권형이 다수) 등과 같은 유동성 있는 자산을 선호하게 됐습니다.

둘째, 당신을 위해 오늘도 열심히 일하고 있는 부동산인 리츠의 장점을 따라갈 상업용 부동산 투자가 많지 않기 때문입니다.

우리나라의 퇴직연금 수익률은 너무 낮습니다. 리츠를 잘 활용해 선진국만큼의 높은 한 자릿수 수익률을 목표로 해보시면 어떨까요?

변화하는 부동산 패러다임에 적응하자

제가 2012년도에 처음 리츠 펀드를 맡기 시작했을 때 깜짝 놀란 것은 당시 700억원 정도 하던 펀드가 리먼브러더스 사태 직전에는 1조원에 가까웠다는 것입니다.

그런데 일본인들은 우리나라와 반대로 2000년도 초반에 리츠에 투자하고, 리먼브러더스 사태로 하락하기 직전인 2000년 중반부터는 리츠에 별로 투자하지 않았다가 2008년과 2009년경 리츠가 가장 쌌던 시점에 리츠를 재매수하기 시작했다고 합니다. 그 이유는 일본 시티은행을 비롯한 펀드 판매사들이 리츠 가격이 한참 상승했던 2000년 중반에는 펀드 투자 비중을 줄이고, 리먼브러더스 사태가 본격화된 이후 리츠 가격이 하락했을 때는 투자를 권유했기 때문입니다.

그런데 우리나라에서는 리먼브러더스 사태 이후 오히려 자금이 계속 유출됐습니다. 2007년 고점에서 투자해 큰 손해를 봤던 투자자들도 2014년 이후에는 투자금을 거의 회수했고, 또 이때는 대부분의 사람들이 세계 상업용 부동산이 완전히 회복된다고 알고 있던 시기였는데, 많은 투자자가 왜 손실을 본 상태에서 리츠를 팔았을까요? 아직도 한참 더 오를 여지가 남아 있었는데 말이죠.

그 후 수년 동안 증권사, 은행 지점 등에 근무하면서 리먼브러더스 사태 때 우리나라의 투자자들이 리츠 투자 손실을 입은 이유를 알게 됐습니다.

리츠는 실물자산을 소유하는 것과 같다

가장 큰 이유는 리츠의 본질을 잘 모른다는 것 때문이었습니다. 리츠는 뉴욕 마천루 빌딩, 샌프란시스코 고급 아파트 등 해외 최고급 빌딩을 보유하고 있습니다. 만약 투자자들이 2007년 뉴욕 엠파이어 스테이트 빌딩[•]을 갖고 있었다면, 2013년도에 팔았을까요? 아마 팔지 않았을 겁니다. 대부분의 사람들은 좋은 입지의 빌딩은 가격이 계속 상승한다는 것을 알고 있습니다.

알아두세요

엠파이어 스테이트 빌딩
1931년도에 개관한, 미국 뉴욕에서 가장 유명한 빌딩 중 하나로, 현재 'Empire State Realty Trust'라는 리츠가 소유하고 있다.

그런데도 리츠를 판 이유는 아마도 '리츠가 상장된 실물펀드라는 것 외에 더 위험한 요소가 있지 않을까?' 하는 걱정 때문이었을 것입니다. 그런데 리츠 펀드는 청산해도 실물 빌딩자산은 그대로 남지요. 엠파이어 스테이트 빌딩을 계속 갖고 있다가 자식에게 물려주는 것처럼 그 빌딩을 갖고 있는 '엠파이어 스테이트 리얼티 트러스트(Empire State Realty Trust)'(리츠 상품)도 계속 보유하는 것이 답입니다. 앞의 그림처럼 리츠와 리츠가 갖고 있는 자산의 가격은 동행하기 때문이지요. 심지어 리츠가 많이 하락할 때는 '엠파이어 스테이트 리얼티 트러스트'가 실제로 보유하고 있는 엠파이어 스테이트 빌딩보다 30% 할인된 가격으로 거래될 때도 있습니다. 이럴 때는 오히려 실물 엠파이어 스테이트 빌딩보다 이 상장리츠를 사는 것이 좋겠지요?(환매하는 것이 아니고요!)

주식 심리 싸움에서 지지 마라

두 번째 이유는 리츠가 주식처럼 거래돼 심리 싸움에 지기 때문입니다. 앞의 예에서 엠파이어 스테이트 빌딩이 주식처럼 팔기 쉽다면 파는 사람도 있겠지요? 우리가 부동산에서 돈을 버는 것은 주식처럼 사고팔기 힘들기 때문은 아닐까요?

또 투자자가 리츠를 오랫동안 보유하고 싶어도 이익을 실현한 순간 여러분의 투자 컨설턴트는 더 좋은 자산으로 갈아타라고 권할 가능성이 높습니다. 안타깝게도 우리나라 판매사의 수익은 아직까지 투자자의 수익률보다는 다른 상품 판매로 인한 수수료와 더 연관돼 있기 때문입니다.

코로나 사태와 리츠

최근의 코로나 사태에도 이와 같은 본질은 변하지 않습니다. 어떤 상황으로 인해 리츠 주가가 많이 하락했다면, '이 리츠 주가는 왜 떨어졌을까? 상황이 안정돼 주가가 올라가면 팔아버릴까? 아니지. 정부가 돈을 더 풀면 자산 가격이 상승할 수도 있으니 기다려보자.'에서 '이 리츠 주가는 왜 떨어졌을까? 리츠가 가진 부동산의 성격이 오피스이고, 뉴욕이 실제 뉴욕 오피스의 가치보다 더 떨어졌나? 그런데 뉴욕 오피스는 코로나로 인해 어떤 영향을 받을까?'로 생각을 전환해보세요. 두 생각의 차이는 매우 큽니다.

왜냐하면 두 번째 생각은 리츠를 보유한 부동산들의 향후 전망에 리츠의 주가를 고려한 리츠 투자의 핵심적인 측면을 생각한 반면, 첫 번째 생각은 리츠에 영향을 미치긴 하지만 장기적으로는 훨씬 덜 중요한 이슈이기 때문입니다.

이번 코로나 사태가 부동산에 미친 영향은 최근 10년간 진행돼왔던 빌딩 섹터들의 변화를 더욱 앞당겼다는 것입니다. 인터넷, 고령화, 언택트 트렌드와 관련된 섹터들(데이터센터, 물류 등)은 향후 수요가 더 커질 것으로 예상돼 수익률이 오히려 상승했습니다.

변화하는 산업 생태계를 잘 파악하고 이에 맞게 리츠 포트폴리오를 가져간다면 어떤 상황에서도 안정된 수익률을 유지할 수 있을 것입니다.

한국 리츠가
성장하기 시작한다

2018년부터 대기업이 스폰서인 규모 있는 리츠들이 상장하고, 정부도 적극적으로 지원하고 있으며, 저금리 고령화 추세에 맞는 상품을 찾는 투자자의 관심이 커지는 등 우리나라에도 리츠의 시대가 본격적으로 열리고 있습니다. 국내 대기업과 금융그룹인 신세계, 롯데, 신한금융그룹, 이랜드 외에도 국내 굴지의 자산운용회사인 이지스, 마스턴, 코람코, NH 등이 이미 리츠를 상장했거나 향후 상장할 계획을 발표했습니다.

2020년 12월 말 기준 시가총액 1,000억원 이상인 국내 상장리츠의 개수는 7개이고, 대기업 산하의 대형 빌딩을 중심으로 발전 중이며, 현재 오피스, 리테일, 주택 개발, 호텔 등으로 구성돼 있습니다.

《 국내상장리츠 리스트(시가총액 1,000억원 이상) 》

이름	시가총액(억원)	섹터	배당수익률(%)
이리츠코크랩	3,522	국내 리테일	6.3
신한알파리츠	3,731	국내 오피스	4.3
롯데리츠	9,338	국내 리테일	5.9
이지스밸류리츠	1,141	국내 오피스	6.4

이지스레지던스리츠	1,042	국내 임대주택	5.1
코람코에너지리츠	3,342	국내 주유소	6.0
제이알글로벌리츠	8,727	벨기에오피스	7.2

약 8년 전 제가 국내 대형자산운용사와 대기업들이 리츠 사업에 뛰어들 것이라고 예상했던 것은 미국, 일본, 호주 등 선진국의 리츠 초기 발달 환경이 국내에서 재현될 조짐이 보였기 때문이었습니다. 국민, 기업, 정부 모두 리츠가 필요한 환경이 조성된다면, 리츠 섹터가 증권시장의 4%에 달할 만큼 크게 성장할 수도 있습니다.

《 리츠와 상업용 부동산의 필요 상황 》

	과거	현재와 미래
경제 상황	인구성장, 고성장, 고금리	노령화, 저성장, 저금리
국민 (잠재 투자자)	일부 자금력 있는 투자자 위주로 투자: 상가 오피스, 다주택, 빌딩 투자로 가격 상승 및 임대료 수입 수취	모든 투자자가 꾸준한 임대료 수입이 필요한 상황: 다양한 섹터, 유동성, 적은 금액으로도 투자할 수 있는 리츠 상품 필요
기업	부동산 개발 및 투자로 고수익 창출	보유한 부동산을 리츠로 재편해 기업의 현금도 확보하고, 보유 빌딩들을 보다 효율적으로 관리하는 방법 모색
국가	기업의 자금조달 재원 및 국민 재테크 수단으로서의 저축 장려	• 리츠 산업이 발전하면 일자리 창출과 경제 성장에 도움이 됨 • 이율이 낮은 저축, 유동성, 투자자 대상이 제한된 실물 부동산의 단점을 보완해줄 리츠 상품을 발전시킬 필요성이 생김

과거 1960~1990년대 고성장 시대에는 고금리의 저축만으로도 모든 국민이 안정적으로 재테크할 수 있는 길이 있었지만, 지금은 저금리 때문에 저축의 이점이 약화돼 임대료 수익이 꾸준히 나오는 부동산이 더 필요해진 상황입니다. 그런데 자기집 외에 임대료를 받을 수 있는 부동산을 하나 더 사려면 투자금이 많이 필요합니다. 그래서 '모든 국민을 위한 품질 높은 빌딩'인 리츠가 필요하게 됐고, 더욱이 리츠를 통해서는 고품질 아파트, 최신 물류시설, 데이터센터와

같이 성장성이 있는 다양한 섹터의 빌딩을 일반투자자들이 살 수 있으므로 국가가 보기에도 일석이조인 셈입니다. 저는 리츠가 일반 국민들을 위한 좋은 상품이 될 수 있도록 정부가 계속 세제나 제도적인 지원을 할 것이라 예상합니다.

06

한국 상업용 부동산의 발전 방향

상가 투자를 살펴볼까요?

최근 들어 한국의 상업용 부동산 환경의 패러다임이 바뀌고 있습니다. 빌딩에도 다양한 섹터가 있다는 것을 알면 어떤 방향으로 변화할 것인지를 예측할 수 있습니다. 이번 코로나 사태로 일반인들이 상가를 찾아 식재료를 쇼핑하거나 식사하는 대신, 인터넷을 사용할 가능성이 더 커졌습니다. 그렇게 되면 상가의 공실률이 높아지고 임대료를 올리기 어렵습니다. 빌딩 투자도 이와 마찬가지입니다. 각 기업은 오피스 공간을 좀 더 효율적으로 쓰려고 노력할 것이고 공유 오피스, 재택근무 등이 늘어나 애매한 위치에 있는 오피스 빌딩의 공실률이 더욱 높아질 것입니다.

임대아파트는 어떨까?

아직 등장하진 않았지만, 고급 아파트를 대상으로 한 임대주택사업이 리츠 기업형으로 본격화될 가능성이 있습니다. 미국, 싱가포르, 일본, 독일 모두 도심의 고급 아파트를 리츠가 기업형으로 운영하고 있는 경우가 많습니다. 이런 기업형 임대주택사업회사가 시장에 진입할 경우, 민간 다주택자의 경쟁력은 지금보다 약화될 수밖에 없습니다.

그럼 선진국의 부동산 영역은 어떨까요? 선진국에서의 성장 분야인 최신식 물류창고, 셀프스토리지, 데이터센터, 양로시설, 제약연구빌딩 등은 한국에서도 인기몰이를 할 것으로 생각되는데, 이는 개인보다 기업형으로 영위될 사업 영역입니다. 미리 이 섹터를 공부해두시면 한국에 이런 리츠나 부동산 투자 상품이 나왔을 때 한발 앞서 투자하실 수 있습니다.

우리나라 상업용 부동산 시장의 패러다임이 전환되면 유독 부동산 비중이 높은 우리나라 투자자에게 미칠 영향이 클 수밖에 없습니다. 이에 대비하는 방법은 '리츠에 투자하면서 공부하기'입니다.

리츠를 통해 수익률도 올리고, 나의 실물 부동산도 미래의 변화에 맞게 미리 대비하세요. 리츠와 실물 부동산을 적절하게 구성하면 어떤 상황이 오더라도 부동산 자산을 유연하게 관리할 수 있습니다.

한국 리츠에 투자할 때 체크해야 할 점

"신한알파리츠가 투자한 판교의 크래프톤 타워, 내 직장이 판교라 거기 잘 아는데…"

내가 아는 친근한 빌딩, 내가 아는 신뢰도 있는 자산운용사와 대기업 등 아무래도 투자자는 한국 리츠에 더 친근감을 느끼기 쉽습니다. 이번에는 한국 리츠의 특징과 투자 시 체크해야 할 점들을 알아보겠습니다.

지금은 시작 단계이기 때문에 리츠당 투자 자산의 수가 적은 편이고, 섹터도 다양하지 않습니다. 그렇지만 한국 고유의 기업 구조 및 제도에 따른 리츠의 특성들이 점차 눈에 들어옵니다.

특징 1: 위탁관리 리츠로 많이 상장한다

미국이나 유럽과 달리 아시아에 위탁관리 리츠 형태가 많은 이유는 아시아 특유의 대기업 제도 때문입니다. 아시아에서는 대기업이 가진 부동산을 팔아 효율적으로 관리하기 위한 목적으로 리츠가 설립되는 경우가 많습니다. 창업주가 한 기업에 집중하는 미국과 달리, 다양한 기업을 관리하는 우리나라의 경향도 일조를 합니다. 그리고 우리나라는 자기관리형 리츠에 법인세 면제 혜택을 주지 않고 의무 배당 비율도 50%로 낮습니다. 자기관리 리츠만의 장점이 분명히 존재하지만, 이러한 제도적 한계 때문에 자기관리 리츠의 발전 가능성은 낮아 보입니다.

◀ 각국의 리츠 현황 ▶ (2019년 7월 말 기준)

구분	한국 (K-REITs)	싱가포르 (S-REITs)	홍콩 (H-REITs)	일본 (J-REITs)	호주 (A-REITs)	미국 (US-REITs)
상장리츠 기업 수(개)	5	45	11	63	46	187
시가총액(조원)	0.5	94.0	47.0	163.0	118.0	1373.0
연평균 배당률(%)	3.3	6.2	5.1	3.7	5.0	4.0
투자 자산분포	리테일 집중	리테일, 오피스, 물류창고 등 다양				
차입규모제한(%)	60	45	45	없음	없음	없음
의무배당비율(%)	50/90 이상	90 이상	90 이상	90 이상	90 이상	90 이상
자산분포(%)	한국 100	해외 20	해외 5	해외 5	해외 5	해외 10

(출처: Business Watch, 자료: 싱가포르거래소)

자기관리 리츠에서는 리츠를 리츠 회사 내부 인원이 운용하지만, 위탁관리 리츠는 리츠운용사가 수수료를 받고 운용합니다. 따라서 각종 수수료 체계를 타 위탁관리 리츠와 비교하고, 너무 높거나 낮은 경우 그 이유를 파악해야 합니다.

위탁관리 리츠의 성격상 리츠가 향후 편입할 자산은 운용사나 모기업이 현재 보유자산일 가능성이 높습니다. 예를 들면 롯데리츠의 경우 롯데그룹계열사 부동산, 신한알파리츠의 경우 신한금융그룹의 부동산이 향후 편입될 가능성이 크므로 관련 기업이 가진 부동산과 리츠 편입전략을 알아둬야 합니다. 그 이유는 리츠의 성장성과 관련돼 있기 때문입니다.

특징 2: 리츠 상장 이후의 역사가 짧다

대부분의 국내 리츠들은 상장한 지 2년이 안 돼 자산의 수가 적고, 자산을 경영하는 실력을 검증할 만한 실적(Track Record)도 아직 없습니다.

전문운용사의 경우에는 전반적인 운용역량, 예를 들면 그동안 운용했던 부동산 펀드의 실적 및 운용인력, 운용철학 등을 점검합니다. 리츠가 대기업 산하에서 운용될 경우에는 리츠를 상장한 목적과 전략적 위치를 파악합니다.

현재는 투자 자산이 몇 개 없으므로 이 자산들의 임대료, 임차인 관리 상황, 공실률 등이 리츠 실적에 미치는 영향이 큽니다. 그러나 자산 수가 늘어나면 나중에는 개별 자산의 체크보다 리츠의 전반적 내외부 성장전략이나 리츠의 섹터 상황 등이 더 중요해집니다.

특징 3: 섹터가 다양하지 않고 다각형 리츠가 상장할 가능성도 높다

한국 리츠의 섹터는 대부분 오피스와 리테일 중심입니다. 만약 미국처럼 물류, 데이터센터 리츠, 임대주택 등이 상장된다 해도 이런 섹터의 성격은 미국과 다를 수 있습니다. 예를 들면 한국에는 네트워크 중심의 진입장벽이 높은 데이터센터 리츠가 설립될 가능성이 적습니다. 조립식주택과 셀프스토리지도 미국과 우리나라의 환경이 다르게 발전할 가능성이 큽니다. 또 모회사나 자산운용사가 다양한 섹터의 자산을 갖고 있기 때문에 한 리츠를 여러 섹터에 투자하는 다각화(Diversified Sector) 리츠가 등장할 가능성도 큽니다.

해외 리츠의 섹터 매력도를 참고해야겠지만, 일부 섹터의 경우 국내이 상황과 다르다는 점도 체크해 섹터의 내력도를 너무 과도 또는 과소하게 평가하지 않도록 주의해야 합니다.

특징 4: 가치평가의 기준이 배당률에 집중된다

우리나라 투자자는 배당을 중시하는 편이므로 리츠 기업, 투자자, 애널리스트 모두 배당률에 초점을 맞춰 이야기합니다(출처:리츠 코리아, 2020년 12월 26일). 리츠의 배당률이 모두 리츠의 수익성을 나타내는 것은 아닙니다. 우리가 빌딩 수익률을 이야기할 때는 빌딩 임대료뿐 아니라 빌딩의 자산가치 상승률도 고려합니다. 이와 비슷한 원리로, 배당률만 보면 리츠의 자산가치 상승률을 놓치게 되므로 완전하지 못한 가치평가법이 됩니다. 이 부분은 매우 중요한 개념으로 나중에 자세하게 설명하겠습니다. 자산성장률이 거의 없는 채권과 같은 성격의 리츠가 아닌 이상 배당률뿐 아니라 자산가치의 전망도 함께 살펴봐야 합니다.

향후 우리나라의 리츠 산업은 어떤 모습으로 성장할까?

저는 최소한 싱가포르, 홍콩보다 매력적인 리츠를 만들 수 있는 기반이 형성됐다고 생각합니다. 한 나라의 리츠는 그 나라의 경제 상황을 반영합니다. 우리나라는 다양한 산업을 영위하고 있는 경제 강국이므로 리츠로 편입할 수 있는 빌딩의 종류가 많으며, 리츠를 운용하는 주체인 부동산 자산운용업도 급성장 중입니다. 대기업들도 하나둘씩 리츠를 통한 부동산자산 재조정을 고려하기 시작했습니다. 다만, 과거 일부 기업의 부당행위로 촉발된 자기관리 리츠에 대한 불신으로 자기관리 리츠에 대한 법인세 면제 혜택이 없는 것은 아쉽습니다.

한국리츠협회는 2030년 국내 리츠 예상성장규모 추정 검토보고서에서 2030년 국내 리츠시장의 관리자산 규모는 약 2,350조원, 상장리츠 시가총액은 약 150조원으로 분석했으며, 향후 10년간 리츠자산 연평균 성장률은 약 19%에 달할 것으로 예상했습니다.

2020년에도 많은 리츠가 증시에 선을 보였습니다. 이미 나온 해외 리츠의 사례와 비교하면서 국내 리츠를 잘 고른다면 한시적으로 제공되는 세금 혜택도 누릴 수 있어 일석이조의 효과를 거두게 될 것입니다.

둘째
마당

전 세계 투자자들이
주목하는 리츠 투자

선진국에서는 워런 버핏 등 투자의 대가뿐 아니라 개인과 큰손들도 리츠에 투자합니다. 사회생활을 막 시작한 청년부터 은퇴를 준비해야 하는 중·장년층에 이르기까지 리츠에 장기투자하면 안정적인 수익률을 기대할 수 있습니다. '구슬이 서말이라도 꿰어야 보배'입니다. 지금 당장 멋진 빌딩 투자를 리츠로 시작해 보세요!

The cakewalk Series - REITs

REITs

07

선진국 임대아파트로
노후 준비하기

미래를 위한 안정적인 현금흐름을 마련하기 위한 가장 대표적인 재테크 방법은 '다주택 임대사업자'이지요. 자산가치는 장기간에 걸쳐 상승하겠지만, 이보다 더 좋은 방법을 제안하고 싶습니다.

해외 리츠에 투자하면 미국, 일본, 싱가포르, 독일 등 선진국의 임대주택사업자가 될 수 있습니다. 이런 나라에는 매우 좋은 도심 아파트의 임대주택 리츠가 나와 있어서 잘만 고르면 세계 최고의 도시에 있는 최고급 아파트의 임대사업자가 될 수 있습니다. 많은 세금과 수수료를 절약하면서요.

한국 실물 임대주택만 갖고 있는 임대사업자(A씨)와 미국 리츠와 한국 실물 임대주택을 함께 갖고 있는 사람(B씨)의 대화로 그 차이를 알아보겠습니다.

Ⓐ "그동안 5개 정도의 서울 근교의 아파트를 사서 임대사업자로 등록했기 때문에 지금 당장 직장을 그만둬도 걱정이 없습니다."

Ⓑ 저는 조금 다릅니다. 한국에도 임대주택이 있지만, 미국과 일본에도 임대아파트가 있거든요. 샌프란시스코, 보스턴, 동경 도심에요."

Ⓐ "어떻게 그렇게 하셨죠? 그 나라의 제도나 세금 등을 감안하면 쉽지

않은 일인데요. 그리고 그런 곳의 임대아파트는 엄청 비싸지 않나요? 저도 선진국 대도시의 임대사업자가 되고 싶어요."

Ⓑ "해외 임대사업자가 되는 방법은 의외로 간단합니다. 미국, 일본, 싱가포르, 독일 등의 임대주택 리츠를 사면, 그 나라의 대도시 최고급 아파트에서 임대료를 받는 회사의 주주가 되지요."

Ⓐ "수익률은 어느 정도인가요?"

Ⓑ "미국 임대주택 리츠의 경우 7년간 수익률(2019년 11월 기준)은 연 배당 3%를 포함해 자산상승률 연 6~8%이므로 연 9~11% 정도네요(세금 및 수수료 공제 전, 미국 달러 기준)."

Ⓐ "저도 관심이 생기는데요. 요즘 한국의 경제성장률이 둔화되는 것을 보면 아무래도 샌프란시스코나 동경 등 다양한 대도시에 임대주택을 갖고 있는 것이 좋지 않을까요?"

Ⓑ "물론이죠. 저도 그래서 리츠를 선택했답니다. 제가 가진 리츠의 아파트 자산들은 거의 A 또는 B급으로, 샌프란시스코의 한 아파트는 방 1개, 화장실 1개 기준으로 월 3,974달러(1달러당 1,200원 환율 기준으로 약 480만 원)의 임대료를 받죠. 한국에서는 이런 아파트를 갖고 임대사업을 할 수 없잖아요?"

Ⓐ "그렇죠. 그런데 이런 리츠는 어떤 아파트들을 갖고 있나요?"

Ⓑ "이 리츠는 총 7만 8,000개의 유닛(unit)을 갖고 있고 시가총액도 29조원●에 달하지만, A급 아파트는 57%, B급 아파트는 30% 정도 됩니다."

Ⓑ "제일 좋은 점은 이 아파트들을 제가 관리하지 않아도 된다는 것이에요. 예전에 평택과 수도권에 아파트를 10채 갖고 있을 때는 한 달에 두세 번 정도 내려가 월세를 놓고, 가구를 들여놓고, 임차인을 만나는 등 주말에 쉬질 못했죠. 더욱이 평택에 새 아파트가 들어오면서 점점 공실률이 높아지고, 아파트 가격도 떨어져 후회를 많이 했거든요. 이젠 이렇게 좋은 위치의 아파트를 갖고 있다고 생각하니 안심도 되고, 임대주택 관리에 소요되는 시간을 절약해 주말에 다른

알아두세요

에쿼티 레지덴셜(Equity Residential, 시가총액은 2020. 6. 11. 기준)

《 미국 리츠가 보유하고 있는 아파트 》

(위쪽부터 샌프란시스코의 'One Henry Adams', 뉴욕의 'Parc-East' 아파트, LA의 'Residence at Westgate', 출처: Equity Residential)

부업을 찾았어요. 이 아파트들은 입지도 좋고 공실률도 4% 수준이라 관리에 대한 염려를 할 필요가 없다는 것이 큰 장점이에요."

Ⓐ "수익률이 좋은데 언제 파실 건가요?"

Ⓑ "좋은 입지의 좋은 아파트를 가진 리츠이니 굳이 팔 이유가 없을 것 같은데요. 매년 3~4% 정도 배당이 나오니 일부 환매해서 생활비로 쓸 생각이고요. 그런데 만일 급전이 필요하거나 해외여행을 가고 싶을 때 필요한 만큼 팔 수도 있다는 것이 제일 마음에 들어요. 또 팔 때 세금이나 수수료가 없고, 언제든지 팔 수 있고, 판 지 며칠 안에 현금으로 입금되기 때문에 비용도 절감할 수 있고요."

Ⓐ "실물과 리츠를 병행하는 것이 좋은 것 같네요. 같은 임대사업 성격인데, 제가 도저히 살 수 없는 세계 대도시의 최고급 아파트들을 살 수 있고, 힘들게 관리할 필요도 없고, 수익률도 괜찮고⋯.

기업형 임대주택 시장의 영향

미국의 전체 임대주택 비중은 전체 거주하고 있는 집의 35% 정도이고, 그중 10~25% 정도를 리츠가 보유하고 있습니다. 특히 주목할 만한 점은 점점 더 리츠가 보유하는 주택의 비중이 커지고 있다는 점이죠. 특히 영화에서 우리가 흔히 보는 미국 단독주택의 경우, 리먼브라더스 사태를 계기로 가격이 저렴해진 주택을 리츠가 대거 사들였기 때문에 전체 미국 단독주택 중 리츠가 보유하고 있는 비중이 급속도로 커졌습니다. 미국뿐 아니라 독일이나 일본의 경우에도 리츠가 임대사업 시장의 큰손입니다.

우리나라에서도 이지스자산운용이 임대주택을 기반으로 한 리츠를 선보이면서 기업형 임대주택 시장이 본격적으로 열렸습니다. 현재까지 주로 일반인들이 차지하던 이 시장을 기업이 차지한다면 경쟁 구도에 변화가 생기겠죠?

일단 미국처럼 시가총액 10조원 이상의 아파트 임대주택 리츠들이 생기면 브랜드 파워가 커집니다. 미국의 리츠들은 상장돼 있기 때문에 자금을 쉽게 조달해 좋은 아파트들을 싸게 사들입니다. 그리고 정규 또는 임시 직원을 채용해 임대인들에게 균일한 품질의 좋은 서비스를 제공하지요.

예를 들어 인터넷으로 신청하면 언제든지 수리 전문가가 방문하고, 가구회사와 계약해 원하는 임차인들에게 가구를 할인가에 제공하고, 다른 지역으로 이사할 경우 그 지역의 아파트를 소개해주고, 오랫동안 임차한 세입자에게 마일리지를 주어 나중에 집을 살 때 돈처럼 활용할 수 있게 해주는 등의 혜택을 제공하고 있습니다. 국내 리츠들도 얼마든지 도입할 수 있는 서비스들일 것입니다.

임대료가 비슷한 수준이고 개인 임대사업자의 아파트 바로 옆에 기업형 임대사업자의 아파트가 들어온다면, 예비 임차인은 어떤 아파트를 선택할까요? 아마 기업형 임대사업자의 집일 겁니다. 비슷한 가격에 브랜드 네임도 좋고, 임대인 신용도도 높고, 기업만이 제공할 수 있는 서비스가 많기 때문이죠. 그렇다면 개인 임대사업자는 가격을 낮추거나 인테리어 등에 더 투자해야 임차인을 유치할 수 있을 것이므로 수익률이 하락할 가능성이 큽니다.

선진국들의 부동산 임대시장에서 리츠가 중요한 역할을 차지했던 것처럼 한국도 이제 이 분위기를 따라갈 것입니다. 따라서 이미 임대사업자이거나 향후 임대사업을 계획하고 있다면, 리츠에 관심을 갖는 것이 좋습니다.

이처럼 리츠는 한 지역(한국)실물로만 이뤄진 내 자산의 단점을 보완해줄 뿐 아니라 수익률도 매우 양호합니다. 만약 기업이 임대시장을 장악할 경우, 리츠에 투자하는 방식으로 기업형 임대사업자와 이 시장에 함께 뛰어드는 효과도 있습니다.

여러모로 살펴봐도 임대사업자들에게 필요한 것이 바로 우량 임대사업 리츠 투자입니다. 우리나라의 주택 임대사업시장은 10년 안에 크게 변할 것입니다.

08

REITs

글로벌 리츠시장
한눈에 파악하기

각국의 리츠 현황

알아두세요

이 책에서는 제도적으로도 오래
돼 좋은 자산을 많이 가진 미국
리츠를 중심으로 설명했다.

미국 외에 아시아 주요 선진국, 예를 들면 일본, 호주, 싱가포르, 홍
콩 같은 국가에서는 리츠가 잘 발달돼왔습니다. 특히 우리나라 투자
자들은 가까운 아시아 리츠에 관심을 갖는 경우가 많습니다. 일본
리츠 펀드, 싱가포르 리츠 ETF나 랩 상품, 아시아 리츠 펀드처럼 별
도 상품이 출시된 경우도 있지요.

동경, 싱가포르, 홍콩처럼 우리가 잘 아는 빌딩, 도시가 있는 국가를
친근하게 느껴질 뿐 아니라 아시아권 리츠들은 '배당률'을 중시하는
아시아 투자자의 성향에 맞춰 총 수익률보다 고배당 정책을 중시하
기 때문이기도 합니다.

"최근 동경에 출장을 갔는데, 그곳은 경기가 좋아 부동산 공실률이
없다는군."

"내 임대아파트 수익률은 연 3%도 될까 말까 한데, 싱가포르 리츠
배당률은 연 5%가 넘네."

이번에는 아시아 리츠에 투자하기로 결심하신 분을 위해 각 나라 리
츠의 특성을 소개하겠습니다.

구분	미국	일본	싱가포르	홍콩	호주	한국
상장리츠 기업 수(개)	187	63	45	11	46	5
시가총액 (조원)	1373	163	94	47	118	0.5
섹터	가장 다양	다양하지만 오피스 비중 높음	다양하지만 임대주택 리츠 없음	리테일, 오피스 중심	다양하지만 임대주택 리츠 없음	리테일, 오피스 중심
의무배당 비율(%)	90 이상	90 이상	90 이상	90 이상	100	50/90 이상
지역자산 분포(%)	해외 10	해외 5	해외 20	해외 5	해외 5	한국 100
리츠 제도 도입	1960	2000	2002	2003	1971	2001
주요 유형	자기관리형	위탁관리형	위탁관리형	위탁관리형	위탁관리형	위탁관리형

(출처: 리츠정보시스템, 각국 증권거래소 자료)

일본 리츠의 특징

2000년도에 시작된 일본 리츠는 미국 다음으로 규모가 큰 시장이 됐습니다. 동경 빌딩이나 임대주택에 관심이 많은 우리나라 투자자들이 가장 관심을 많이 갖는 시장이기도 합니다. 왜냐하면 일본 리츠가 동경, 오사카 등 대도시의 주요 빌딩들을 많이 소유하고 있기 때문입니다.

부동산 대기업이 리츠의 스폰서다

미쓰이나 미쓰비시, 스미토모 등의 대형 부동산 개발회사들이 빌딩을 개발한 후 계열사인 리츠에 매각하고, 이 빌딩을 임차해 사용하는 형태로 많이 운영됩니다. 이때 부동산 개발회사는 '스폰서'라는 명칭을 사용합니다. 많은 경우, 스폰서가 개발한 빌딩들을 리츠가 많이 매입하기 때문에 일본 리츠를 볼 때는 대개 스폰서 회사의 개발 현황('파이프라인')을 점검합니다.

타 국가보다 오피스 섹터의 비중이 높다

일본 리츠는 오피스나 오피스가 포함된 복합 리츠 비중이 타 국가에 비해 높은 편입니다. 일본 리츠에 투자할 때는 이런 특징을 감안해 동경 오피스의 현황(공실률, 임대료 변동 상황, 공급 및 수요 등)을 확인할 필요가 있습니다.

《 일본 리츠 섹터 》

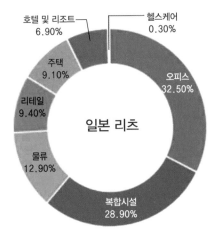

호텔 및 리조트
6.90%

헬스케어
0.30%

주택
9.10%

오피스
32.50%

리테일
9.40%

일본 리츠

물류
12.90%

복합시설
28.90%

(출처: TSEREIT Index, 2019. 4.)

주가 변동성이 높다

일본 상업용 부동산은 안정적인 편이지만, 일본 리츠의 주가는 미국을 비롯한 다른 나라보다 변동성이 높습니다. 일본의 한 증권사는 일본 리츠의 주당 가격이 높아 개인이 사기 어렵기 때문에 거래량이 적고, 이를 주목한 일본 헤지펀드들이 매매해 변동성을 높인다는 분석 결과를 발표하기도 했습니다. 한편 수요, 공급에 따른 변동성이 큰 오피스 섹터의 비중이 높은 점도 한 가지 원인이라 할 수 있습니다.

일본은행이 양적 완화의 일환으로 일본 리츠를 매입한다

매입 시 양호한 신용등급 및 규모가 큰 리츠를 선호합니다. 일본 정부가 경제 부양을 위해 자산을 매입할 때, 일본은행을 통해 리츠를 매입하는 것도 포함됩니다. 이때 양호한 신용등급을 가진 리츠를 매입하도록 규정으로 정해져 있어서 리츠들끼리 합병을 통해 몸집을 키우기도 합니다. 그래서 일본 리츠에서는 일본은행이 매입할 수 있도록 우량한 신용등급을 획득하거나 다른 리츠의 인수 대상이 될 때 그 리츠의 주가가 크게 상승하기도 합니다.

일본 국민은 미국 리츠를 선호한다

일본 국민들은 자국의 리츠보다 경제가 발달한 미국의 리츠를 좋아합니다. 월지급식 펀드의 대부분이 해외채권 또는 미국/글로벌 리츠일 정도로 선호도가 높습니다. 미국 리츠 분석 보고서에 일본인들의 미국 리츠 거래량이 따로 분석될 정도입니다(j-reit.jp/en/ 참고).

싱가포르 리츠의 특징

싱가포르는 아시아의 선진국으로, 리츠가 매우 발달돼 있습니다. 싱가포르 상장주식 시가총액 기준 12%가 리츠이며, 도심 유수의 오피스 빌딩이나 쇼핑몰들이 리츠나 부동산 개발회사 소유입니다.

주요 개발회사가 다양한 섹터의 리츠 보유

캐피타랜드(CaptaLand), 메이플트리(Mapletree), 케플(Keppel) 등과 같은 부동산 개발회사들이 다양한 섹터의 리츠의 주주이자 관계사로 참여하고 있습니다.

해외 자산 취득에 관심이 많다

도시국가인 싱가포르에서는 취득할 만한 자산이 한정적이기 때문에 80%가 넘는 리츠들이 해외 빌딩을 보유하고 있습니다. 지역상으로는 일본, 호주 등 아시아에서 최근 유럽, 미국으로 확대되고 있습니다.

국민들은 빌딩 투자를 리츠로 한다

리츠는 싱가포르 내 빌딩을 많이 갖고 있기 때문에 싱가포르 국민들은 자국의 리츠를 통해 빌딩 투자를 하며, 부동산처럼 장기투자를 합니다.

회사를 적극적으로 홍보한다

싱가포르 리츠 회사들의 IR(Investors Relations, 기관 및 개인투자자를 위한 회사 투자정보 공유) 활동은 적극적인 편입니다. 우리나라에 자주 와서 싱가포르 리츠를 홍보하고 상품을 제공하기 때문에 금융회사와 PB 들에게 잘 알려져 있습니다. 이것이 바로 싱가포르 관련 리츠 ETF 나 랩 상품 등 싱가포르 리츠 상품이 타 아시아 국가 리츠 상품보다 많은 이유입니다.

홍콩 리츠의 특징

홍콩 리츠는 아시아 최고 재벌인 리카싱이 이끄는 청쿵그룹의 부동산회사인 청쿵홀딩스(Cheung Kong Holding)와 선홍카이(Sun Hung Kai) 등 부동산 재벌들이 창업한 부동산 개발회사 중심으로 발달돼 있습니다. 이 회사들은 싱가포르처럼 리츠를 적극적으로 개발하고 있지 않아서 홍콩의 부동산 산업 대비 상장리츠가 적은 편입니다.

홍콩 리츠 시가총액 중 절반 이상을 차지하고 있는 대형 리츠인 링크(Link) 리츠는 아시아에서 가장 큽니다. 홍콩과 중국에서 리테일 상가, 오피스, 주차장 임대업을 영위하고 있으며, 자산관리 및 자산재개발 분야에서 좋은 실적을 보여주고 있습니다.

호주 리츠의 특징

호주 또한 부동산이 잘 발달한 나라이고, 미국에 이어 두 번째로 리츠를 도입한 나라입니다. 맥쿼리, 크롬웰 등 호주 부동산 운용사들도 잘 발달돼 있고 호주 국민들은 퇴직연금에 상장리츠 및 상장 인프라 자산을 많이 편입합니다.

오피스, 리테일, 물류 등의 섹터가 잘 발달돼 있습니다. 부동산 개발회사와 리츠 회사가 별도로 분리된 타 아시아 국가와 달리, 호주에서는 리츠 분야만 잘 발달돼 있는 반면, 일부 리츠에서 주택 개발 사업을 하는 것이 특징입니다.

퇴직연금으로 빛을 발하는 선진국 리츠

미국과 우리나라의 퇴직연금 수익률

미국 퇴직연금 연평균 수익률은 1997~2016년 기준 DC 6%, DB 6.4%이고 호주도 2004~2018년 기준 6.8%인데 비해 우리나라는 2011년 초부터 2017년 말까지 3.1% 수준입니다. 차이가 많이 나지요?

여러 가지 이유가 있겠지만, 선진국에서는 개인이나 기관이 리츠를 상당 비중 투자하고 있는 것도 중위험 중수익*을 내는 비결 중 하나입니다.

미국이나 호주에서는 투자자들이 젊은 시절부터 리츠를 퇴직 대비 자산운용에 포함시킵니다. 특히, 채권에만 투자하지 않고 주식(미국 67%, 호주 51% 수준)에 많이 투자해 수익률이 전반적으로 높습니다. 주식은 변동성이 높기 때문에 변동성을 줄일 수 있는 대체자산인 상장 리츠, 상장 인프라 주식에도 투자합니다.

미국민의 40%가 퇴직연금이나 주식형 펀드로 리츠에 투자하고 있습니다. 호주에서 개인 퇴직연금의 13.5%가 상장리츠나 상장 인프라 자산입니다. 일본에서 인기 높은 월배당형 펀드의 대부분은 해외 채권이나 해외 리츠 펀드입니다. 싱가포르 사람들은 마치 빌딩 투자를 하듯이 리츠에 많이 투자하고, 장기투자를 합니다. 최근 호주 퇴직연금 수익률은 연 7.9%[*]입니다. 중위험 중수익의 수익률이죠. 리츠를 적절히 잘 활용한 것이 이런 결과에 영향을 미쳤을 것입니다.

최근 들어 우리나라의 퇴직연금 수익률이 2% 이하라는 기사들이 보여 걱정이 됩니다. 퇴직연금 수익률이라도 선진국 수준이 돼야 우리들의 미래가 안정적이지 않을까요?

알아두세요

한국경제 2018년 11월 26일자 기사: 호주 슈퍼펀드 연 수익률 7.9%의 비결

선진국 기관투자가의 리츠 포트폴리오

캘퍼스(CalPERS, 미국 최대 연기금), 캐나다 연기금, 노르웨이 연기금, 싱가포르 투자청(GIC) 등과 같은 세계 최대의 연기금들은 규모도 크지만, 수익률도 매우 우수합니다. 이 기금들은 리츠에 어느 정도 투자하는지 살펴보겠습니다.

2장에서 살펴본 것처럼 미국 최고 연기금인 캘퍼스가 위탁 운용하는 펀드에는 리츠가 8% 정도를 차지하고 있습니다. 꽤 큰 규모죠?

미국 연기금은 평균적으로 전체 자산의 1% 정도를 리츠에 투자합니다. 생각보다 많지요? 전체 기관투자가들의 포트폴리오 권유 항목을 살펴보면 상업용 부동산이 7~15%라는 것을 알 수 있습니다. 대략 10%라고 볼 때 전체 자산의 1%인 리츠 비중을 역으로 계산해보면, 리츠가 속해 있는 상업용 부동산의 10%가 상장리츠라고 추산됩니다. 리먼브러더스 사태 이전에는 미국 기관투자가의 부동산 투자금 중 20%가 리츠였던 때도 있었습니다. 선진국의 연기금도 대개 평균적으로는 이와 비슷한 비중으로 투자합니다. 우리나라의 국민연금이나 행정공제회도 리츠에 투자하고 있습니다.

이런 연기금들은 규모가 크기 때문에 막대한 자금력으로 전 세계의

최고 빌딩을 실물로 사들일 수 있을 텐데 왜 굳이 리츠를 매입하는 것일까요? 그 이유는 다음과 같습니다.

첫째, 리츠가 투자한 자산의 품질이 최상급이고 수익률이 실물투자 못지않게(또는 그 이상으로) 우수합니다. 둘째, 실물자산으로 살 수 없는 섹터나 지역을 리츠를 통해 살 수 있습니다(이는 매우 중요한 부분으로, 2부에서 설명합니다). 셋째, 예일대학교 연기금의 데이비드 스웬슨이 이야기하듯 실물보다 쌀 때 리츠를 사면 수익률이 훨씬 더 상승합니다. 빌딩 내에서도 가치투자 전략이 통한다는 이야기입니다. 이 때문에 실물자산과의 차익거래 전략을 쓰기도 합니다.

최근 미국 기관투자가들이 리츠를 더 사는 이유는 둘째와 셋째 이유 때문입니다. 해외 연기금도 탐내는 분야, 리츠를 통해 쉽게 살 수 있는 빌딩 분야로는 네트워크 중심의 데이터센터, 일급 제약연구단지, 조립식주택, 북유럽의 임대주택 등이 있습니다. 리츠만 제대로 공부하면 여러분도 해외 연기금 펀드매니저처럼 투자하실 수 있습니다. 리츠는 제대로 공부한 투자자에게 연기금 펀드매니저와 동등한 기회를 제공합니다.

투자의 대가들이 리츠에 투자하는 방법

워런 버핏은 리츠에 어떻게 투자할까?

미국의 워런 버핏은 누구나 인정하는 투자계 최고의 현인이자, 세계 최고 부자 중 한 명입니다. 데이비드 스웬슨은 예일대학교 연기금 최고투자책임자(CIIO)로, 20년 동안 연평균 12% 달하는 수익률로 '연기금계의 워런 버핏'이라 불립니다. 많은 기관투자가가 그의 책을 참고하지요.

이 두 명의 투자 대가들은 리츠를 어떻게 추천했을까요? 데이비드 스웬슨은 개인투자가의 포트폴리오에 리츠를 20% 정도 편입할 것을 권하고 있습니다. 20%면 우리가 볼 때 꽤 파격적이죠? 그의 탁월한 수익률에는 리츠가 어느 정도 기여했습니다. 대형 빌딩을 살 수 있는 기관투자가에게도 리츠가 더 좋은 투자처라고 권유할 정도입니다.

워런 버핏도 리츠의 장점을 잘 활용합니다. 그는 1990년대 말의 인터넷 버블 시절에도 현금흐름이 꾸준히 나오는 주식을 선호한 덕분에 시장의 폭락을 피했습니다. 그는 본인의 개인 자산으로도 리츠에 투자하고 있으며, 2017년 여름, 리츠가 저렴해졌을 때 본인 회사인 버크셔 헤더웨이의 자산으로 스토어 캐피털(Store Capital)●이라는 리

알아두세요

스토어 캐피털
넷리스 형태의 대형 리츠로, 시가총액이 약 9조원에 달하며, 30년 이상 미국 전역에 걸쳐 2,417개의 자산을 보유하고 있다. 자산의 종류는 상가, 영화관, 헬스클럽, 물류시설에 이르기까지 다양하게 분포돼 있다(https://www.storecapital.com/).

츠에 투자해 9.8%의 지분을 가진 주주가 됐습니다.

그런데 재미있는 것은 금리상승 전망 때문에 리츠가 매우 저렴했을 때였다는 것입니다. 2020년 여름에는 코로나 때문에 하락하긴 했지만, 연초만 하더라도 2년 반 정도에 70% 정도의 수익률을 기록했습니다. 워런 버핏이나 데이비드 스웬슨은 리츠의 특징, 투자 타이밍, 투자방법을 아주 잘 알았습니다. 워런 버핏은 전문가 그룹이 운용하는 빌딩을 장기보유했고, 특히 리츠에 초기 투자하거나 추가 투자할 때는 값이 저렴해진 시기를 잘 골랐습니다. 즉, 싼 타이밍을 잘 골라 장기투자하는 것이 투자대가들의 리츠 투자법입니다. 또 중요한 것은 리츠에 어느 정도 투자해야 하느냐 하는 것이겠죠?

리츠에 얼마나 투자해야 할까?

섹터 리서치를 비롯한 유수의 리서치 회사나 투자자문회사는 임대료가 나오는 상업용 부동산을 전체 자산의 7~15% 정도 포함해야 한다고 권유합니다. 그런데 이때 상업용 부동산에는 리츠가 포함되므로 리츠에 대한 비중이 꽤 큰 편입니다. 미국에서는 이런 자문기관의 권고가 기관투자가나 개인고객의 돈을 운용하는 금융회사에 미치는 영향이 큽니다. 리츠가 전반적인 자산운용 수익률에 기여하는 바가 크기 때문에 높은 비중의 투자를 권한다는 사실은 매우 중요한 의미이며, 나중에 다룰 리츠 투자 전략 중 하나입니다.

이 책을 통해 최고의 투자대가들이 인정하고 그들의 수익률에 기여했던 리츠의 특징을 공부한 후 이들이 사용하는 방법대로 리츠에 투자하면 틀림없이 좋은 결과를 얻으실 수 있습니다.

11

장기수익률 10%대의
미국 리츠

장기수익률과 중·단기수익률을
함께 살펴봐야 하는 이유

자산의 수익률은 장기수익률과 중·단기수익률을 함께 살펴봐야 합니다**. 자산 본연의 수익률에 가까운 것은 장기수익률이고, 만일 단기 또는 중기수익률이 장기수익률과 큰 차이가 난다면 그 이유를 파악해봐야 합니다. 예를 들면, 어떤 자산 수익률이 연 30년간 연 15%였는데, 최근 5년간 9%였다면, 다음과 같은 이유가 있을 것입니다.

① 단기적이고 일시적인 이유로 가격이 매우 저렴해졌다.
② 과거에 15%의 우량수익률이 나왔던 이유가 사라졌다.

첫 번째라면 그 자산을 저렴하게 살 수 있는 기회이고, 두 번째라면 자산 매력도가 떨어진 경우입니다. 그런데 장기수익률일수록 그 자산의 본질가치를 반영하는 경우가 많다고 말씀드렸죠? 어떤 자산 수익률이 10년간 연 10%, 20년간 연 10%, 40년간 10%라면 그 자산

알아두세요

해외나 국내자산 또는 펀드에 투자하실 때 은행 창구 직원에게 최장기간의 수익률을 물어보면 고객들의 단기수익률 선호 경향 때문에 대개 단기수익률이 좋은 자산을 권유하는 경우가 많다. 확률상 장기수익률이 좋은 자산을 단기수익률이 나쁠 때 사는 것이 장기수익률이 나쁜 자산을 단기수익률이 높을 때 사는 것보다 투자 수익률이 좋을 가능성이 크다.

이 그런 수익률을 내는 근거가 있다는 이야기입니다.

미국 리츠의 장기수익률

리츠가 과연 수십 년 동안 연 10%대의 총 수익률(배당 포함)을 기록했는지 실제로 확인해볼까요?

총 수익률(Total Return)은 자산상승률(배당과 이자를 제외한 가격 상승분)과 배당(또는 이자)을 합산한 개념으로, 투자 자산을 보유했을 때 받을 수 있는 배당을 재투자한다는 가정하에서의 총 수익률을 말합니다. 보통 배당률, 이자율이 높은 채권, 배당주, 부동산 자산의 수익률을 나타낼 때 많이 사용합니다. 총 수익률로 나타내면 배당률만 나올 경우나 자산 가격 상승분만 나올 경우의 오류를 피할 수 있습니다. 리츠는 배당 자산이기 때문에 이 책에서 향후 수익률이라 지칭한다면 특별한 경우가 아닌 한 총 수익률을 말합니다.

다음 그림은 가장 미국 주식과 미국 리츠, 한국 주식의 단기, 장기수익률 및 최장기수익률(3년, 5년, 10년, 15년, 20년, 30년, 39년 수익률)을 나타낸 것입니다.

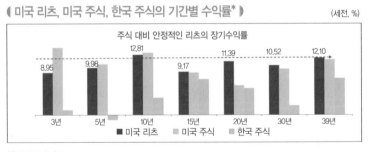

《 미국 리츠, 미국 주식, 한국 주식의 기간별 수익률* 》 (세전, %)

(출처: 블룸버그)
* 기간별 수익률=자산 성장률+배당(12장에서 설명)

차트를 보면 미국 주식과 미국 리츠는 장기로 갈수록 연 10% 초반대인 반면, 한국 주식은 한 자릿수 중반대의 수익률을 보이고 있습니다. 미국 리츠가 미국 주식보다 장기 연 수익률이 1~2%포인트 정도 높은 편입니다. 더욱이 미국 리츠는 10년, 20년, 30년 어느 구간을 살펴봐도 적어도 연 9% 이상인데, 이는 10년을 보유한 사람이든, 20년을 보유한 사람이든 안정적인 수익률을 안겨줬다는 뜻입니다.

그다음으로 미국 주식 수익률을 살펴보겠습니다. 장기간은 10% 초반대로 매우 우량하지만, 20년 구간처럼 구간에 따라 한 자릿수 중반대로 떨어질 때가 있습니다. 20년간 미국 주식을 보유한 분들은 아쉬운 연 수익률이었을 것입니다. 따라서 구간별 수익률이 일정하다는 것은 장기 보유 자산의 중요한 성질입니다.

그런데 더 안타까운 것은 한국 주식 수익률입니다. 장기, 단기 모두 한 자릿수 중반인데다 구간별로도 일정하지 않고, 심지어 한 자릿수 초반대의 수익률을 보이는 구간도 있습니다.

만약 60세인 사람이 30년 전 세 자산 중 하나를 투자해 갖고 있었다면 국내주식을 가진 사람과 미국 리츠와 미국 주식을 선택한 사람의 자산 규모 차이는 상당할 것입니다. "주식은 사고파는 것이 아니라 보유하는 것이다."라는 말도 유명하지만, 그 주식이 세계 경기에 민감한 화학, 철강, 자동차 등 수출 주도형 한국 주식일 가능성은 적습니다.

리츠는 과거 수익률도 양호했고, 어느 구간에 투자하더라도 수익률이 고른 편이었으므로 과거 성과 기준으로는 수익률이 매우 양호한 자산이었다고 말할 수 있습니다.

그런데 리츠의 과거 연간 총 수익률은 근거가 있는 것일까요? 리츠는 아무래도 부동산을 기반으로 하기 때문에 자산가치도 안정적으로 성장하고, 배당도 꾸준한 편입니다. 반면, 미국 주식, 한국 주식과 같은 일반 주식은 각각 성장률과 수익률이 다른 여러 섹터와 혼재돼 있기 때문에 구간 수익률도 일정치 않고 미래에도 이 정도 수익률을 낼 것이라 장담하기는 힘듭니다.

아시아 리츠는 배당률이 높다

높은 배당률의 비결

리츠의 배당률이 높은 이유는 두 가지입니다. 첫째, 배당금이 나오는 원천이 보유한 우량 빌딩의 임대료인데, 이런 빌딩의 임대료는 비교적 쉽게 인상할 수 있습니다. 둘째, 법적으로 정해진 리츠의 강제 배당률입니다. 정부가 리츠 제도를 도입한 기업에 대해 법인세를 면제해주는 조건으로 배당가능이익의 90%를 배당해야 하기 때문입니다. 이 두 가지 조건이 합쳐져 미국 리츠는 평균적으로 장기간 연 4% 정도의 배당률을 보였습니다.

배당률이 높은 아시아 리츠가 더 좋은 걸까?

그런데 미국 리츠보다 더 높은 배당을 주는 아시아권 리츠들도 있습니다. 대표적인 예로 싱가포르 리츠나 호주 리츠를 들 수 있습니다. 보통 5~7% 수준이지요.
"고배당 리츠군요. 싱가포르나 호주 리츠가 갖고 있는 빌딩도 최우량이던데요. 그럼 미국 리츠보다 이쪽이 더 좋은 게 아닌가요?"

사실 많은 분이 고배당을 주는 나라의 리츠들을 상품화해 판매하기도 합니다.

리츠의 수익률은 '자산성장률＋배당수익률'입니다. 만약, 싱가포르 리츠가 이익이 매년 4~6% 성장하는데, 배당률도 5~7%라면, 배당률이 4% 수준인 미국 리츠보다 기대수익률이 훨씬 높겠지요? 그러나 배당률이 높은 리츠들은 자산성장률이 낮은 경우가 많습니다. 만약, 배당률이 7%이고 자산성장률이 7%여서 30년간 연 14%의 수익률을 기록한 나라의 리츠가 있다면 분명히 그 나라의 리츠로 자금이 몰렸을 겁니다. 그런데 대개 선진국 리츠는 장기수익률이 연 10% 내외로 비슷한 수준입니다. 비슷한 국력의 선진국에서 미국과 비슷한 정도의 리츠 제도를 채택했다면 말입니다. 심지어 성장이 확실한 분야라면 투자 배당은 좀 줄이더라도 사업을 더 키우기 위해 자산매입에 더 힘을 씁니다. 이런 사람들은 성장성이 높은 리츠를 선호하기 때문에 가치가 상승해 배당률이 더 떨어지는 선순환(?) 효과가 있는 경우도 있습니다. 대표적인 예로 나중에 소개할 데이터센터, 조립식주택과 같은 성장 섹터를 들 수 있습니다.

투자의 세계에서는 이면을 봐야 하는 상황들이 많습니다. 이것이 바로 고배당 리츠가 나오면 자산이 어떻게 성장하는지를 함께 살펴봐야 하는 이유입니다.

실물 부동산 전략 소개

리츠의 운영진이나 자산운용사가 자산매입, 관리를 할 때 실물 부동산 전략을 사용하므로 리츠 투자자도 실물 부동산 전략을 알아둬야 할 필요가 있습니다. 부동산에는 코어(Core), 코어 플러스(Core Plus), 밸류 애디드(Value Added), 오포튜니스틱(Opportunistic)이라는 4개의 전략이 있습니다. 모든 리츠가 최고급이어야만 좋은 수익을 내는 것이 아닙니다. 전략에 따라 자산의 품질은 떨어지지만 기대수익률을 높일 수 있습니다. 코어, 코이 플러스, 밸류 애디드, 오포튜니스틱 순으로 기대수익률과 위험도가 커지므로 매각 시기를 짧게 잡아야 합니다.

- **코어(Core) 전략**: 주요 4개 섹터(오피스, 리테일, 아파트, 산업)의 안정적인 프라임 오피스 빌딩 등에 투자해 연 6~11% 미만의 수익률을 거두는 것이 목표이다.

- **코어 플러스(Core Plus) 전략**: 코어보다는 위험성이 크지만, 더 높은 수익률을 기대할 수 있다. 수익률은 8~12%이고 자산 수준은 코어와 비슷하지만 임차인, 레버리지, 섹터 등에서 코어보다 열위에 있다.

- **밸류 애디드(Value Added) 전략**: 수익률 10~15%를 기대할 수 있다. 모종의 이유로 자산 가격이 낮아진 빌딩을 리모델링하거나 수선, 용도 변경, 임차인 유치 등을 통해 자산가치를 상승시켜 매각하는 투자를 말한다.

- **오포튜니스틱(Opportunistic) 전략**: 10% 중반대 이상의 수익률 기대. 원래 부동산의 운영 상황이 좋지 않아, 부동산 자산 또는 부지를 매입한 후 개선 작업을 하거나 개발함. 대출도 많이 활용하며, 소개한 4가지 전략 중 가장 고위험 고수익 유형

이 전략을 국내 아파트 투자에 비유해보겠습니다. 코어 전략은 좋은 위치의 좋은 품질의 아파트를 구입하는 것으로, 고액의 전세입자를 쉽게 들일 수 있지만 자산가치 대비 월세수익률이 낮은 강남 요지의 신축 아파트에 비유할 수 있습니다. 밸류 애디드 전략은 낡은 아파트를 모두 수리해 월세가격을 높이는 전략, 되파는 전략에 비유할 수 있고 오포튜니스틱 전략은 빌라 재개발 등에 비유할 수 있습니

다. 코어 전략이 안정적이긴 하지만, 코어 대비 높은 수익률을 올리고 싶다면 다른 전략이 적합합니다.

코어 전략에 해당하는 빌딩을 사려면 금액도 크고, 장기 보유자가 많아 시장 매매 기회도 별로 없기 때문에 개인투자자가 최고급 빌딩을 사고 싶다면 리츠를 이용하는 것이 가장 유리합니다. 예를 들면 미국 오피스 리츠인 보스턴 프로퍼티스(Boston Properties)가 갖고 있는 GM 빌딩은 코어 자산이고, 가격도 수조원에 달해 개인이 살 수 있는 수준의 빌딩이 아니지만, 이 리츠를 보유함으로써 이 빌딩을 포함한 최고의 빌딩들을 간접적으로 소유하는 효과를 거둘 수 있습니다. 대형 리츠일수록 코어 전략, 중소형 리츠일수록 다른 전략을 구사할 가능성이 커집니다.

리츠에 따라 리츠 자산의 전체 또는 일부에 대해 코어, 밸류 애디드, 오포튜니스틱 전략을 구사하는데, 이는 대개 회사 IR 자료에 설명돼 있습니다.

리츠는 세계 경제에 영향을 받을까?

금리, 경기, 실물 부동산 가격 등을 파악하라

'지피지기면 백전백승이다.'라는 격언은 투자에도 적용됩니다. 주식에 관심이 있는 분들은 주주, 재무 상황, 경쟁 구도 등을 열심히 공부하고, 아파트에 관심이 있는 분들은 구조, 학군, 교통, 단지 수, 공급 등을 열심히 공부합니다. 좀 더 크게는 한국 주식의 특징, 서울 아파트의 특징 등을 공부한 후에 접근하기도 합니다. 이렇게 투자 대상을 잘 파악하는 것이 투자의 기초이자 출발점입니다. 그런데 의외로 대상을 잘 파악하지 않고 투자하는 분들이 많습니다. 투자의 세계에서 성공하는 사람들이 드문 것은 바로 이 때문입니다. 리츠 투자에 성공하려면 리츠의 특징을 잘 알아야 합니다.

예를 들어볼까요? 미국 리츠는 미국금리, 미국 아파트 가격, 미국 상업용 부동산 가격 중 어느 것과 가장 관련이 깊을까요? 다음은 투자자에게 가장 많이 받았던 질문입니다.

"리츠는 미국 금리가 내려가면 유리하고, 올라가면 불리한 것이 아닌가요?"

"미국 집값이 내려간다고 하는데, 미국 리츠 가격도 하락하는 것은 아닌가요?"

"미국의 빌딩 가격이 너무 비싼데, 미국 리츠 가격도 비싸지요?"

리츠와 관련성이 높은 요소들

리츠와 관련성이 높은 요소로는 해당 국가의 국내총생산(GDP), 고용률과 같은 경제 상황, 해당 섹터의 실제 상업용 부동산 가격 추이, 리츠가 비싼지의 여부 등을 들 수 있습니다. 금리의 경우에는 단기적으로만 관련성이 높고 장기적으로는 낮습니다.

《 미국 리츠와 각 자산과의 연관도 》

상관계수	
미국 리츠와 각 자산과의 역사적 상관계수 (1990. 01. 01~2018. 12. 13)	
미국 채권과 미국 리츠	−0.015
미국 주식과 미국 리츠	0.627

(출처: 블룸버그, 기간: 1990~2018년)

생각해보면 맞는 이야기지요. 리츠가 상장된 빌딩회사라면 해당 나라와 해당 빌딩 섹터의 영향권하에 있게 되고, 그 빌딩 섹터의 가격은 다음과 같은 요인의 영향권하에 있게 됩니다.

첫째, 그 나라 경제 상황의 영향을 받습니다(경제가 좋아야 임대료도 올릴 수 있고 공실률도 낮겠지요?).

둘째, 해당 지역 빌딩 섹터의 수요와 공급(당연히 빌딩의 공급이 많으면 가격이 떨어지겠죠? 부동산은 '사이클 산업'입니다), 그 지역과 섹터의 빌딩을 주로 갖고 있는 리츠의 가격도 시기적으로 완전히 일치하지는 않지만, 먼저 또는 나중에 영향을 받습니다.

셋째, 밸류에이션입니다. 가격이 싼지, 비싼지는 중요한 요소 중 하나인데, 많은 사람이 이를 간과합니다. 금리가 오르내리는 것보다 밸류에이션이 리츠에 미치는 영향이 더 큽니다.

넷째, 주식과 채권금리의 연관성입니다. 리츠와 주식의 연관도는 0.6 정도입니다. 주식은 경기변동 및 경제성장률과 밀접한 관계가 때문에 결국 리츠도 주식과 연관이 있고, 리츠는 주식시장에 상장돼 있기 때문에 많은 영향을 받습니다. 하지만 앞의 그림에서 알 수 있듯 장기적으로는 채권금리와의 상관관계가 크지 않습니다. 전반적으로는 경제 상황이 상업용 부동산 및 리츠가 상장된 주식시장, 리츠 자산, 리츠 섹터의 수요와 공급에 많은 영향을 미칩니다.

금리에 따른 리츠전략

많은 사람이 금리가 리츠에 미치는 영향이 클 것이라 생각합니다. 그러나 과거의 데이터나 미국의 많은 연구자료를 살펴보면 금리의 영향이 장기적으로는 그리 크지 않고, 단기적으로는 리츠의 주가에 영향을 미친다는 것을 알 수 있습니다. 즉, 금리가 높아진다고 전망해 단기적으로 반응한 리츠가 과도하게 하락했을 때 리츠를 사면 수익률이 좋은 경우가 많았습니다.

리츠는 채권금리에도 영향을 받지만, 장기적으로는 연관도가 낮습니다. 왜냐하면, 경기가 나쁘지 않은 상황에서 금리가 올라가면, 빌딩 주인 리츠가 임대료를 올릴 수 있기 때문입니다. 따라서 "경기가 완만히 좋아져 금리가 천천히 올라갈 때는 리츠의 이익도 괜찮게 올라간다."라고 이야기할 수 있습니다. 다만, 평가가치의 측면에서 보면 같은 안전자산인 채권의 금리가 높아지므로 리츠의 배당률과 차이가 좁아지면서 투자자들은 '이럴 바에야 차라리 저축을 해서 안전하게 예금 금리를 받는 것이 낫겠다.'라고 생각하게 됩니다.

이런 채권의 금리와 배당자산의 배당률의 차이를 '스프레드'라고 합니다. 미국의 경우, 리츠의 평균 배당률은 과거 4%인데, 10년 미국 국채 수익률이 1.5%라고 하면 스프레드는 2.5%입니다. 스프레드가 커질수록 리츠의 채권 대비 배당률이 높으므로 투자자들은 리츠를 선호합니다. 이와 반대로 금리가 올라갈 때 리츠가 약세인 이유는 채권과의 스프레드가 작아지기 때문인 것으로 보입니다.

우리나라 사람들이 예금 이자율이 내려가기 시작하면서 배당률이 높은 꼬마빌딩에 관심을 갖게 된 논리와 비슷합니다.

금리 상승 자체가 리츠에 부정적인 영향을 미칠 때도 있습니다. 그 대표적인 예로 금리가 급격히 올라가는 상황에서 부동산이 하락 사이클에 있기 때문에 임대료를 올리지 못하는 것을 들 수 있습니다. 또한 리츠의 레버리지와 대출 비중이 높은 상황이라면 내야 할 이자가 높아지기 때문에 불리해집니다.

그러나 이러한 경우가 아니라면, 금리 인상 전망 때문에 리츠가 과도하게 하락했을 때 리츠를 역발상으로 매입하면(과거의 통계로는) 수익률이 평소보다 높아집니다.

그러면 금리가 낮을 때는 리츠에 불리할까요? 리츠는 고배당주이기 때문에 채권의 성격도 갖고 있습니다. 리츠의 자산 가격 상승은 '주식적 요소', 임대료에서 나오는 안정적 배당률은 '채권적 요소'입니다. 아무래도 장기국채금리가 하락하면 리츠의 높은 배당률이 돋보이기 때문에 리츠의 매력도가 높아집니다.

리츠 총 수익률 = 자산 가격 상승(주식적 요소) + 배당률(채권적 요소)

리츠는 경기가 좋아 금리가 올라갈 때는 임대료도 올라가기 때문에 자산가치도 올라가는 경기 동행적인 요소를 갖고 있고, 경기가 좋지 않을 때는 안정적인 배당률이 돋보이는 안전자산적 성격인 채권적인 요소도 갖고 있는 자산입니다.

안전자산의 대명사인 채권도 아쉬운 점이 있을 때가 있지요? 경기가 좋아 금리가 올라가는데, 내가 가진 채권의 이자는 고정돼 있을 때가 그렇습니다. 이럴 때 채권의 가치는 하락합니다. 그런데 채권 중

금리연동부 채권(FRN, Floating Rate Note)이란 것이 있습니다. 금리연동부 채권이란, 일정 기간은 확정이자율로 이자를 지급하지만 그 후에는 정기적으로 금융시장의 이자율에 따라 연동해 이자를 지급하는 사채를 말합니다. 금리연동부 채권은 유로시장에서 금리상승에 따른 투자위험을 감소하기 위해 만들었습니다.

저는 리츠가 경기를 따라 금리가 움직이는 금리연동부 채권과 비슷하다고 이야기합니다. 경기가 좋아지는 만큼 임대료가 올라가면서 배당률이 성장하므로 안전자산이면서도 경기가 좋아질 때는 그 혜택을 보기도 합니다. 이와 반대로 완전 하락장에서는 채권만큼 안전하지 않습니다.

셋째
마당

리츠가
수익을 내는 법

리츠는 고유의 수익 구조 덕분에 배당률이 높습니다. 셋째마당에서는 부동산이 어떻게 주식으로 바뀌어 투자 상품이 되는지, 리츠는 어떤 방법으로 덩치를 키우는지 등 리츠의 구조에 대해 알아봅니다. 리츠의 수익 구조를 알면 리츠가 얼마나 안정적이고 매력이 있는 투자 상품인지 알 수 있습니다.

REITs

15

리츠가 소유한 세계 일류 빌딩

리츠가 가진 고급 빌딩의 수준

리츠가 가진 빌딩의 수준에 대해 알면 놀랄 만한 사항이 두 가지 있습니다.

첫째, 뉴욕, 파리, 런던, 싱가포르, 홍콩 등지에서 볼 수 있는 굴지의 빌딩 소유주의 약 30~40%는 리츠라는 것입니다.

예를 들어 우리가 잘 아는 엠파이어 스테이트 빌딩(뉴욕), 우드베리 아울렛(뉴욕), 마리나베이센터(싱가포르), 홍콩 IFC 빌딩(홍콩), 마트 빌딩(시카고)의 소유주는 리츠나 상장된 부동산 회사들입니다. 뉴욕에 있는 리츠 회사의 자산운용사들과 만나 그들이 가진 빌딩들을 방문한 적이 있는데, 월스트리트의 주요 빌딩들, 화려한 센트럴파크의 쇼핑가뿐 아니라 뉴욕 전경의 뷰를 자랑하는 아파트들까지 모두 리츠 소유라는 것을 알고 깜짝 놀란 적이 있습니다.

엠파이어 스테이트 빌딩 (뉴욕)	우드베리 아울렛(뉴욕)	마리나베이센터(싱가포르)

(출처: 각 리츠 홈페이지)

둘째, 미국의 기관투자가들이 실물 부동산과 리츠 중 어떤 것에 투자할지 고민하는 이유는 리츠가 미국의 최고급 빌딩을 더 많이 소유하고 있기 때문이라는 것입니다. 즉, 여러분들이 리츠에 투자하면 미국 기관투자가도 투자하기 힘든 최고급 빌딩을 소유하게 되는 것입니다.

상업용 빌딩에 대한 지식도 쌓을 겸 고급빌딩에 대해 좀 더 알아보겠습니다. 리츠가 가진 고급빌딩, 기관투자가들이 투자하는 빌딩이라고 하면 표현이 좀 모호하긴 하지만, 보통 프라임급과 A급을 지칭하는 경우가 많습니다.

《 상업용 빌딩 분류 예시 》

프라임급	A급	B급	C급
상위 10% 수준	10~30%	30~60%	60~100%
권역 내 최고 수준의 인지도를 보유하고 있는 랜드마크 오피스 빌딩	권역 내에서 높은 인지도를 보유하고 있는 오피스 빌딩	권역 내에서 평균적인 인지도를 보유하고 있는 오피스 빌딩	권역 내에서 평균 이하의 인지도를 보유하고 있는 오피스 빌딩

고급빌딩의 장점

이런 고급빌딩을 소유하는 것에는 어떤 장점이 있을까요? 우리나라에서는 '부동산은 입지'라 하고, 영미권에서는 'Location, Location,

Location(입지, 입지, 입지)'이라고 합니다. 땅 위에 있는 모든 부동산에 적용되는 유명한 격언입니다. 빌딩은 해가 지날수록 가치가 떨어지지만 입지(교통, 주요 시설, 학군, 명성)의 가치는 거의 변하지 않습니다. 이것이 바로 대치동의 낡은 아파트를 인구가 적은 지방 도시의 새 아파트보다 선호하는 이유이지요. 인구가 줄어도 학군 및 학원 수요가 꾸준하기 때문에 항상 전세와 매매수요가 많습니다.

주요 입지의 빌딩도 이와 마찬가지입니다. 주로 '프라임급 오피스'라고 하면, 빌딩 자체만 최고급이 아니라 입지도 매우 좋은 경우가 많습니다. 이런 곳에 있는 빌딩들은 임차인의 수요가 끊이지 않습니다. 서울 광화문의 신축건물을 생각해보십시오. 이런 곳은 세계 유수의 외국계 기업에서 장기간 계약을 원하는 경우가 많기 때문에 빌딩주가 임차인을 고를 수 있고 유리한 가격과 조건으로 임대차 계약이 체결됩니다. 우수 임차인으로 채워져 있기 때문에 경제위기에도 공실률•에 대한 걱정이 적고, 매매가도 상대적으로 견고합니다. 임대가격을 꾸준히 올릴 수 있기 때문에 빌딩의 자산 가격도 장기간에 걸쳐 꾸준히 상승하는 편입니다. 즉, 프라임급 빌딩은 항상 용지 공급이 부족한 뉴욕, 런던, 싱가포르, 홍콩 등의 대도시 중심에 자리 잡고 있기 때문에 장기적으로 상승 추세이며, 이런 빌딩들을 소유한 리츠의 가치도 장기적으로 상승 추세를 유지하게 됩니다. 2019년 1분기에 경기 둔화의 위기가 찾아왔지만, 전 세계 프라임 빌딩의 임대료 등 임차인이 지불하는 비용은 미국 3.7%, 유럽 3.5%, 아시아 3.3%로 상승했습니다.

알아두세요

공실률(Vacancy Rate)
빌딩의 전체 방에서 입주가 되지 않은 방의 비율을 말한다. 공실률이 높다는 것은 그만큼 그 빌딩이나 지역의 인기가 하락했다는 것을 말한다. 이와 반대로 점유율(Occupancy Rate)은 빌딩의 전체 방에서 입주가 된 방의 비율을 말한다. 대개 '1- 공실률=점유율'의 관계이다.

16

리츠는 어떻게 돈을 벌까?

리츠의 기본 구조

양호한 재테크 수익률은 국민뿐 아니라 정부도 관심이 있습니다. 국민들이 재테크에 실패하면 소비가 감소하고 경제성장률이 둔화돼 정부 재정을 지출해야 하기 때문입니다.

1900년대 이후 미국 정부는 "어떻게 하면 국민들이 임대료를 받는 빌딩을 보유하게 해서 부강한 민간재정을 만들까?"라는 고민을 바탕으로 여러 가지 안을 생각하게 됐고, 1960년 아이젠하워 당시 미 대통령과 미 국회는 「리츠 제정법」을 탄생시켰습니다. 리츠를 제정한

《 리츠의 구조도 》

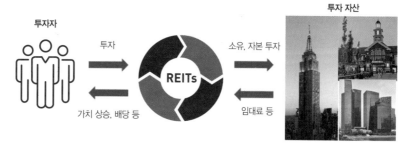

목적은 국민들로 하여금 손쉽게 좋은 빌딩을 소유하도록 하는 것입니다.

리츠 제도는 리츠에 투자한 후 그 결실이 돌아오는 과정이 실물 빌딩 거래와 비슷한 효과를 내도록 디자인했습니다.

《 리츠와 빌딩 투자의 차이점 》

	리츠	빌딩
구입	투자자는 리츠를 사기 위해 리츠 주식을 산다(소액투자 가능).	투자자는 빌딩에 투자하기 위해 빌딩의 지분을 산다(목돈 필요).
투자 후	리츠 회사(또는 리츠를 운용하는 회사)는 빌딩을 매입하고 보유해 임대료를 받는다. 그리고 임대료나 일부 빌딩 매각 차익에서 나오는 배당금을 투자자에게 나눠준다(빌딩 매수와 매도*: 대개는 투자자로부터 들어오는 자금으로 계속 빌딩을 사지만, 가치가 충분히 상승했다고 생각될 때는 일부 빌딩을 매각한다).	매입한 빌딩에서 나오는 임대료를 꾸준히 받는다.
매각	리츠 회사의 주식을 매도하면, 그날 시세로 대개 3~8일 안에 환매대금을 받는다.	빌딩을 매각하면 매각대금을 장기간에 걸쳐 받는다(매각하기가 쉽지 않다).

알아두세요

이 부분은 '18장 리츠는 규모를 어떻게 키울까?'에서 자세히 설명한다.

리츠가 수익을 내는 법

보통 커피 한 잔 값으로 빌딩주가 되는 방법이 리츠라고 설명하지요? 보통 국내주식의 한 주당 공모가가 5,000원 정도 되는 경우가 많다 보니 이런 별칭이 붙었나 봅니다. 하여튼 리츠 가격은 시간이 지나면 보유 빌딩들의 가치를 반영해 대부분 오릅니다.

리츠를 한 주 사면, 그 리츠가 가진 수 개(미국 리츠의 경우 수십~수백 개)의 빌딩에서 나오는 임대료를 리츠가 배당으로 나눠줍니다. 배당 지급 기간은 연 1회, 연 2회, 분기, 월간으로 리츠 회사마다 다릅니다. 내가 가만히 있어도 리츠 회사가 열심히 임대료를 받으러 다니고 그 임대료들을 모아 나에게 자동으로 배당해주니 편하지요? 그 후에 리츠를 매도하면, 그날 가격으로 주문이 체결되고, 나에게는 며칠 후 매각자금이 증권통장에 입금됩니다. 이때 매도한 날의 가격은 그동안 리츠가 갖고 있던 빌딩들의 가격 변동분을 반영한 자산가치를 반영하지만, 매도한 날의 주식시장 분위기도 일부 반영합니다. 빌딩 매매에서 중요한 자산가치 상승 및 임대료 등 배당금 수령이라는 투자의 핵심사항은 모두 비슷하지요? 그러나 큰 차이점은 리츠는 빌딩과 달리, 주식으로 거래되기 때문에 원하는 시기에 매도해 현금으로 받는 것이 100% 가능한데 비해(즉시성, 환금성), 주식시장에서 거래되기 때문에 부동산 가치뿐 아니라 일부 주식시장의 반응도 일부 반영된다는 것입니다(가격 변동성).

리츠 회사와 법인세: 정부의 통큰 양보

마지막으로 중요한 것은 '세금'입니다. 미국정부는 리츠 제도를 활성화하기 위해 큰 혜택을 리츠에 제공했습니다. 리츠가 과세소득의 90% 이상을 주주에게 배당할 경우, 법인세를 받지 않겠다고 선언한 것입니다. 리츠가 법인세를 내지 않게 되면 그 혜택이 주주의 배당금이나 향후의 자산가치에 더해집니다. 빌딩을 보유하고 있는 리츠가 법인 활동을 하면 법인세를 내야 하지만, 이것을 과감하게 없앤 것입니다. 즉, 리츠가 보유한 빌딩들의 임대료에서 비용을 제외한 과세이익이 1,000억원이라면 법인세로 210억원(현재 미국의 법인세율은 18년 4월부터 35%에서 21%로 낮아짐)을 내야 하지만, 1,000억원의 90% 이상, 즉 900억원 이상을 배당할 경우 법인세가 면제돼 리츠와 주주에게 돌아오는 혜택이 커집니다. 투자자에게 또 좋은 점은 이 혜택을 위해 리츠가 90% 이상 배당해야 하기 때문에 투자자로서는 리츠라는 법인이 이익에 비해 너무 적게 배당하지 않을까 하는 고민을 할 필요가 없어진다는 것입니다.

17

최고의 전문가가
관리하는 리츠

자기관리·위탁관리 리츠 비교하기

사실 누가 리츠를 운용하는지가 중요한 이슈인데, 이에 대해 잘 아는 분은 많지 않을 것 같습니다. '굳이 알아야 하나?'라는 생각도 들지만, 내가 투자하는 리츠가 어떤 형태인지에 따라 수익률에 영향을 미치므로 이번 기회에 정리해두겠습니다.

여러분이 빌딩 15개를 갖고 있다고 가정해보겠습니다. 1~2개는 직접 임차인 관리도 하고 보수도 했지만 빌딩 수가 늘어날수록 일손이 더 필요해질 것입니다.

법인을 세우고 직접 운용하기

첫 번째 방법은 법인을 세워 직접 운용하는 것입니다. 법인 등기를 하고, 관리나 투자하는 사람을 고용해 15개의 빌딩을 관리하는 방법이 있겠지요. 이 경우에는 인건비가 소요되겠지만, 빌딩주 법인의 의도대로 빌딩 15개의 매매 타이밍, 관리를 결정할 수 있습니다. 초기에 사람을 뽑아야 하므로 인건비가 들지만, 취득하는 법인이 더 많아지면 인건비를 오히려 절감할 수도 있습니다.

이렇게 법인으로 직접 빌딩을 운용하는 리츠를 '자기관리 리츠(Internally-Managed REITs)'라고 합니다. 말 그대로 리츠법인이 보유 부동산을 관리, 운용합니다. 주로 미국 리츠, 유럽 리츠에 많은 형태입니다. 리츠의 설립자가 주로 대주주로 있고, 직접 리츠의 최고 경영자가 되거나 회장님(?)이 돼 고문으로 일하기도 합니다. 구조가 일반 회사와 비슷하며, 리츠법인에서 전문인들을 뽑아 직접 운용하므로 인건비가 듭니다. 이런 리츠의 주식을 사면 일반 회사의 주식을 사는 것과 비슷한 구조로 운용됩니다.

리츠 운용법인의 경영진은 이 리츠의 운용에 전념하게 되고, 리츠 경영이 잘되면 대주주의 부에 영향을 미치는 주가가 상승하므로 회사의 이익을 최대화하려고 노력합니다. 미국의 오래되고 큰 리츠들은 대개 셈 젤(Sam Zell, 에쿼티 레이덴셜 설립자), 모티머 주커맨(Mortimer Zuckerman, 미국 최대 오피스 리츠인 보스턴 프로퍼티스 설립자)과 같은 부동산 재벌들이 본인들의 부동산 사업을 더 확장하기 위해 1960~1970년대에 리츠를 설립하고 현재까지 회사를 운영해온 경우가 많습니다. 트럼프가 왜 트럼프 호텔 리츠나 운용회사를 설립해 상장하지 않았는지 궁금해지네요. 미국 리츠 회사의 대주주들은 같은 시대의 부동산 재벌이었던 트럼프의 지인이 꽤 있습니다.

제가 국내 투자자에게 많이 받았던 질문 중 하나는 "미국 리츠의 관리 보수율은 어느 정도인가요?"였습니다. 대부분의 국내 부동산 펀드들은 부동산 운용사에 의해 운용되기 때문에 보수율이 중요합니다. 그러나 미국 리츠는 자기관리 리츠이기 때문에 보수를 내지는 않지만, 인건비의 형태로 리츠법인에서 지급되기 때문에 자기관리 리츠라고 해서 보수가 없는 것은 아닙니다. 다만 경영진의 노력에 따라 절감할 수 있으며, 관리하는 빌딩의 규모가 100~200개를 넘어가면, '규모의 경제 원칙'에 따라 고정된 인건비로 많은 빌딩을 관리할 수 있으므로 일정한 자산규모에 비례해 정률의 수수료를 받는 방법보다 비용이 더 절감됩니다.

전문 부동산운용법인에 위임하기

두 번째 방법은 법인을 세우지 않고, 빌딩을 잘 운용하는 부동산운용법인에 일정한 보수율에 따른 보수를 지급하고, 빌딩의 관리, 매매 결정 등을 위임하는 것입니다.

이럴 경우, 직접 사람을 고용하지 않으므로 인건비가 나가지 않지만, 빌딩주는 빌딩 15개를 관리해주는 대가로 부동산 법인에 일정한 보수를 지급합니다. 이 보수율은 빌딩 전체 가치 대비 약 0.4~1% 초반 대 정도입니다. 이외에 이 법인이 좋은 투자기회를 발굴해 빌딩주와의 합의하에 빌딩을 추가 매입하거나 빌딩 매각을 성공적으로 잘 수행할 경우 추가 인센티브를 주기도 합니다. 즉, 위탁운용에 대한 기본보수와 업무를 잘 수행했을 때 지급하는 인센티브로 나뉘집니다.

이런 구조가 바로 위탁관리 리츠이며, 그 대표적인 예로 대기업 중심의 사업 구조나 자산운용사 중심으로 발달한 선진아시아 국가들, 즉 일본, 싱가포르, 호주를 들 수 있습니다. 우리나라도 이런 위탁관리 리츠에 해당하죠.

위탁관리 리츠는 페이퍼컴퍼니(Paper Company, 종이로 만들어진 서류상의 회사)이고, 이 회사는 이 회사와 주주관계가 있을 수도 있고, 없을 수도 있는 투자관리회사(Investment Management Company)가 운용합니다. 예를 들면 신한알파리츠는 신한리츠운용이라는 회사에서 관리합니다. 맥쿼리인프라투융자회사는 리츠 회사가 아니지만 맥쿼리자산운용에서 운용합니다. 또한 롯데리츠는 계열사인 롯데에이엠씨에서 운용합니다.

위탁관리·자기관리 리츠의 장단점

두 리츠는 각기 장단점이 있습니다. 자기관리 리츠는 운용하는 팀의 능력이 부동산전문운용사보다 탁월하거나 자산을 장기적으로 잘 키워 대형 리츠가 될 경우 위탁관리 리츠보다 신뢰를 얻을 수도 있지요. 그렇지만 이와 반대의 경우에는 위탁관리 리츠가 좀 더 투명성과 신뢰도에서 점수를 얻을 수 있습니다.

그리고 자기관리 리츠는 주가에 영향을 미치는 장기간에 걸친 이익의 성장, 위탁관리 리츠는 매출과 이익의 꾸준한 성장에 중점을 둡니다.

예를 들면 리먼브러더스 사태의 경우를 제대로 예측했던 미국의 자기관리 리츠들은 리먼브러더스 사태 1~2년 전에 핵심 부동산이 아닌 빌딩들을 그 당시 비싼 가격에 처분해놓고 기다리는 경우가 있었습니다. 그럴 경우 빌딩 수가 줄어 단기간의 임대료 배당은 줄어들었겠지만, 리먼브러더스 사태로 경제위기가 일어나 자산 가격이 많이 하락한 당시의 경영진은 주주들의 칭찬을 받았습니다. 이와 반대로 리먼브러더스 사태가 일어나지 않았으면 괜히 자산만 줄어 이 회사의 주가는 떨어졌을 수도 있습니다. 그러나 대부분의 미국 대형 자기관리 리츠들은 경험이 많은 경영진이 투자 결정을 하는 편이므로 크게 잘못하는 경우는 적습니다.

이와 반대로 위탁관리 리츠는 위탁을 받아 운용하는 입장이므로 이렇게 부동산 투자사이클에 따른 전격적인 매수, 매도 결정을 하기 힘듭니다. 그 대신 꾸준히 배당이나 매출을 늘리는 전략을 펼쳐 배당의 성장을 중시하는 아시아 투자자들의 필요성을 만족시킬 수 있습니다.

대개 리츠는 그 나라 투자자들의 요청대로 성장하는 경향이 있습니다. 우리나라의 경우 현재 상장된 리츠가 적지만, 대기업이나 자산운용사가 운용하는 리츠를 선호합니다.

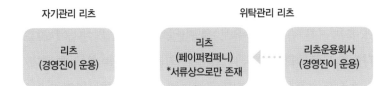

《 자기관리 리츠와 위탁관리 리츠 비교 》

자기관리 리츠

리츠
(경영진이 운용)

위탁관리 리츠

리츠
(페이퍼컴퍼니)
*서류상으로만 존재

리츠운용회사
(경영진이 운용)

여러분이 투자한 미국의 자기관리 리츠는 손꼽히는 부동산 재벌들과 전문경영진, 한국의 위탁관리 리츠는 톱 클래스의 부동산 운용사와 대기업이 운용하고 있습니다. 그리고 이들은 인센티브를 받기 위해 최선을 다해 리츠를 운용하며, 상장리츠의 경우 매년 감사와 공시제도를 통해 운용실적이 투명하게 드러납니다. 이제 리츠에 투자할 때는 전문성이 중요하다는 설명이 이해되겠지요?

리츠는 규모를 어떻게 키울까?

내부성장전략 vs. 외부성장전략

여기서 독자들은 궁금해지기 시작했을 겁니다.

'미국 리츠의 배당 포함 총 수익률이 연 10% 정도였다는데, 어떻게 이런 수익률이 가능할까?'

아직도 많은 사람이 우리나라 리츠는 부동산 펀드처럼 1펀드에 1~2개의 부동산 빌딩을 편입하고 있고, 일정 기간 만기가 있는 것으로 생각하지만, 사실은 이와 다릅니다.

"리츠는 원래 빌딩 2~3개 또는 10개 정도의 자산을 매입하고 그 자산을 잘 운용하다가 청산하지 않나요? 부동산 펀드를 보니 그렇던데요. 그래서 그 빌딩에서 나올 확정 수익이 5%나 7%로 정해져 있지 않나요?"

《 부동산 펀드와 상장리츠의 차이 》

	상장리츠	부동산 펀드
성장전략	• 빌딩 수 계속 증가 • 매수도 타이밍을 자유롭게	• 빌딩 수 증가가 제한적 • 매수도 타이밍 제한
영속성	계속(상장 폐지 시 제외)	펀드 만기 시 청산(주로 3~5년)
거래 용이성	주식처럼 언제나 거래가 가능함	거래가 간헐적이거나 제한됨
수익률	대개 유동적(장기 기준 연 10% 수준)●	대개 고정적(장기 기준 연 5~8% 수준)

알아두세요

미국 리츠 인덱스 기준

빌딩 투자라는 것 외에 부동산 펀드와 상장리츠의 구분에는 성장전략이라는 면에서 가장 큰 차이가 있습니다. 부동산 펀드는 대개 3~5년 후에 청산하고 자산을 매각한 금액을 투자자에게 나눠주지요. 투자 당시 빌딩(들)의 임대료와 공실률 변화를 통한 자산 가격 상승이 펀드의 수익률입니다.

그런데 상장리츠는 청산이 없습니다. 삼성전자나 현대자동차처럼 증시에 상장해 유상증자 등을 통해 투자자금을 계속 모으면서 성장전략을 펼칩니다. 즉, 빌딩의 임대료 등으로 매출과 이익을 계속 늘려나갑니다. 리츠 회사가 타 펀드 등에 팔려 상장폐지되기 전까지는 대부분 수십 년 이상 상장돼 있습니다. 리츠가 성장전략을 펼칠 수 있는 것은 바로 이 때문입니다.

내가 부동산 운용에 타고난 소질이 있고, 누군가 부동산을 매입할 자금을 계속 투자해준다면, 1~2개의 빌딩 매입으로 그치지는 않겠지요? 아마 그 매입자금을 중단할 때까지는 부동산을 더 매입해 이익을 늘리려고 할 겁니다.

미국의 부동산 재벌들이 굳이 리츠를 세워 운용하는 이유는 증시를 통해 투자자들로부터 막대한 자금을 모집해 운용하면 더 큰 부자가 될 수 있기 때문입니다. 여러분이 리츠에 투자하면 그런 부동산 재벌들의 사업파트너로서 참여하게 되는 것입니다.

기존 빌딩 잘 관리하기 전략(내부성장전략)

부동산 사업으로 이익을 늘리는 방법은 두 가지로 나눌 수 있습니다. 첫째, 기존 빌딩 잘 관리하기 전략(어려운 말로 내부성장전략)입니다. 일단 갖고 있는 기존 빌딩의 가치를 높이는 전략이 우선입니다. 다시 말해 임대료를 잘 올리고, 임차인을 잘 관리해 사무실을 비지 않게 하는 '공실률 줄이기 전략'입니다. 공용 비용의 전구를 LED로 모두 바꾸는 등과 같은 빌딩의 관리비용 절감도 중요합니다. 빌딩이 낡아 임차인들에게 인기가 없으면 리모델링을 해서 집객 효과를 노리기도 합니다.

대부분의 자기관리 리츠 회사들은 이런 내부 빌딩관리 전략을 담당하는 팀이나 부서가 있습니다. 임차인을 구하는 것을 전문으로 하는 임대관리팀도 별도로 있지요. 미국의 큰 리츠 회사인 보네이도 (Vornado) 사는 일류 금융기관들을 임대인으로 갖고 있는 뉴욕의 빌딩을 다수 소유하고 있는데, 수년 전 이 회사 IR 담당자와 함께 이 빌딩들을 방문해 설명을 들었습니다. 그 빌딩들의 외벽과 로비에는 'Vornado'라는 로고가 새겨져 있었고, 1층의 로비 디자인을 비롯해 빌딩의 인테리어가 모두 유사했습니다. 고객인 금융기관들은 대형 리츠인 보네이도 사가 관리하는 빌딩이라는 것에 가산점을 줍니다. 이 빌딩의 방문자들도 깔끔하고 정리된 1층 로비 디자인을 보고, 보네이도 사라는 것을 금방 알 수 있어 임차인들이 좋아합니다.

또 빌딩이 많은 점도 리츠가 비용을 줄이는 데 효율적입니다. 조명을 LED로 바꾸거나 인테리어를 바꿀 때도 대규모 거래가 가능하기 때문에 비용을 할인받을 수 있습니다.

《 Vornado 사 빌딩의 로고 》

사고팔고 짓는 전략(외부성장전략)

둘째, 빌딩 수 자체를 늘리거나, 매도하거나, 짓는 적극적인 성장전략입니다. 단위형*인 부동산 펀드로는 이 전략을 구사하기 힘듭니다. 왜냐하면 일정 기간 동안 돈을 모으고, 청산하기 때문에 빌딩을 매입해야 하는 시기도 정해져 있고, 매각이 펀드 청산 전에 이뤄져야 하기 때문입니다. 따라서 중간에 빌딩을 더 사거나 파는 전략은 구사하기 힘듭니다. 리츠는 영속형 기업이기 때문에 빌딩을 사고파는 시기가 자유롭습니다. 빌딩의 가치는 장기간에 걸쳐 꾸준히 상승하기 때문에 리츠도 빌딩을 꾸준히 사들이는 편입니다. 파는 것보다 사는 경우가 많아 평균적으로는 1년에 전체 빌딩 규모가 2~4% 정도 증가합니다.

그러나 단기적으로는 경기나 부동산의 수요, 공급에 영향을 받아 가격이 내리거나 올라갈 수 있습니다. 이를 '부동산 사이클'이라고 합니다. 이 사이클을 잘 파악해 빌딩이 쌀 때 더 매입하거나, 비쌀 때 좋지 않은 빌딩을 팔거나, 교체매매를 하면 추가수익이 생길 수 있습니다.

미국에서 각광받는 대형 우량 리츠의 경영진은 이런 전략을 아주 잘 펼칩니다. 어떤 경우에는 회사를 최고점에서 매각하기도 합니다. 10

알아두세요

단위형 펀드
펀드의 한 유형으로, 단위형은 모집 방식에 따른 구분이다. 일정 기간을 정해 놓고 이 기간 동안 고객(투자자)으로부터 펀드를 모집하는 것을 '단위형'이라고 한다. 단위형의 반대는 '추가형'이다. 고객이 원하면 언제든지 펀드에 추가로 투자할 수 있다. 부동산 펀드는 대개 '단위형', 주식형 펀드는 '추가형'이다.

년 전 미국의 부동산 재벌 샘 젤은 본인 소유의 '에쿼티 오피스(Equity office)' 사를 아예 통째로 미국 최대부동산 펀드회사인 블랙스톤 사에 프리미엄 30% 정도에 매각했습니다. 그 후 모두 알고 있듯이 리먼브러더스 사태로 부동산 시장이 냉각기에 돌입했습니다. 샘 젤과 에쿼티 오피스를 갖고 있던 주주들의 입장에서는 아주 성공적인 거래였던 것입니다.

직접 건축하기

마지막으로 짓는 방법도 있습니다. 시장에서 빌딩을 사는 가격이 비쌀 때 빌딩을 지을 수 있는 능력, 즉 사업능력이 되는 리츠들은 땅을 매입해 설계한 후 짓기도 합니다. 그냥 매입하는 경우의 수익률보다는 완공 후의 수익률이 높겠지만, 만약 실패할 경우에는 손실도 큽니다. 고위험, 고수익(High Risk, High Return)이죠. 리츠 본연의 안정적인 수입은 주로 임대료에서 나오기 때문에 개발업에 익숙하지 않은 사람이 리츠 개발업을 너무 많이 하면 수익이 불안정해질 수 있습니다. 미국 리츠는 전체 자산의 10% 이하를 개발에 쓰고, 아시아 리츠는 개발사업의 한도를 법으로 제한하는 경우가 많습니다. 개발사업을 주로 하는 부동산회사를 부동산 개발회사(Real Estate developer)라 부르며, 따로 분류합니다.

리츠가 일반적으로 부동산 펀드보다 장기투자할 때 수익률이 높은 이유는 이런 성장전략이 가능하기 때문입니다.

리츠의 이익을 늘리기 위한 전략에는 자금조달도 있습니다. 많은 굴지의 회사들이 상장하는 이유는 채권, 주식의 발행을 통해 양질의 자금을 유치하기 위해서입니다. 특히, 자산매입을 통해 성장하는 리츠의 특성상, 자금이 지속적으로 필요하기 때문에 이 자금을 적절하게 조달하는 것이 매우 중요합니다.

상장, 자금조달이 쉬워지고 유동성이 높아진다!

상장리츠, 하나의 기업과도 같다

상장을 하지 않는 리츠들도 있지만, 대부분의 우량 리츠들은 상장을 선택합니다. 우리나라의 리츠들도 점차 상장을 하는 추세이지요. 정부도 리츠 상장과 관련된 규제들을 계속 완화하면서 지원하고 있습니다. 좋은 리츠들이 상장하는 것은 정상급 부동산 매니저가 운용하는 최고급 빌딩들에 투자할 수 있는 기회를 제공하기 때문에 매우 반가운 일입니다. 상장하면 IR팀도 만들어야 하고, 매일 주식가격이 움직이니 투자자들의 질문도 받아야 하고, 금융감독원에 제출할 보고서도 만들어야 하는데, 많은 리츠가 왜 상장을 선택할까요?

대부분의 리츠들이 상장을 선택하는 이유는 기업이 상장하는 이유와 비슷합니다. 회사 브랜드 이름이 높아져 사업하기 쉽고, 유능한 부동산 운용역도 모집할 수 있고, 무엇보다 자금을 조달하기 쉽기 때문입니다. 미국 리츠들의 시가총액이 수조, 수십조 원에 이를 수 있었던 이유는 바로 상장을 했기 때문입니다.

증시를 통한 자금조달 전략

리츠의 3대 전략은 바로 '내부성장', '외부성장' 그리고 '자금조달 전략'입니다. 리츠의 전략 중 내부성장전략, 외부성장전략을 가능케 하는 것이 바로 '증시를 통한 자금조달 전략'입니다. 특히, 리츠는 배당금을 많이 지급하기 위해 계속 빌딩을 '사고', '짓고'를 해야 하기 때문에 손쉽게 양질의 자금을 모을 수 있는 증권시장 상장이 필수지요.

리츠의 가장 큰 장점은 증권시장을 통해 유상증자를 하거나 채권 또는 우선주를 발행하는 등 자금을 쉽고 유리하게 조달할 수 있다는 것입니다. 예를 들어, 빌딩 매입 경쟁에 나서는 비상장기업 또는 부동산 펀드에 대비해 상장기업인 리츠가 채권을 발행하면 조달 비용이 저렴해질 수 있습니다. 또는 신규 사업을 하거나 빌딩 매입 자금이 많이 소요될 때 증권시장을 통해 유상증자나 채권을 발행해 비교적 수월하게 자금을 조달할 수 있습니다.

이렇게 리츠의 자금조달 비용이 낮아지면, 그 리츠의 주주인 투자자의 배당금이 높아집니다. 대형 리츠로 성장한 좋은 리츠들은 이 자금조달 전략의 강점을 잘 활용해 좋은 자산을 취득해왔습니다.

투자 수익률 10%, 리츠가 이 어려운 일을 해내는 비법

이자수익률이 10%라면, 상업용 부동산 투자 수익률로는 매우 높은 수준이고, 모든 자산을 통틀어도 매우 우수한 수준입니다. 우리가 우량 부동산에 투자할 때는 안정을 바라지만, 수익률에 대한 기대는 낮은 편입니다. 이것이 바로 강남 아파트 월세에서는 연 수익률 2~3%를 기대하지만, 변두리의 빌라에는 높은 한 자릿수 이상의 투자 수익률을 기대하는 이유입니다. 그런데 투자 수익률 10%, 고급 빌딩을 가진 리츠는 어떻게 이 어려운 일을 해내는 것일까요?

《 리츠 수익률 구조도 》

총 수익률(Total Return)*: Price Return(배당과 이자를 제외한 가격 상승
분)+배당(또는 이자)률

과거 미국 리츠는 이익이 장기간 동안 연 5~7% 정도 상승했고, 배
당 수익률은 4~6%를 형성했습니다. 배당이 나오는 자산에서 기대
하는 수익률은 배당금과 그 자산의 성장성이라고 한 것 기억하시나
요?

과거 수익률이 장기적으로 볼 때 9~12% 구간인 이유는 리츠의 이
익성장률과 배당률이 오랜 기간 동안 일정했기 때문입니다.

**이익성장의 비결: 기존 빌딩관리의 이익성장(2~4%)+신규 빌딩 매입 등
(2~4%)**

앞에서 리츠 이익이 기존 빌딩을 잘 관리해 이익을 성장시키고(내부
성장), 빌딩을 사고, 팔고, 지어 이익을 성장시킨다(외부성장)는 것을
알아봤습니다. 기존 빌딩을 잘 관리해 이익이 늘어난다는 것은 빌
딩을 잘 관리하고, 임차인을 적극적으로 관리하고, 빌딩에 들어가
는 비용을 최소화한다는 것을 의미합니다. 보통 리츠가 가진 빌딩들

은 우량하기 때문에 임대료가 장기간에 걸쳐 연 2~3% 수준으로 오르고, 빌딩의 공실률이 낮아지고, 비용이 감소하는 효과를 포함하면 1~2% 정도 더 성장할 수 있습니다. 즉, 기존 빌딩관리를 통한 내부 이익성장률이 장기 평균 3~4% 정도 될 수 있습니다. 여기에 리츠가 빌딩을 사고, 팔고, 짓는 행위, 즉 갖고 있는 빌딩관리 외의 자산을 성장시키는 목적을 가진 외부성장을 통해 성장한다고 말씀드렸죠?

사고, 팔고, 짓고 중 핵심은 '사는' 것입니다. 사업의 성격상 이익을 성장시키는 가장 좋은 방법은 '사업의 확장'입니다. 삼성전자가 공장을 짓고, 롯데백화점이 출점하는 것처럼 리츠도 기회가 되는 대로 빌딩을 사거나 짓습니다. 물론 갖고 있는 많은 빌딩 중 비핵심자산인 빌딩을 비싸게 팔 수 있을 때는 그 빌딩을 매각하지만 대부분 일정 기간 동안 순매수 빌딩의 면적 증가율●은 연 3~4% 수준입니다. 짓는 것(빌딩 개발)도 빌딩 수를 늘리는 데 일조하지만, 리츠가 빌딩을 취득하는 방법은 주로 완공빌딩을 시장에서 매수하는 것입니다. 더욱이 빌딩을 잘 팔아 이익을 남기거나 성공적으로 개발해 추가이익을 얻게 되면 리츠의 외부성장이익률은 더 상승합니다. 요약하면, 빌딩을 사고, 팔고, 짓는 외부성장을 통해 보통 연 2~4%의 수준으로 성장하게 됩니다.

리츠가 아닌 일반적인 부동산 펀드(폐쇄형, 단위형)는 외부성장 전략을 펼칠 여건이 제한돼 있어 자산가치 상승률이 약 연 2~4%대, 즉 한 자릿수 초반대지만, 리츠는 보다 다양한 활동을 자유롭게 할 수 있기 때문에 더 높은 수익률을 기록해왔습니다. 즉, 리츠를 부동산 펀드라고 보면, 가장 다양하게 수익을 창출하는 행위를 하는 펀드가 바로 '리츠'인 것입니다.

알아두세요

일정 기간의 매수빌딩면적−매도빌딩면적/보유 총 빌딩면적

20

리츠 펀드에
개발회사가 있는 이유

부동산 개발회사와 리츠

리츠 펀드는 우리나라에서만 '리츠 펀드'라 부르고, 해외에서는 '상장 부동산 펀드(Listed Real Estate Fund)'라 불립니다. 왜냐하면 부동산빌딩 등 관련 사업회사가 상장돼 거래된다는 광의 개념의 리츠에는 리츠뿐 아니라 리츠의 친척 정도 되는 부동산 개발회사도 편입돼 있기 때문입니다.

다음 그림을 보면 상업용 빌딩과 관련해 상장된 주식 중에는 리츠가 약 80%, 리츠가 아닌 부동산운영회사(대개 부동산 개발회사)가 약 20% 정도 포함돼 있다는 것을 알 수 있습니다. 따라서 리츠 펀드에는 리츠와 부동산운영회사가 모두 포함돼 있기 때문에 상장부동산 펀드가 맞는 명칭입니다.

그러나 갑자기 상장부동산 펀드라고 부르는 것도 생소하므로 이 책에서도 리츠 펀드라는 용어를 사용했습니다. 하지만 리츠 펀드에 부동산운용회사(개발회사)가 포함돼 있다는 점은 반드시 기억해야 합니다.

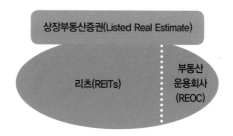

부동산 개발회사

부동산 운영회사는 대부분 개발회사이므로 향후 '개발회사'라 부르겠습니다. 그런데 부동산 개발회사(Real Estate Developers)란 무엇일까요? 리츠의 주업은 빌딩을 소유해 임대료를 받는 것이고, 부동산 개발회사의 주업은 빌딩을 개발해 매각하는 것입니다.

《 상장부동산 주식(미국 기준) 》

리츠	부동산 개발회사 (또는 부동산 운영회사)
• 부동산 투자신탁 • 배당 의무(배당 가능 이익의 90%) • 법인세 면제 • 부동산 소유에 초점 • 최소한 75%의 총 매출이익이 소유 빌딩의 임대료, 빌딩에 대한 대출이자, 빌딩매각대금이어야 함 • 최소한 75%의 자산이 부동산 자산, 모기지, 현금, 정부증권으로 구성	• 부동산 운영회사 • 리츠의 범주에는 들어가지 않지만, 부동산 관련업 영위 • 대개 아시아 지역의 부동산 개발회사 (Developers) • 배당 의무 없음 • 법인세 부과

우리나라에서 상장된 부동산 개발회사로는 SK D&D가 있지만, 일본, 싱가포르, 홍콩 등 다른 아시아 선진국에서는 대형 부동산 개발회사들이 많이 상장돼 있습니다.

대표적인 예로는 종합부동산회사인 일본의 미츠이 푸도산(Mitsui Fudosan), 홍콩의 대표적인 아파트 개발회사인 쑨홍 카이 프로퍼티스(Sun Hung Kai Properties), 많은 리츠를 계열사로 갖고 있는 싱가포르의 대표적인 개발회사인 캐피타랜드(CaptaLand) 등을 들 수 있습니다. 미국과 유럽에서는 개발회사 비중이 매우 적고 리츠가 대다수인 반면, 아시아에서는 40~50% 정도입니다. 글로벌로 보면 상장부동산 주식 비중 중 약 10~20%를 개발사가 차지하고 있습니다.

투자할 때 개발사 모델을 잘 이해해야 하는 이유는 다음과 같습니다. 첫째, 개발사 사업모델 자체의 리스크와 기회입니다. 개발사는 빌딩 부지를 사서 빌딩을 준공한 후에 매각하므로 리츠에 비해 리스크(사업 위험도)가 높고 부동산 경기에 따른 변동성도 높습니다. 하지만 이런 리스크 대비 기대 이익도 상대적으로 높습니다.

경기가 좋아 개발했던 빌딩이 완공돼 비싸게 매각되면 큰 매각이익이 생깁니다. 그런데 경기가 좋지 않아 개발이 지연된다거나, 자금이 부족하거나, 예상보다 매각이 잘되지 않으면, 사업에 차질이 생깁니다. 빌딩을 갖고 안정적인 임대료를 받는 리츠와는 사업모델이 다르죠? 그래서 리츠보다는 주식시장에서 주가가 싸게 거래되는 편이지만, 부동산 경기가 좋을 때는 수익률이 리츠보다 좋은 경향도 있습니다. 아시아의 개발회사는 개발업 외에도 부동산 펀드 관리, 부동산임대업 등 다양한 사업을 영위하는 종합부동산업 성격이 강합니다.

둘째, 아시아 지역의 대형 개발회사들은 대개 리츠들이 속해 있는 부동산 그룹의 모회사 역할을 합니다. 다음 그림에 나타난 캐피타랜드의 사업 영역을 살펴보면, 싱가포르 최대 리테일 리츠인 캐피타랜드 몰 트러스트(CapitaLand Mall Trust), 최대 오피스 리츠인 캐피타랜드 커머셜 트러스트(CapitaLand Commercial Trust) 등 5개 이상의 리츠를 계열사로 갖고 있다는 것을 알 수 있습니다. 아시아에서는 주로 그룹 모회사 격인 대형 부동산 개발회사가 빌딩을 개발하고, 개발한 후에는 하위 계열사인 리츠에 빌딩을 매각하면, 리츠는 그 빌딩을 사서 임대료를 받는 방식으로 비즈니스를 합니다.

이런 그룹사 간의 관계 때문에 아시아의 리츠에 투자할 때는 모회사인 개발사가 어떤 빌딩을 개발하거나 보유하고 있는지도 잘 알고 있는 것이 좋습니다(나중에 리츠가 그 빌딩을 살 가능성이 크겠지요?). 또 모회사와 리츠 간 어떤 지분관계를 갖고 있고, 얼마의 수수료를 주고받으며, 어떤 방식으로 비즈니스를 하는지도 알아봐야 합니다.

《 싱가포르 캐피타랜드 관계사 및 산하 리츠들 》

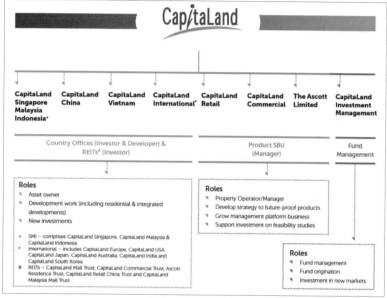

(출처: 캐피타랜드)

부동산 개발회사도 100% 부동산 개발업만 하는 곳이 있고, 일본처럼 부동산 개발 외에 부동산을 보유하면서 임대사업도 하는 곳이 있습니다. 임차인이 대략 정해져서 개발하는 상업용 부동산 개발사업이 일반주택 분야보다는 안정성이 높습니다. 부동산 개발회사 투자에 관심있으시다면 1) 사업의 내용이 어떻게 구성되는지와 2) 어떤 섹터를 주로 개발하는지를 확인해 보기 바랍니다.

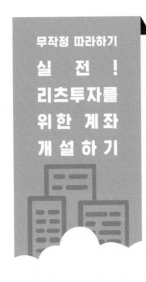

미국 리츠, 오늘부터 시작!

"리츠가 부동산이지만 투자방법은 주식과 같다고요? 그런데 저는 주식, 펀드, ETF 투자를 안 해봐서 어떻게 해야 하는지 모르겠어요."
제 주변에도 이런 분들이 많습니다. 여기서는 좀 더 구체적인 현장 투자방법을 소개합니다.

미국 IT 주식에 관심이 있는 투자자들은 관련 펀드, 랩, ETF를 통해 간접 투자하거나 애플(Apple), 아마존(Amazon) 등의 미국 주식을 매입합니다. 부동산이긴 하지만 리츠도 '주식'의 형태를 띠고 있기 때문에 투자방법은 미국 IT 섹터에 투자하는 것과 같습니다.

펀드 · 랩 투자방법

① 마음에 드는 상품을 고른 후 판매하는 증권사를 알아본다

예를 들어 투자자가 글로벌 리츠 전반에 투자하는 펀드인 '이지스글로벌고배당리츠플러스펀드'를 선택했다면 운용사의 홈페이지에서 해당 펀드를 판매하는 금융회사가 어딘지 알아봅니다. 특별히 펀드를 정하지 않았을 때는 증권사나 은행에 문의해 글로벌 리츠 펀드상품이 있는지 알아보거나 온라인 상품을 검색합니다. 그러나 가급적 펀드의 내용과 수익률을 파악해 원하는 펀드를 먼저 정하십시오.

② 증권사/은행 지점이나 온라인에서 상품에 가입한다

● 현장에서 직접 가입하는 방법
한 번도 주식거래를 해보지 않은 분들이나 온라인 환경에 익숙하지 않은 분은 현장에서 가입하는 것이 편리합니다. 계좌를 개설한 후 창구직원에게 원하는 펀드에 관한 자료 등을 받은 후 펀드에 가입하는 절차입니다. 랩 상품은 대개 지점에서 판매됩니다. 삼성증권 등에서는 온라인 랩 상품도 출시하고 있지만, 아직은 상품 수가 적습니다.

● 온라인에서 가입하는 방법

리츠 펀드나 리츠퇴직연금상품을 온라인으로 가입할 수 있습니다. 은행이나 증권사마다 메뉴는 다르지만, 대개 트레이딩 또는 펀드투자라는 이름의 메뉴가 있습니다. 잘 모르는 경우, 고객센터에 문의하면 해당 펀드를 투자하기 위해서는 어떤 메뉴를 선택해야 하는지 안내해줍니다(예: 하나은행의 경우, [펀드–펀드명으로 직접 검색]에서 '리츠'를 입력하면 리츠 펀드가 검색됩니다).

《 퇴직연금상품에서 리츠를 찾는 방법 》

(출처: 하나은행)

알아두세요

IRP(Individual Retirement Account)
근로자가 퇴직 시 수령한 퇴직급여를 개인이 직접 운용하거나 재직 중인 근로자가 회사에서 적립해주는 퇴직연금(DB/DC) 외에 자신의 돈으로 추가 적립해 운용하다가 연금 또는 일시금으로 수령할 수 있는 계좌를 말한다.

DB/DC
DB(확정급여형, Defined Benefit)는 근로자가 퇴직 시 받을 퇴직 급여가 근무기간과 평균임금에 의해 사전에 확정되는 유형이고, DC(확정기여형, Defined Contribution)는 회사가 연 임금 총 금액의 일정 비율을 적립하고, 근로자가 운용방법을 결정하는 유형이다.

퇴직연금 투자방법

퇴직연금은 개인이 퇴직연금사업자(증권, 보험, 은행 등)를 골라 자유롭게 가입할 수 있는 IRP(개인형 퇴직연금)* 상품과 재직 중인 회사에서 퇴직연금운용회사를 정해주는 DB/DC*형 상품으로 나뉩니다.

● IRP 상품

원하는 상품이 있는 퇴직연금사업자에게 가입하면 됩니다. 펀드 가입 방식처럼 지점 가입이나 온라인 가입 둘 다 가능합니다.

● DB/DC 상품

DB/DC형은 회사에서 근로자가 근무 시 퇴직금을 적립해주는데, 이 경우 근로자의 재직 회사와 계약한 퇴직연금사업자가 가진 금융상품군에서만 리츠 상품을 선택해야 합니다. 따라서 회사가 알려준 퇴직연금사업자(증권사, 은행 또는 생명보험사)에게 가입하거나 온라인의 퇴직연금상품(DB/DC) 메뉴에서 리츠 상품을 검색하시면 됩니다.

주식 · ETF 투자방법

① 마음에 드는 상품(ETF와 주식)을 선택한다

주식은 한국과 미국, 일본의 경우 대개 증권사에서 거래됩니다. 그러나 유럽이나 호주 지역은 거래 가능한 증권사가 제한적이므로 이런 지역의 리츠를 사고 싶을 때는 거래가 가능한 증권사를 먼저 알아본 후 그 증권사에서 계좌를 개설하고 거래해야 합니다.

ETF는 주식을 사듯이 거래할 수 있습니다. 자산운용사들은 계속 신규로 ETF를 출시하므로 내가 원하는 리츠 ETF가 어디 있는지 살펴보려면, 네이버와 같은 포털 사이트의 ETF 코너에서 검색해도 됩니다. 삼성자산운용, 미래에셋자산운용, 한화자산운용, 한국투자신탁운용과 같은 대형 자산운용사들은 대개 ETF 홈페이지를 따로 갖고 있습니다. 각 홈페이지에서 '리츠'로 검색하거나 '해외', '기타', '테마'와 같은 메뉴로 들어가면 리츠 상품을 찾을 수 있습니다. 이런 방법으로 투자하고 싶은 리츠를 찾았다면 그 ETF의 이름과 종목 코드를 기억합니다. 주식을 매입하기 전에도 주식의 이름과 종목 코드를 적어 놓습니다.

《 한국 자산운용사 ETF 홈페이지 》

운용사	회사 ETF 브랜드	홈페이지
삼성자산운용	코덱스	www.kodex.com
미래에셋자산운용	타이거	www.tigeretf.com
한화자산운용	아리랑	www.arirangetf.com
한국투자신탁운용	킨덱스	www.kindexetf.com

《 한국투자신탁운용 킨덱스 홈페이지의 싱가포르 리츠 ETF 》

(출처: 한국투자신탁운용)

② 증권사 계좌를 개설한다

사고자 하는 리츠 종목이나 ETF를 거래할 수 있는 증권사에서 계좌를 개설합니다. 내가 원하는 종목이나 ETF가 상장된 국가 리츠/주식을 내가 계좌를 가진 증권사에서 거래할 수 없다면, 가능한 증권사에서 계좌를 개설해야 합니다.

③ 온라인 또는 지점에서 주식이나 ETF를 매수한다

리츠나 ETF를 거래하는 방법은 일반 주식이나 주식 ETF를 거래하는 방법과 같습니다. 지점에서는 상담 직원에게 매수를 의뢰하면 되고, 온라인 거래 시에는 온라인 주식 거래 화면을 이용해 매입하면 됩니다. 온라인 매입 시 어려운 점이 있다면, 증권사 고객지원 센터에 문의해 매매하거나 전화를 통해 주문하면 됩니다.

《 리츠 ETF 주문 화면 》

(출처: 한화투자증권 Smart One 화면)

④ 투자한 리츠와 ETF에 대해 알아본다

다음은 투자를 하기 전과 후에 리츠와 ETF의 성격에 대해 알아볼 때 이용하는 사이트들 입니다.

● 국내 리츠

개별 리츠 홈페이지(IR이나 투자자 정보 메뉴)의 전자공시시스템(dart. fss.or.kr)에서 해 당 리츠 이름으로 검색해 분기, 연간보고서를 참조하거나, 네이버 등 포털 사이트의 '금 융' 메뉴에서 자료를 검색(여기서 공시자료 검색도 가능)하거나, 증권사의 '리서치' 메뉴 에서 해당 리츠 자료를 검색합니다.

● 해외 리츠

해외 리츠 정보는 국내 투자자가 찾기에는 국내 리츠보다 어렵게 생각되지만, 알고 보면 그렇게 어렵진 않습니다. 회사 홈페이지의 IR 자료에 주요 내용을 잘 설명해놓기 때문 입니다. 그만큼 투자자에게 자기 회사 정보를 알리는 것은 중요하겠죠.

● ETF

ETF는 보통 ETF 운용회사의 홈페이지에 ETF가 어떤 지역, 섹터, 전략의 리츠인지 설명해줍니다. 해외 리츠인 경우 포털 사이트의 검색 화면에 그 리츠의 이름을 입력하면 리츠 운용사의 이름이 바로 나타납니다. 그 운용사의 ETF 메뉴에 ETF 팩트 시트(ETF Fact Sheet)나 실적 그래프 등이 소개돼 있습니다.

《 데이터센터 리츠 ETF인 SCTR ETF 소개 》

(출처: PACER ETF 홈페이지)

PART
2

리츠,
섹터를 알면 전략이 보인다!

넷째
마당

제대로 알고 하는
리츠 투자법,
알고리츠

리츠는 크게 지역, 섹터, 전략으로 나눠 선택할 수 있습니다. 넷째마당에서는 리츠의 분류 방식과 리츠의 무엇을 알아야 투자에 성공하는지에 대해 알아봅니다. 알고 하면 성공하는 리츠 투자의 줄임말인 '알고리츠'는 개인투자자들이 리츠에 투자할 때 실패하지 않는 기준을 알려줄 것입니다.

자산의 특성을 이용하는 '알고리츠'

리츠 성공투자 알고리즘 '알고리츠'

애널리스트가 기업, 산업 분석을 수행해 리포트를 제출하면, 펀드매니저는 이 분석을 바탕으로 펀드를 운용합니다. 제가 운용했던 펀드들은 대개 세금 공제 후 연 10% 전후의 수익률, 기준 지수 이상의 성과를 기록했는데, 왜 투자자들이 좋지 않은 시기에 환매를 해서 손실을 보는지 매우 안타까웠습니다.

저는 약 20년간 국내외의 다양한 자산을 운용했습니다. 10년 동안은 벤처캐피털, 사모(PE), 인프라 투자 부문에서 비상장회사, 인프라 기업 등에 실물투자를 했고 나머지 10년 동안은 한국과 해외주식 펀드매니저를 했습니다.

이 과정에서 자산마다 특성은 다르지만 수익률을 올리는 공통분모가 있다는 것을 발견했습니다. 즉, '자산의 특성을 파악한 후 그 특성을 이용한 투자 방식이 가장 효과적이고 성공 확률도 높다.'는 것입니다.

예를 들어 주식에서 성공하려면 주식의 특성, 비상장기업 투자에 성공하려면 비상장기업 특유의 성격, 미국 주식에 성공하려면 미국 주식의 특성을 파악해야만 전략을 수립할 수 있다는 것입니다. 즉, '성공하는 투자 알고리즘'은 자산의 핵심 특성을 파악한 후 그 특성에 기반을 둔 효과적인 투자 방식으로 (그 자산에 맞는) 고수익 실현을 돕습니다.

이 투자 알고리즘에 입각한 리츠 투자 비법이 바로 '알고리츠*'입니다. 알고리츠는 '알고 하는 성공 리츠 투자 비법'의 준말이기도 합니다.

과거 우리나라의 투자자들이 이 알고리츠를 적용했다면 '리먼브러더스 사태'에도 리츠 투자에 실패하지 않았을 것이고, 코로나 위기에도 잘 대응할 수 있었을 것입니다.

이 알고리츠는 검증된 바 있습니다. 해외 투자자들의 성공 비법이 많은 논문에 나와 있고, 저 또한 해외 펀드운용 프로세스 및 운용 경험을 통해 확인했습니다. 알고리츠를 잘 적용한 일본 투자자들은 리먼브러더스 사태 때 리츠를 부동산처럼 투자해 큰 이익을 얻었습니다. 성공하는 투자 알고리즘에서 투자자가 알고 있어야 할 리츠의 특징은 '빌딩처럼 투자해야 한다.'라는 것입니다.

리츠가 본질상 좋은 상업용 빌딩이라는 것을 알게 되거나 상업용 부동산처럼 투자하면 된다는 비결을 알게 되면 투자에 실패할 확률이 낮아집니다.

'리츠는 상장된 빌딩들'이라는 사실을 되새기면서 '부동산'처럼 장기 투자하면 리츠 투자에 성공할 수 있습니다.

바둑과 마찬가지로 투자에도 '복기'가 필요합니다. 리먼브러더스 사태 때의 리츠 투자를 복기하는 이유는 우리나라의 투자자들이 리츠를 부동산처럼 인식하지 않았기 때문입니다. 이런 위기는 반복됩니다. 이런 위기가 찾아왔을 때 리츠를 부동산처럼 인식하면, 다른 시각에서 바라볼 수 있습니다.

알아두세요

남녀노소 누구나 소액으로 우수한 빌딩수익률을 올리는 방법은 '리츠를 잘 알고 그 특성을 이해해 이에 따라 투자하는 것'이다. 이 방법을 기억하기 쉽게 '알고리츠'라고 명명한다.

올해에는 코로나로 예상치 못한 위기가 찾아왔습니다. 리츠가 소유하고 있는 엠파이어 스테이트 빌딩과 데이터센터의 매매가 본질적으로 같은 문제라는 것을 알게 되면, 리츠를 코로나 시대에 팔아야 하는지, 사야 하는지를 판단하기가 쉬워집니다.

투자의 기준을 명확히 세우는 '알고리츠'

나무보다 숲을 봐야 하는 이유

이 책을 쓰면서 독자분들이 어떤 주제를 궁금해할지 생각해봤습니다. "어떤 리츠에 투자해야 짧은 기간에 10%보다 더 높은 수익률(예를 들면 1년에 15% 정도)을 얻을 수 있을까요?"

"리츠의 특성에 맞게 장기투자하면 리츠 본연의 수익률(8~12%)을 얻을 수 있을까요?"

첫 번째는 '나무'에 관한 질문이고, 두 번째는 '숲'에 관한 질문입니다. 숲을 보면 나무도 보이지만, 나무만 보면 숲은 잘 보이지 않습니다. 이 책에서는 둘 다 다루겠지만, 둘째 질문에 좀 더 무게중심을 두겠습니다. 왜냐하면 두 번째 질문, 즉 본연의 수익률을 내는 비결만 알아도 좋은 결과가 나오고, 이를 바탕으로 더 높은 수익률을 얻는 방법도 배울 수 있기 때문입니다.

리츠에 투자해 연평균 10%에 가까운 수익률을 얻을 수 있다면 성공이 아닐까요? 리츠를 잘 이해하지 못하고, 리츠에 맞는 큰 틀의 투자 방법도 모르는 상태에서 투자하면 실패할 수밖에 없습니다. 투자 타이밍, 기간, 리츠 선택에서 좋은 선택을 하기 힘들고, 결국 나쁜 수익률에 실망해 리츠 투자를 중단하게 됩니다.

"리츠 투자는 어려워. 내가 사면 가격이 떨어져."
"수익률이 좋다고 하더니 왜 가격이 상승하지 않을까?"
"미국 리츠는 장기간 10%씩 수익률을 기록했다고 하던데, 나는 3년이나 투자했는데도 왜 이렇게 수익률이 낮지?"

그 이유는 나무보다 숲을 보는 리츠 투자를 하지 못했기 때문입니다. 최근 들어 자산 배분*에 관련된 책이 많이 출간되고 있는데, 이 책들의 주제는 대개 '내가 가진 자산을 어떻게, 얼마만큼, 어느 정도의 기간에 배분해야 하는가?'입니다. 이번 장을 읽으시면 이 방법을 해외 리츠에도 비슷하게 적용할 수 있습니다.

자산증식은 1회성 전투가 아니라 장기적인 전쟁입니다. 개별 자산의 단기수익률을 3개월 또는 1년 내에 달성하는 것은 전투에서 이기는 것이고, 자산의 특징을 잘 파악해 장기적으로 우수한 수익률을 얻는 것은 전쟁에서 이기는 것입니다. 전쟁 전략을 잘 수립한 후(장기적 자산 배분) 이에 따른 투자 결정(중·단기적 조정 및 구체적 상품 선택)을 통해 개인적으로 충분한 부를 축적하는 것이 재테크 전쟁에서 승리하는 길입니다. 이를 하향식 투자방법*이라고 합니다. 펀드매니저로 일하면서 배운 점은 단순히 좋은 주식을 몇 개 골라 투자하는 것보다는 좀 더 높은 시야에서 전략을 잘 세우는 것이 바람직하다는 것입니다.

투자 자산을 결정하는 사례

중국 관련 화장품 주식이 2013년도부터 수년간 상승했던 적이 있었습니다. 이때 이 분야가 상승할 것이라는 점을 잘 예견했더라면, 아

알아두세요

자산 배분
수익성, 안정성, 중·장기 부채 현황 등을 종합적으로 고려해 개인이나 기업의 자금을 구성할 자산들을 선택하고, 각 비중을 결정하는 행위를 말한다. 개인이나 기관이 자금을 운용할 때 가장 기본이 되는 전략이다.

알아두세요

하향식 투자방법(Top-down approach)
거시적으로 판단한 후 주식, 채권 등의 자산에 배분(주식의 경우 업종 선택)하고 개별 종목을 선정하는 방법을 말한다. 즉, 업종을 먼저 선정한 후에 종목을 선택하는 것으로, 개별 종목보다 업종의 선택이 중요하다.

모레퍼시픽 주식에 투자하거나, 중국에 수출하는 중소형 화장품 회사 주식에 투자하거나, 중국 관련 소비재 ETF에 투자해 상당히 좋은 수익률을 얻었을 것입니다. 이렇게 큰 영역의 분야를 먼저 분석하고 투자 규모, 타이밍, 방법 등의 전략을 결정한 후 구체적인 방법, 즉 종목 등을 결정하는 것을 '하향식 투자 전략'이라고 합니다. 이 전략은 나무를 고르기 전에 먼저 숲을 보는 투자방법의 예시입니다.

인기 있는 아파트에 투자하는 것도 이와 마찬가지입니다. 예를 들어, 강남의 신규 아파트를 구입하기로 마음먹은 후 래미안대치팰리스나 아크로리버파크에 투자하는 것이 바로 하향식 투자방법입니다. 이 방법으로 투자하지 않으면 당시 이 두 아파트의 투자 가치에 대해 잘 알고 있었던 근처 주민이 아닌 한, 강남아파트가 인기가 없던 시절에 이곳이 좋은 투자처라는 사실을 결코 알 수 없을 것입니다.

투자 규모를 결정하는 사례

다음은 제 투자 경험담입니다. IMF 시절에 금융회사 신입사원이던 저는 선배의 권유로 당시 주당 6만원까지 떨어졌던 삼성전자 주식을 샀습니다. 그리고 수년 후 주당 60만원에 팔았습니다. 10배 정도 올랐으니 꽤 성공한 투자였지만, 안타깝게도 저는 부자가 되지 못했습니다. 소위 10루타를 치고도 왜 그랬을까요? 투자한 금액이 100만원이었거든요.

더욱이 외환딜러였던 선배의 권유로 영문도 모른 채 800~900원/달러의 환율로 달러를 샀는데, IMF 이후 환율이 2,000원/달러 가까이 급등했습니다. 그런데 이때에도 너무 작은 돈을 투자해서 '경제 상황을 읽고 저평가된 자산에 투자하면 좋은 결과가 있구나.' 하는 교훈만 얻었을 뿐, 실제로 자산증가에는 큰 도움이 되지 않았습니다. 그때 벌었던 200만원 정도의 자산은 지금은 유행이 지난 버버리 가방, 용돈, 해외여행 등에 썼던 것 같습니다.

'투자에 어느 자산을 어느 정도 배분할 것인가?' 하는 것은 밋밋하게 들릴지라도 짧은 시간에 얼만큼 큰 수익률을 올리느냐 하는 것보다 훨씬 중차대한 '숲' 차원의 결정인 것입니다.

'대박이 날 리츠를 잘 골라 언제 투자해서 팔까?' 하는 것은 작은 전투에서 이기기 위한 '전술'에 해당하고, 자산 자체를 잘 파악해 자산의 얼마만큼을 투자하고 어떤 섹터와 어느 전략에 중점을 둘 것인가?' 하는 것은 전쟁에 이기기 위한 '전략'에 해당합니다. 후자가 좀 더 지루하게 느껴질지라도 이쪽이 훨씬 더 리츠를 통한 자산증식에 유리합니다.

원칙 ①
장기투자한다

부동산처럼 투자할 때 투자할 금액과 기간은?

빌딩 투자의 특징은 한정된 공간에 빌딩을 짓기 때문에 수요가 꾸준한 편이고, 위기가 찾아온다 해도 부동산이 남아 있다는 것입니다. 그래서 사람들은 빌딩에 많은 금액을 장기투자하지요. 리츠는 본질적으로 빌딩 투자와 비슷합니다. 그래서 선진국에서는 개인이나 기관 자산의 상당 부분을 장기투자하지요.

선진국의 개인 리츠 가이드라인에 따라 순자산의 5~10% 정도를 해외의 좋은 빌딩을 보유한 리츠에 투자해보는 것은 어떨까요? 내 자산에 비해 너무 큰 금액이라고요? 처음에는 내 유동자산(현금, 펀드 등 팔기 쉬운 자산)의 10~20%부터 시작해보는 것이 좋습니다. 그래도 처음이라 부담된다면 매월 저축액의 10% 정도를 정기적으로 투자하는 것부터 시작해보세요. 뭐든 '시작이 반'입니다.

요지에 있는 부동산이나 빌딩은 잘 팔지도 않고 갑자기 가격이 올라가면 다시 그 가격에 사기가 쉽지 않죠. 그래서 저는 리츠를 전부 매도하는 전략을 별로 권하지 않습니다. 계속 보유하거나 팔더라도 최소 3~4년 이상은 보유하라고 말씀드립니다.

하지만 빌딩을 매도하는 것이 좋을 때도 있습니다. 빌딩 가격이 너무 비싸져 경기가 하락 반전하면 빌딩 가격도 수년간 하락할 때가 있지요. 이런 사이클을 잘 알고, 가치평가를 잘할 수 있다면 비쌀 때 잘 팔고, 충분히 싸진 후 다시 사는 방법도 가능합니다. 그러나 현실적으로 이 방법을 잘 활용하는 분은 드뭅니다.

그래서 팔고 싶다면 전체 리츠 자산의 일부를 팔고, 싸지면 다시 일부를 다시 사는 방법을 추천합니다.

알아두세요

구체적인 상품과 환헤지 전략은 3부에서 구체적으로 다룬다.

원칙 ②
입지와 섹터 고르기

리츠에 '좀 더' 성공적으로 투자하려면?

리츠를 알고 투자에 성공하는 '알고리츠'의 두 번째 비결을 소개합니다. 여러분이 빌딩 투자를 한다고 가정하면 다음 정보 중 어떤 것을 먼저 살펴봐야 할까요?

❶ 빌딩의 위치(예: 서울, 부산)와 종류(예: 상가, 오피스, 셀프스토리지)
❷ 현재 빌딩의 거래 가격 및 임대료를 바탕으로 한 예상 수익률
❸ 6개월 후, 1년 후의 빌딩 가격 변화
❹ 세금, 수수료

맞습니다. 빌딩이라면 ❶을 먼저 살펴봐야 합니다. 물론 나머지 정보들도 알아야 하지만 ❶보다는 후순위지요. 왜냐하면 빌딩이란 것이 단순히 6개월~1년 정도를 보고 투자하는 것이 아니라 적어도 5년 이상은 보고 투자하는 것이기 때문입니다.

거주용 부동산도 이와 마찬가지입니다. 먼저 '입지(서울, 부산, 천안 등)'와 '종류(빌라 아파트, 개인주택 등)'를 봐야 한다는 것을 공식처럼 알고

계시지요.

상업용 부동산인 빌딩도 '입지'와 '종류'를 제일 먼저 살펴봐야 합니다. 단순 배당률, 단기간 가격 흐름, 세금, 수수료부터 살핀 후에 "그래서 이 빌딩은 어느 위치에 있고 무슨 종류인데요?"라고 묻는 분은 없을 겁니다. 그런데 창구에서 리츠 펀드나 리츠 주식을 살 때는 그렇지 않은 경우가 꽤 많습니다.

"지금 리츠 펀드가 올해 들어 3% 하락했다고 하는데 더 오를까요, 내릴까요?(물론 5년이 아닌, 6개월이나 1년 후 기준입니다)"

"A국 리츠는 정부에서 세금 혜택을 준다고 하던데, 그런 것이 없는 B국 리츠보다 투자기회가 더 좋네요?"

"다른 리츠는 배당수익률이 현재 4%인데 이 리츠는 10%네요. 이 리츠의 투자매력이 더 높은 것이 아닌가요?"

일반인뿐 아니라 투자에 대해 많이 알고 있는 금융사의 상품 담당자나 운용사 자산 배분팀의 담당자 중에서도 이런 관점에서 물어보는 분들이 꽤 있습니다. 우리나라에 리츠가 소개된 지 얼마 안 되기 때문에 리츠를 잘 모르거나 리츠를 잘 안다고 생각하지만 실상 자세한

《 다양한 섹터와 지역 》

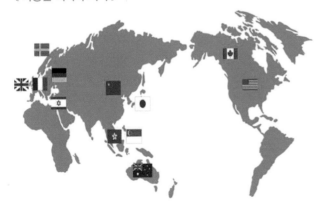

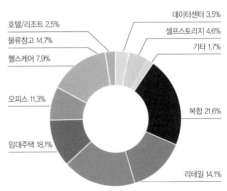

호텔/리조트 2.5%
물류창고 14.7%
헬스케어 7.9%
오피스 11.3%
임대주택 18.1%
데이터센터 3.5%
셀프스토리지 4.6%
기타 1.7%
복합 21.6%
리테일 14.1%

(출처: FTSE Russell, 2020년 말 기준)

내용은 모르기 때문입니다.

여러분이 돈이 엄청 많아 7년 전 실물로 다음 빌딩을 살 수 있다면 어떤 것을 사시겠습니까?

● 샌프란시스코의 고급 아파트
● 유럽의 데이터센터
● 미국의 호텔

위 선택은 큰 수익률 차이를 만듭니다.

● 샌프란시스코의 고급 아파트(7년간 연평균 수익률 12%)
● 유럽의 데이터센터(7년간 연평균 수익률 20%)
● 미국의 호텔(7년간 연평균 수익률 5~-15%(입지에 따라))

(리츠 기준, 2019. 11. 15. 기준)

돈이 30억원 정도라면 실물로는 서울의 꼬마빌딩밖에 살 수 없지만, 리츠는 현물이기 때문에 적은 돈으로도 이 빌딩들을 살 수 있습니다. 다양한 입지와 종류의 부동산의 특징을 공부하면서 장기 전망이 좋은 리츠에 투자하는 멋진 전략이 가능한 것은 바로 이 때문입니다.

알아두세요

알고리츠 전략을 다 읽으면, 리츠로 평균보다 더 높은 수익률을 얻게 되는 비결을 알게 된다.

개별 리츠에 투자한다면?

우수하게 운용하는 개별 리츠를 고르자

장기투자, 좋은 입지와 섹터 고르기는 리츠를 알고 투자에 성공하는 '알고리츠'의 가장 핵심 비결이지요. 그런데 펀드와 ETF[•]로 투자하지 않고, 개별 리츠(즉, 종목)에 투자하고자 하는 분에게는 좋은 리츠를 고르는 투자 노하우가 필요합니다.

리츠의 본질은 부동산이지만, 실물 빌딩이나 부동산 펀드와의 가장 큰 차이점 중 하나는 상장리츠는 대개 영구적 법인 형태로 경영을 통해 상업용 빌딩들을 사고, 관리하고, 팔면서 자산 가격과 임대료의 상승을 꾀한다는 것입니다. 즉, '경영'을 한다는 것이지요. 이런 경영은 리츠 회사 밖의 자산운용사가 할 수도 있고, 리츠 회사 내의 경영진이 할 수도 있지만 어떤 형태이든 잘하는 게 중요합니다.

좋은 리츠는 어떻게 찾아야 할까요? 같은 입지와 섹터 내에서도 경영진의 능력에 따라 리츠 간 수익률은 큰 차이가 납니다. 미국 대형 쇼핑몰 리츠의 범위 내에서 매년 자산이 증가하고, 보유하고 있는 자산의 가치도 상승해 7년 연평균 수익률이 5%인 리츠도 있고, 3%인 리츠도 있습니다.

알아두세요

ETF
기초지수의 성과를 추적하는 것이 목표인 인덱스펀드를 거래소에 상장한 상품으로, 거래소에 상장돼 있어서 개별 주식과 마찬가지로 기존의 주식계좌를 통해 거래할 수 있다.

리츠는 보유한 자산을 잘 운용할 뿐 아니라 계속 자산을 늘려가며 임대료 수입을 증가시키는 특징이 있는데, 이를 장기적으로 잘하는 리츠가 수익률이 좋습니다. 해외 리츠, 특히 설립한 후 역사가 수십 년이 된 미국 리츠는 많은 경우 자산이 10조원 이상이고, 리츠를 운용한 자료도 잘 축적돼 있으므로 다음과 같은 기준을 적용해보면 됩니다.

첫째, 우수한 경영진입니다

리츠의 수익률을 장기적으로 우수하게 만든 경영진이나 과거 재직했던 전 회사의 수익률을 우수하게 만드는 데 기여한 사람입니다. 예를 들면, 워런 버핏이 스토어 캐피털에 투자한 이유 중 하나는 이 회사의 경영진들이 수십 년에 걸쳐 여러 개의 회사를 성공시킨 경력이 있었다는 것입니다.

둘째, 보유 부동산 섹터와 지역입니다

제일 중요한 포인트입니다. 같은 헬스케어 부동산이라도 리츠가 가진 빌딩 중 병원빌딩이 많은지, 양로시설이 많은지에 따라 수익률이 크게 변합니다.

셋째, 빌딩자산운용 전략입니다

빌딩을 관리하거나 보유 빌딩 수를 증가시키는 전략에서 차이가 납니다. 예를 들어, 이미 지어진 빌딩만 사는 리츠가 있는가 하면, 수익률을 더 높이기 위해 직접 개발하는 리츠도 있으며, 타이밍을 잘 골라 빌딩을 매입하거나 매도하는 리츠도 있습니다. 따라서 리츠 고유의 전략을 잘 수행하는 회사를 골라야 합니다.

넷째, 자금 운용 전략입니다

상장된 리츠의 가장 큰 장점 중 하나가 증권시장에서 유상증자, 채권발행, 대출을 통해 쉽게 자금을 조달할 수 있다는 것입니다. 저렴한 조달 비용을 통한 이익 증가는 주주에게 혜택으로 돌아갑니다.

리츠의 유능한 경영진은 이런 네 가지 전략을 활용해 수익률을 극대화합니다. 이번에 자산을 취득해야 하는지, 팔아야 하는지, 자금조달은 어떻게 해야 하는지와 같은 중대 결정을 잘하는 경영진이 운용하는 리츠의 이익이 타 기업보다 월등히 좋고, 경영진과 주주는 주가의 상승으로 인해 금전적 보상을 받게 됩니다.

이런 정보들은 관심 있는 리츠 홈페이지의 IR 항목에 있는 회사소개서(Presentation)나 연차 경영 보고서(Annual Report)에 잘 설명돼 있습니다. 미국 리츠는 위와 같은 강점을 잘 부각시키기 때문에 투자자들이 찾기 쉬운 편입니다. 그런데 제일 확실한 증거는 바로 리츠의 재무제표입니다. 재무제표에는 리츠의 경영성과가 모두 나타나 있습니다.

한국 리츠*에 관심이 많으시다고요? 이제 본격적으로 성장하기 시작한 한국 리츠의 성격은 미국과 크게 다릅니다. 막 설립한 상태라 빌딩 수가 적은데다 경영진, 운용 전략의 수행, 자금 운용 등을 검증하는 데 시간이 필요합니다. 그리고 위탁운용리츠가 대다수라서 운용하는 운용사의 리츠 투자전략, 주요 투자자, 수수료 등을 살펴봐야 합니다.

알아두세요

한국 리츠는 1부에서 설명했다.

리먼브러더스 사태 때 비싼 가격에 리츠를 산 자산가 A 사장님

2016년경 영업팀에서 연락이 왔습니다. 펀드에 수십 억원을 투자한 자산가 A씨에게 최근 리츠 현황이 궁금하다는 연락이 와서 만났다고 했습니다. 당시 제가 운용하던 리츠 펀드에서는 리먼브러더스 사태 때 투자했던 분들은 거의 환매를 하셨기 때문에 10년 이상 투자한 자산가가 있다는 소식을 듣고 깜짝 놀랐습니다.

영업팀의 이야기를 들어보니 이분은 2006년 정도에 리츠 펀드에 처음 투자하셨는데 그후에 하락을 했다고 합니다. 리츠가 처음 소개되던 즈음에는 리츠가 부동산에 상장된 형태라 단기나 중기적으로는 주식시장의 흐름에 따라 변동성이 크다(즉, 하락폭이나 상승폭이 더 크다)는 점이 잘 안내되지 않았습니다. 그런데 하락했을 때는 너무 가격이 싸졌기 때문에 팔면 손해가 될 것 같고 또 리츠가 가진 것이 부동산 빌딩이니 오래 갖고 있으면 결국 빌딩만큼 수익이 날 것이라고 판단해 지금까지 보유하고 계셨다고 합니다.

이분은 리츠에만 수십 억원을 투자할 정도로 자산가셨는데, 아파트도 리츠처럼 투자해서 핵심권의 아파트를 사 모았다고 합니다.

주택이든, 리츠든 부동산의 성격을 가진 좋은 입지의 투자처는 설령 타이밍이 좀 맞지 않는다 하더라도 쉽게 흔들리지 말고 장기투자할 경우 결국 최후의 승자가 된다는 것을 보여주신 사례였습니다.

다섯째
마당

리츠 섹터 소개

다섯째 마당에서는 본격적으로 해외 리츠 섹터들을 소개합니다. 오피스, 쇼핑몰, 호텔, 아파트 등 우리가 익히 알고 있는 익숙한 섹터를 살펴보고, 물류, 데이터센터, 통신탑, 헬스케어 빌딩 등 산업과 라이프스타일의 변화로 인해 새롭게 부상한 섹터들의 특징도 상세히 소개합니다. 또한 왜 섹터 기준으로 리츠 상품을 고르는 것이 효율적인지 설명합니다.

리츠를 분류하는 3가지 방법

리츠를 분류하는 섹터, 지역, 사업 내용이 중요하다

우리가 일반 거주용 부동산에 대한 책을 사러 시중에 나가보면 일반 아파트, 빌라 재개발, 세금, 경매까지 정말 많은 분류를 보게 됩니다. 리츠도 여러 각도에서 분류할 수 있습니다. 투자를 잘하는 방법으로 넘어가기 전에 가장 중요한 섹터, 지역에 대한 구분을 포함해 리츠를 구분하는 기준을 알아보겠습니다.

리츠를 공부할 때 가장 중요한 구분 기준은 섹터, 지역, 사업 내용입니다.

- **섹터:** 리츠가 갖고 있는 빌딩의 섹터에 따라 오피스, 호텔, 물류, 임대주택, 셀프 스토리지, 리테일 등으로 나뉩니다.
- **지역:** 리츠가 갖고 있는 빌딩의 위치나 상장한 나라에 따라 미국, 영국, 호주, 싱가포르, 일본, 한국 리츠 등으로 나뉩니다.
- **사업 내용:** 개발업과 임대업 중 어느 것이 주 사업분야인지에 따라 부동산 개발회사와 리츠로 나뉩니다. 부동산 개발회사의 주식도 리츠 인덱스에 포함되지만, 이 책에서 다룰 내용은 빌딩보유와 임대료 수입 위주의 리츠입니다.

- **상장 여부:** 증시에서 거래되느냐에 따라 상장리츠와 비상장리츠(주로 사모리츠)로 나뉩니다. 사모리츠는 투자하기도 어렵고(최저투자금액이 대개 1억원 이상), 장기적으로는 투자 수익률이 상장리츠보다 낮은 편입니다.
- **투자 대상:** 리츠가 운용하는 투자 대상이 주식이냐, 대출이냐에 따라 일반 지분형 리츠(Equity REITs)와 모기지 리츠(Mortgage REITs)로 나뉩니다. 모기지 리츠는 전체 리츠의 10% 이하이고 정보도 많지 않기 때문에 지분형 리츠가 더 대중적입니다.
- **운용 주체:** 누가 운용하는지에 따라 자기관리 리츠와 위탁관리 리츠로 나뉩니다. 미국, 유럽은 대부분 자기관리 리츠, 아시아는 위탁관리 리츠입니다.

① 지역

투자자들이 리츠에 투자할 때 반드시 알아야 하는 것은 그 리츠가 속한 섹터나 지역입니다. 리츠가 주로 갖고 있는 빌딩의 종류 및 위치가 중요하다는 것이지요.

우리가 주거용 부동산을 살 때는 그 부동산이 아파트인지, 빌라인지, 단독주택인지를 1차적으로 분류하고, 그다음에 서울, 지방, 역세권 등 위치를 따집니다. 그래서 '강남 대치동의 45평 신축 아파트', '진주시의 25평 단독빌라'라고 하면 대충 시세를 짐작할 수 있는 것입니다. 어떤 지역의 주거용 부동산 가격이 저렴하면 매수를 생각하게 되고, 이와 반대로 많이 가격이 오른데다 주변에 공급이 많아질 것 같으면 매도를 생각하게 됩니다.

리츠도 이와 마찬가지입니다. 투자를 할 때 이런 지역과 빌딩의 종류를 고려하면서 투자 타이밍과 보유 여부와 기간을 고민하는 것이 첫 번째 순서입니다.

② 섹터(또는 용도별 종류)

우리가 잘 알고 있는 상업용의 빌딩 종류에는 오피스, 호텔, 리테일 상가 등이 있습니다. 그런데 미국에는 이것보다 훨씬 다양한 상업용 부동산의 종류(Property Type)가 존재합니다.

다음 그림은 전 세계 리츠의 섹터 분포도입니다. 여기서 섹터란, 한 리츠가 갖고 있는 상업용 빌딩을 용도별로 분류한 것을 말합니다. 미국의 상업용 부동산 종류는 한국보다 훨씬 다양하기 때문에 리츠의 섹터도 아주 다양합니다. 다음 그림에서 알 수 있듯이 미국에는 오피스, 리테일만 있는 것이 아니라 임대주택, 헬스케어 물류창고시설, 데이터센터 리츠, 호텔 등 매우 다양한 용도별 상업용 빌딩이 있고, 이외에도 영화관, 카지노, 농장, 임업, 심지어 감옥 리츠까지 발달돼 있습니다.

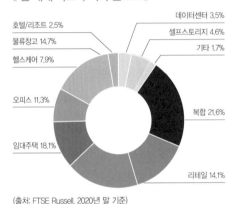

《 전 세계 리츠의 섹터 분포도 》

- 데이터센터 3.5%
- 셀프스토리지 4.6%
- 기타 1.7%
- 복합 21.6%
- 리테일 14.1%
- 임대주택 18.1%
- 오피스 11.3%
- 헬스케어 7.9%
- 물류창고 14.7%
- 호텔/리조트 2.5%

(출처: FTSE Russell, 2020년 말 기준)

여러 지역에 투자하면 리스크가 낮아진다

그런데 좀 더 근본적인 질문을 해보겠습니다.

Q "리츠가 가진 부동산 빌딩의 용도별 종류가 그렇게 중요한가요? 임대수수료만 받을 수 있으면 오피스이든, 아파트이든, 상가이든 상관없지 않나요?"

A "네. 매우 중요합니다. 상업용 부동산 빌딩은 용도에 따라 수요, 공급

사이클이 다르고, 경기나 금리에 따른 민감도도 다릅니다. 오피스의 임차인은 기업이기 때문에 주로 취업률이나 기업의 투자에 영향을 받습니다. 상가는 민간 소비에 더 영향을 받지요. 임대용 주거시설은 경기의 영향을 덜 받는 편입니다. 같은 꼬마빌딩이라 하더라도 임대용이냐, 작은 개인기업 대상 오피스냐는 큰 차이가 있습니다.

상장된 선진국 리츠에는 다양한 섹터가 있으므로 투자자가 그 섹터의 특성을 알면 자유롭게 투자할 수 있습니다. 실물 빌딩으로는 투자하기 힘든 섹터에도 투자할 수 있고 복수의 섹터에도 투자해 좋은 포트폴리오를 만들 수도 있습니다."

한 리츠가 가진 지역적 포커스도 중요합니다. 리츠는 대개 지역적 전략을 갖고 있습니다. 어떤 도시, 나라, 전 세계를 대상으로 할 수 있고, 한 나라의 중심도시 등으로 묶을 수도 있습니다.

상업용 부동산의 중요한 특징 중 하나는 다른 산업보다 지역별 관련도가 낮다는 것입니다. 반도체나 조선, 자동차 경기가 정해지면 한국이나 일본의 반도체 산업은 나라나 지역에 상관없이 영향을 받습니다. 그러나 오피스 빌딩은 별다른 영향을 받지 않습니다. 예를 들어 일본은 공급이 많아 하락기에 들어가도 서울은 상승기에 접어들 수 있습니다. 이를 다르게 표현하면 상업용 부동산은 지역별 상관관계[●]가 낮다고 할 수 있습니다. 이렇게 상관관계가 낮은 자산끼리 묶어 투자하면 예상되는 투자의 위험도를 줄일 수 있습니다. '달걀을 한 바구니에 담지 말라'는 격언처럼 포트폴리오라는 바구니에 여러 지역의 리츠를 담으면, 한 지역의 빌딩 가격이 하락해도 다른 지역은 상승할 수 있기 때문에 보다 안정적입니다. 물론 어떤 지역이 상승할 것이라는 확신이 크다면, 수익률을 크게 올리기 위해선 오히려 위험을 감수하고서라도 그 지역에만 투자를 하는 방법도 있겠지요. 이는 그 지역에 대해 잘 알고 리스크도 잘 파악했을 때 효과적인 전략입니다.

알아두세요

상관관계
두 가지 중 한쪽이 변화하면 다른 한쪽도 변화하는 관계성을 말한다. 관계성의 정도는 상관계수(Correlation Coefficient)라 불리는 수치로 표시되며 상관관계가 양의 값을 가질 때는 '정적 상관', 음의 값을 가질 때는 '부적 상관'이라고 한다. 상관계수의 가능한 점수 범위는 −1.0에서 1.0 사이이며 부호와 관계 없이 숫자의 절댓값이 클수록 관련성이 크다.

어떤 경우이든 리츠가 어떤 지역에 포커스를 맞추고 있는지 파악하고, 그 지역의 해당 섹터 부동산이 어떤 사이클에 접어들었는지를 파악하는 '숙제'를 마친 후에 두 전략 중 하나를 선택해야 합니다.

지역과 섹터에 대한 전략

상장된 리츠 하나가 가진 빌딩 수십 개 또는 수백 개에 이를 정도로 많다고 하는데 어떻게 빌딩 하나하나가 가진 지역과 섹터를 파악할 수 있을까요? 상장된 리츠는 이런 투자자의 고민을 알기 때문에 일정한 지역에 위치한 비슷한 용도의 빌딩을 사는 것을 전략으로 삼고(지역과 섹터 전략), 이를 투자자에게 명확하게 알려줍니다. 이렇게 지역별, 섹터별 분류가 중요하기 때문에 대부분의 리츠들은 투자하는 빌딩에 대한 섹터와 지역에 대한 전략을 정해 빌딩을 매입하고, 이를 홈페이지나 IR 페이지 등에 게시합니다.

예를 들어 '브랜디와인 리얼티 트러스트(Brandywine Realty Trust)'라는 리츠는 자기관리 리츠이고, 필라델피아, 워싱턴, 오스틴, 텍사스 시장에 있는 도시의 A급 오피스 빌딩이나 복합빌딩을 중심으로 투자한 후 보유하고 관리하며, 개발한다는 것을 투자자에게 알려줍니다. 예를 들면 우리나라의 신한알파리츠도 역세권 신축 대형 오피스에 투자한다는 사실을 홈페이지에 게시했습니다.

관심 있는 리츠의 섹터별, 지역적 분류를 참고하고 홈페이지에 들어가 IR 페이지를 살펴보면 더욱 자세한 정보를 알 수 있습니다.

전략적 투자를 위한 섹터별 특징 파악

섹터를 알아야 스마트하게 투자할 수 있다

상업용 부동산에는 생각보다 다양한 분야가 있습니다. 우리나라에서는 오피스, 리테일, 물류 정도가 잘 알려져 있지만, 해외에는 이보다 훨씬 다양한 분야가 있고, 성격도 각각 다릅니다. 모건스탠리나 UBS, 골드만삭스와 같은 증권사에는 부동산(리츠) 섹터 안에 지역별로 분류된 10명 이상의 애널리스트들이 있을 정도입니다.

"어떻게 해야 섹터투자를 잘할 수 있을까요? 그냥 섹터에 대해 대충 알면 안 될까요?"

그렇지 않습니다. 투자에 성공하려면 어떤 대상을 분석할 때 남들이 보지 못하는 중요한 특징들을 모두 파악하고 있어야 합니다. 그렇지 않으면 수박 겉핥기식 투자로 그냥 리츠 전체 인덱스에 투자하는 것보다 좋지 않은 결과를 초래할 수 있습니다. 그럼 섹터의 특징은 어떻게 판별하는 것이 좋을까요? 무조건 안정적이면 될까요? 무조건 성장하면 될까요?

어떤 섹터이든 좋은 특성만 갖고 있는 부동산은 없습니다. 하지만 어떤 상황에서는 더 좋은 섹터, 장기적으로 볼 때 좋은 특성을 갖고 있는 섹터는 있습니다. 투자할 때 중요한 기준을 잘 고르고, 이 섹터가 어떤 특징에 해당하는지 잘 알고 대응하면 됩니다. 이것이 바로 투자에 필요한, 알고리츠다운 섹터 지식의 핵심입니다.

그럼 어떤 특성이 중요할까요?

- 첫째, (섹터의 성격) 이 빌딩 섹터는 장기적 성장성이 돋보이는가? ⋯ 돈을 빨리 벌 수 있는 구조인가?
- 둘째, (섹터의 성격) 유지비용이 많이 드는 섹터인가? ⋯ 유지비용이 적게 들어야 회사가 돈을 법니다.
- 셋째, (경제 관련) 경기변동에 민감한 섹터인가? ⋯ 경기변동에 민감하면 이익의 편차가 커서 장기적으로는 수익률이 좋지 않습니다.
- 넷째, (경제 관련) 금리와 물가상승률에 따라 임차료가 잘 연동되는 섹터인가? ⋯ 빌딩의 계약을 물가상승률과 연동하도록 체결할 수 있다면, 물가가 상승하는 만큼, 또는 그 이상으로 임대료를 올리기 쉽습니다.
- 다섯째, (가치평가) 현재 이 섹터는 본질가치보다 싸게 거래되는가? ⋯ 다른 섹터 대비 투자자가 느끼는 매력도를 알 수 있습니다.

첫째, 둘째, 셋째에서는 장기적으로 이 섹터가 경기와 상관없이 장기간 돈을 얼마나 잘 벌 수 있을지를 알 수 있고, 셋째, 넷째에서는 경기와 금리에 따라 어느 섹터에 투자할지 선택할 수 있게 됩니다. 특히 첫째, 둘째 기준은 매우 중요합니다. 왜냐하면 구조적으로 얼만큼 성장하는지, 이익률(소위 마진)이 높은지를 알 수 있기 때문입니다.

워런 버핏이 중요하게 생각한 것은 10년, 20년이 지나도 회사가 성장할 수 있는지와 풍부한 현금흐름입니다. 이것을 좌우하는 것이 첫째, 둘째 기준이죠. 이런 기준에 맞는 섹터가 리츠에도 있습니다.

예를 들어 물류 섹터를 알아볼까요? 물류빌딩은 인터넷 쇼핑몰의 발달로 물류시설에 대한 수요가 급증하면서 성장성도 커지고 있습니다. 이 물류빌딩은 내외부가 화려하지 않아 유지비용이 오피스나 호텔처럼 많이 들지 않습니다.

소비에 민감한 측면도 있지만, 현재는 전자상거래가 성장하는 시기이기 때문에 경기에 덜 영향을 받고, 중·장기 임대차 계약을 하기 때문에 인플레이션에도 민감하지 않습니다. 즉, 성장성은 높지만 다른 측면은 중간 정도입니다.

성장성이 높고, 비용유지 비용이 적으며, 경기의 영향을 덜 받는 섹터를 찾으신다면 성장성 높은 분야 중 이런 섹터를 좀 더 알아보시면 됩니다.

이 기준은 여러분이 다른 주식 섹터를 투자할 때도 적용할 수 있습니다. 예를 들어볼까요? 미국 IT 섹터는 성장성이 높고, 제조업 대비 사업의 시설투자 및 유지비는 그렇게 높지 않습니다. 사람들이 꾸준히 SNS, 인터넷을 사용하기 때문에 경기변동에도 둔감합니다. 좋은 점이 많죠? 미국 IT 기업이 많이 오른 특성이 한눈에 보이시나요?

이 책을 모두 읽으면 '이 섹터는 장기투자에도 적합하겠구나.' 또는 '이 섹터는 장기투자에 적합하진 않지만 경기에 민감해 지금 경제 상황에선 적합하겠다.' 정도의 판단을 하실 수 있게 됩니다.

이러한 특징들을 잘 알아두는 것은 좋은 섹터에 선별적으로 투자하는 고수익 전략에 매우 중요합니다.

섹터 키워드 ①
성장성, 저비용

장기성장 섹터

우리나라의 투자자들은 '성장성'을 매우 중요하게 생각하는 것 같습니다. 물론 성장성이 중요하지만, 성장성에만 치중하는 것은 바람직하지 못합니다. 기술 및 트렌드 변화로 유명한 IT, 반도체, 바이오 등의 섹터는 성장성만을 믿기엔 챙겨야 할 사항들이 많아 머리가 아프고, 섹터의 성장이 멈추거나 성장 대비 과도한 밸류에이션을 받아 수익률이 생각보다 좋지 않은 경우가 많기 때문입니다.

상업용 부동산에서 장기 성장성이 높은 섹터는 예견하기 쉽고, 기술의 변화로 종목을 자주 바꿔야 할 필요도 없으며 열심히 공부하면 장기적으로 성장할 섹터를 비교적 수월하게 고를 수 있다는 장점이 있습니다. 그렇다면 상업용 부동산 리츠에서는 어떤 섹터가 오랫동안 성장하고 있을까요?

① 인터넷 등의 IT 수요 증가로 인해 수혜를 입은 섹터

인터넷 기업의 서버를 보관, 관리하는 데이터센터, 전자상거래의 증가로 수요가 늘어나고 있는 물류창고 시설, 핸드폰의 보급으로 급속도로 늘어나고 있는 통신탑이 이에 해당합니다(이 때문에 성장이 둔화된 섹터는 리테일몰, 쇼핑센터 섹터입니다).

② 전 세계적으로 확산되는 노령화의 수혜를 입은 섹터

제일 먼저 떠오르는 것이 병원, 노령화 헬스케어 섹터인데요. 숨어 있는 노령화 수혜 섹터도 있습니다. 노인들이 모여 사는 실버타운 단지 역할을 하는 조립식주택 단지, 노인들의 짐을 보관할 수 있는 셀프스토리지도 이 섹터에 해당합니다.

③ 생활패턴의 변화로 수혜를 입은 섹터

우리나라의 사회, 문화는 2010년에 접어들어 엄청난 변화를 맞이했습니다. 노령화, 개인화, 1인 가구, 인터넷 쇼핑 등과 같은 트렌드가 선진국에 발맞춰 실시간으로 일어나고 있습니다. 이러한 생활패턴의 변화는 리츠 섹터에 많은 영향을 미쳤습니다.

밀레니얼 세대와 1인용 가구로 인해 가재도구 보관의 필요성이 증가하면서 셀프스토리지의 수요가 늘어나고 있고 집값이 만만치 않은 미국에선 저렴한 가격의 조립식주택, 개인단독 임대주택의 수요가 늘어나고 있습니다. 레스토랑의 발달로 레스토랑 체인 전문 리츠가 상장되기도 했지요(이와 달리, 공유오피스 및 민간숙박(?)의 발달로 전통적인 호텔과 오피스가 예전 대비 경쟁력을 잃어가고 있습니다).

그런데 투자의 묘미는 숨어 있는 성장 섹터에 있습니다. 예를 들면 물류 섹터는 예전에는 성장 섹터가 아니었다가 최근 인터넷의 발달로 수요가 대폭 증가해 성장 섹터가 됐습니다. 숨어 있는 수혜 섹터를 찾을 수 있다면, 잘 알려진 섹터에 투자하는 것보다 수익률이 좋을 것이므로 관찰력과 상상력을 발휘해 찾아보세요. 인터넷 상거래가 크게 확대되던 초기에 물류시설을 떠올려 투자하는 것처럼요.

저비용 섹터

일반인들은 고성장 섹터, 고수들은 '저비용 섹터'에 주목합니다. 왜냐하면 빌딩 유지 비용이 적게 들어야 현금흐름이 원활해지기 때문입니다. 똑같은 가치라면 뉴욕에 있는 화려한 A급 오피스 빌딩과 셀프스토리지 중 비용을 감안해 셀프스토리지를 선택할 것입니다.

다음 그림의 최고급 뉴욕 빌딩이나 호텔은 인테리어 건축공사, 엘리베이터 개조공사, 배관공사 등과 같은 자본적 지출비용(Capex)*이 대체로 순영업이익(NOI, Net Operating Income)*의 30% 정도, 셀프스토리지와 넷리스* 섹터의 5% 정도를 차지합니다. 화려한 외연 뒤에는 많은 비용이 숨어 있죠? 비용이 수입의 30%를 차지하는 사업과 5%를 차지하는 사업 중 어떤 것을 선택하시겠습니까? 더욱이 빌딩을 수년 동안 보유한다면, 이 비용의 차이로 인한 영향은 더 커지겠지요?

지난 5년간 저비용 섹터 리츠(셀프스토리지, 넷리스, 조립식주택 등)의 연수익률은 13.5%, 고비용 섹터(호텔, 오피스 등)의 연 수익률은 5%를 나타내 저비용으로 인한 효과가 탁월함을 입증했습니다.

여러분이 실제로 빌딩 투자를 하실 경우에도 이 개념은 많은 도움이 될 것입니다. 빌딩 구입 시 비용이 많이 들어가는 빌딩은 아무리 화려

알아두세요

자본적 지출 비용
유형의 자산가치를 증가시키거나 보존하는 지출로, 미래의 이윤 창출 또는 현재의 가치 보존을 위해 지출된다.

순영업이익
빌딩의 임대료가 주가 되는 총 수익에서 공실로 인한 손실과 각종 운영경비(Operating Expense)를 제외하고 남은 수익을 말한다.

넷리스(Net Lease)
리스의 한 종류로, 임차인이 임대료 외에 건물에 들어가는 비용의 일부를 직접 지불하는 형태를 말한다. 빌딩관리비(물, 전기 사용비, 관리인, 쓰레기 처리, 조경 등), 세금, 보험료가 이에 해당한다. 싱글 넷리스(Single Net Lease)는 세금, 더블 넷리스(Double Net Lease)는 세금, 보험료, 트리플 넷리스(Triple Net Lease)는 관리비, 세금, 보험료를 모두 지불한다.

《 뉴욕의 셀프스토리지와 오피스 빌딩 》

(출처: CubeSmart, Vornado 사)

하다 해도 똑같은 가치라면 좀 더 비용이 덜 드는 빌딩을 구매하는 것이 좋겠죠? 빌딩을 남에게 자랑하려고 사는 것이 아니라 실제 수익을 얻으려고 사는 것이니까요. 성장성, 입지 외에도 비용절감은 리츠나 실물 부동산에 매우 중요한 키워드입니다.

29

섹터 키워드 ②
경기변동, 물가상승률

경기변동에 민감한 섹터

경기가 좋을 때는 빌딩 임대가 잘되지만, 경기가 나쁠 때는 공실률이 늘어나는 빌딩 A와 경기와 관계 없이 임대율과 임대료가 꾸준한 빌딩 B중 어떤 것이 더 나은 투자일까요? 대부분 후자라고 대답하실 겁니다. 임대료가 들쭉날쭉하면 불안하고, 임대료를 유지하거나 공실률을 낮추기 위한 노력을 해야 하니 피곤해집니다.

그런데 상업용 빌딩 중에서 빌딩의 수요가 경기변동의 영향을 잘 받지 않는 종류의 빌딩도 있습니다. 이런 빌딩 섹터를 '경기방어(적) 섹터(Defensive Sector)'라고 합니다. 따라서 장기적으로 볼 때 경기방어 섹터가 벌어들이는 임대료는 높고 안정적이며, 리츠의 수익률 및 변동성도 작은 편입니다.

최근에는 이런 사실을 알게 된 투자자들이 이런 타입의 상업용 부동산을 실물이나 리츠를 통해 사려고 하면서 인기몰이 중이라 점점 비싸지고 있습니다.

이런 경기방어 섹터의 예로 셀프스토리지, 헬스케어 임대아파트, 데이터센터, 인프라적 성격이 강한 통신탑 리츠 등을 들 수 있습니다.

이와 반대로 경기에 민감한 섹터는 오피스, 호텔, 목재(Timber) 섹터 입니다. 예를 들어, 헬스케어와 임대아파트는 경기가 좋든, 나쁘든 대부분의 사람들이 이용할 수밖에 없는 타입의 빌딩입니다.

우선, 경기가 나빠져 수요가 줄어들어도 계약해 놓은 빌딩 임대차 기간이 길거나 사정상 임대차를 종료하기가 힘들어 어쩔 수 없이(?) 임대차 계약을 유지해야 하는 경우입니다. 예를 들어, 경기가 좀 나쁘다고 해서 부모님을 실버타운에서 집으로 갑자기 모시기는 힘듭니다. 한편, 경기가 나빠져도 수요가 평소와 비슷하거나 늘어나는 경우도 있습니다. 예를 들어 셀프스토리지는 경기가 나빠지면 이직, 가정의 축소, 지역 이동 등으로 수요가 오히려 좋아질 수도 있는 대표적인 경기 방어 섹터입니다. 이런 타입의 빌딩을 갖고 있으면 경기가 좋든, 나쁘든 마음이 든든하겠죠?

물가상승률에 민감한 섹터

앞에서 리츠는 장기적으로 생각보다 금리와 크게 연관돼 있지 않지만, 단기적으로는 연관돼 있다는 것을 알려드렸습니다. 이때 리츠가 과도하게 상승하거나 하락하면 이를 역으로 이용해 투자할 수도 있습니다. 즉, 금리가 상승할 것으로 예상돼 리츠가 과도하게 하락할 때 리츠를 사는 것입니다. 그러면 금리 인상이 현실화됐더라도 오히려 리츠가 오르지요. 이는 '소문에 사고 뉴스에 팔라.'는 증시 격언을 연상시킵니다.

어떤 경우이든 마음에 드는 자산이 있으면 가격을 먼저 살펴보고, 모멘텀(좋은 뉴스나 나쁜 뉴스가 생길 것 같아 타이밍을 재는 것) 투자는 부차적으로 사용하는 것이 승률을 높일 수 있는 비결입니다.

금리가 장기적으로 상승하거나 하락할 때 상황에 맞게 리츠 섹터를 골라 투자하는 전략도 구사할 수 있습니다. 이 방법은 주로 임대차 기간이 짧고 경기에 민감한 곳에 사용합니다(예를 들어, 호텔 같은 경우에는 사용료를 일 단위로 받고 경기에 따라 예약율 및 사용료 변동폭이 매우 큽니다).

임대차 기간이 짧아도 임대료를 쉽게 올리지 못하는 섹터도 있습니다(셀프스토리지나 임대아파트는 수요가 꾸준해 공실률도 일정한 편이고, 경기가 좋지 않다는 핑계로 임대료를 올리기가 어렵습니다). 그래서 인플레이션 기간에는 이 두 가지를 모두 만족하는 섹터에 투자하는 것이 유리합니다(호텔이네요).

그런데 임대료가 중간 정도인(5~8년) 기간에도 특별히 인플레이션에 민감한 오피스와 리테일 물류 섹터도 있습니다.

인플레이션과 금리상승, 경기 사이클에 가장 민감한 섹터는 '호텔'로, 타이밍만 잘 맞출 수 있고, 경기가 좋을 것 같으면 호텔을 '사고', 안 좋을 것 같으면 '파는' 전략을 미국에서 많이 구사했습니다.

《 임대차 기간과 해당 섹터 》

임대차 기간	해당 섹터
단기	호텔, 셀프스토리지, 임대아파트
중기(5~8년)	오피스, 헬스케어, 리테일, 물류
장기(10년 이상)	주로 넷리스 형태(데이터센터, 통신탑, 트리플넷 상가 리츠)

* 빨간색 글자: 경기에 민감한 섹터

REITs

30

리츠의 가치는
섹터별로 다르다

섹터별 가치는 상대적이다

앞의 조건들을 보면 좋은 조건을 많이 갖춘 섹터가 있다는 것을 눈치채신 분이 있으실 겁니다. 성장성이 있고, 비용도 적고 경기에 덜 민감한 특성을 모두 보유한 섹터이겠죠? 그런데 이런 섹터는 대개 타 섹터보다 비쌉니다. 인기 섹터이기 때문이죠. 따라서 어떤 리츠의 가치를 평가할 때는 이런 특징들을 감안해서 비교해야 합니다.

"A 리츠의 배당률은 9%인데, B 리츠는 3%이니 A 리츠의 가격이 매력적인 것 아닐까요?"

만약 같은 섹터, 같은 조건이라면 그럴 수도 있겠지요. 그러나 B 리츠는 순자산가치(NAV, Net Asset Value)*가 연 7%씩 성장하는 섹터이고, A 리츠는 수년간 자산가치가 그대로인 섹터라고 한다면 이야기가 달라지겠지요. 이것이 바로 섹터마다 고유한 밸류에이션 수준이 정해지는 이유입니다.

다음 그림은 2017년 6월 말을 기준으로 리츠가 섹터별로 과거 대비

알아두세요

순자산가치
리츠가 보유한 기초자산에 대해 반기별 또는 분기별로 실시하는 빌딩들의 감정평가액 합산에서 이자 지급성 부채를 차감한 값으로, 리츠의 가치를 따질 때 가장 중요한 기준 중 하나이디.

비싼지를 점검한 '선미 리츠협회(NAREIT) 차트'입니다. 미국 리츠협회에서 밸류에이션을 점검할 때 각 섹터별로 분류해서 점검하고 있다는 것을 알 수 있습니다. 이 그림에 따르면, 셀프스토리지는 스프레드*(현재배당률−국채수익률)가 과거 대비 95%여서 과거에 비해 가치가 크게 변하지 않았고, 맨 오른쪽의 조립식주택은 과거 대비 35%여서 최근 가치가 많이 올랐음을 알 수 있습니다. 과거 대비 스프레드가 작아질수록 자산의 가치가 과거 대비 상승한 것입니다. 이렇게 섹터별로 해당 섹터의 과거 수치와 비교한 것을 살펴보면, 리츠의 특성에 따라 섹터별 가치평가가 다르다는 것을 알 수 있습니다.

알아두세요

스프레드(Spread)
채권의 발행이나 은행 대출 때 신용도에 따라 기준금리에 덧붙이는 가산금리를 뜻한다. 따라서 스프레드는 신용도가 높을수록 낮고, 낮을수록 높다.

《 섹터별 국채 대비 스프레드의 과거 대비 수준 》   (단위: %)

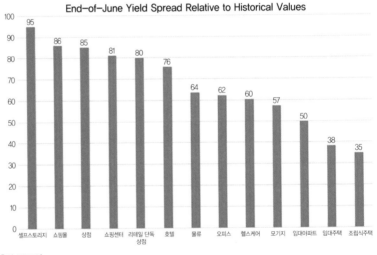

(출처: NAREIT)

리츠의 가치를 평가할 때는 반드시 섹터별 특징을 감안해야 합니다. 비싼 섹터는 원래 비싸다는 것을 감안해야 하고, 싼 섹터도 이와 마찬가지입니다. 그리고 왜 비싸졌는지, 싸졌는지를 안다면 좀 더 통찰력 있는 투자를 할 수 있습니다.

"A 리츠는 배당률이 9%지만, 성장성이 낮고, 원래 비용이 많이 들며, 하강 국면이어서 경기에 민감하므로 이러한 면들을 함께 고려해봐야 합니다."

앞의 질문에 이렇게 대답할 수 있다면, 이제 섹터 투자를 하실 준비가 되신 겁니다. 이 방법론을 주식투자에도 적용해볼까요?

예를 들어 항상 비싼 섹터가 있다고 가정해보겠습니다. 주로 경기에 민감하지 않고, 현금흐름이 좋으며, 성장하는 기업이 가격이 비싸죠. 이런 주식은 PER*(Price Earning Ratio, 주가수익비율)이 20 이상입니다. 경기에 따라 이익이 변하는 작은 자동차회사 부품 주식의 PER은 4 정도입니다. 이런 경우에는 두 기업을 비교하면 안 되고, 각각의 소속 섹터나 과거 기업가치 대비 어떤 수준인지를 살펴봐야 합니다. 가장 비싼 백에 속하는 에르메스 버킨백*을 사는 것이 자산 가격 상승률이 높아 백을 싸게 사고 버리는 것보다 투자 대비 효율성으로 보면 좋을 수도 있는 경우와 비슷합니다.

비싼 것은 비싼 이유를 파악하고, 싼 것은 싼 이유를 파악하는 것이 먼저이며, 리츠 투자에서 이를 풀 수 있는 열쇠는 '섹터 공부'입니다.

알아두세요

PER
주가수익비율(Price Earning Ratio)은 어떤 회사의 주식가치, 더 나아가 전체 주식시장의 가치가 고평가됐는지를 가늠할 수 있는 유용한 잣대다. PER은 현재 시장에서 매매되는 특정 회사의 주식가격을 주당순이익으로 나눈 값을 말한다.

에르메스 버킨백
2017년 기준, 35년간 500%(연 5.5%) 상승

REITs

31

아시아, 유럽 지역의 섹터

복합 리츠 중심의 아시아 리츠

아시아와 유럽 지역의 섹터도 미국처럼 다양한지 궁금한 분들이 많으실 겁니다. 미국 리츠는 1960년대에 시작됐고 신규 섹터인 성장 섹터가 40% 정도의 비중에 달하지만, 아시아나 유럽의 섹터들은 그렇지 않습니다.

아시아 리츠의 주요 국가인 호주, 싱가포르, 일본, 홍콩에서는 오피스, 리테일, 호텔 비중이 높고, 임대주택, 물류 섹터도 존재하지만, 통신탑, 데이터센터, 셀프스토리지, 헬스케어의 비중은 매우 낮습니다. 그 대신 아시아리츠는 주로 부동산 개발회사 산하의 위탁관리 리츠로 발전하는 경우가 많아 상장된 개발회사 비중이 인덱스의 50% 이상을 차지할 정도로 높고 한 리츠가 여러 가지 섹터의 빌딩을 다양하게 갖고 있는 복합 리츠(또는 다각화 리츠)*의 비중도 높은 편입니다. 미국 투자자들은 복합 리츠가 리츠의 정체성이 부족하다고 여기는 반면, 아시아 투자자들은 1개에 투자해 여러 섹터의 빌딩을 가질 수 있으니 리스크가 분산된다고 해석하는 경향이 있습니다. 미국에서는 한 분야에 집중하는 기업이 주류인 반면, 아시아에는 여러 분야의 사

알아두세요

복합 리츠(다각화 리츠)
한 리츠가 다양한 섹터의 빌딩들을 보유하고 있는 리츠

업을 영위하는 대기업이 발달하는 이유와도 일맥상통합니다.

소수의 성장 섹터 중심인 유럽 리츠

유럽도 이와 마찬가지입니다. 프랑스, 스위스, 벨기에, 스페인 등과 같은 유럽 리츠는 리테일과 오피스 섹터가 주류를 이루며 최근에는 물류 섹터의 비중이 높아지고 있습니다. 독일에는 임대주택 섹터가 많습니다. 상업용 부동산이 미국에 버금갈 만큼 발달한 영국에서는 개발회사, 오피스, 리테일 외에도 헬스케어 기숙사, 셀프스토리지, 헬스케어, 물류 섹터 등이 다양하게 발전했습니다.

유럽에서 섹터가 다양하지 않다는 것은 투자자에게는 아쉽게 느껴지지만, 소수의 성장 섹터 리츠들은 많은 인기를 끌고 있습니다. 지금 막 성장 단계를 거치고 있기 때문에 다른 리츠나 기업들의 러브콜을 받고 있습니다. 가장 최근에는 유럽의 데이터센터 운영회사가 미국의 데이터센터 리츠인 '디지털 리얼티(Digital Realty)'로부터 높은 가격의 인수 제안을 받기도 했습니다.

국가마다 섹터별 발전 속도는 다르다

많은 섹터가 미국과 비슷하게 발전하거나 트렌드를 따라가는 경향이 있지만 모두가 그런 것은 아닙니다. 특정 지역에서는 섹터의 성장 양상과 수요, 공급 사이클이 다르기도 합니다. 예를 들면, 셀프스토리지 섹터의 경우 미국에서는 고성장 시기가 지났지만, 유럽에서는 아직 초기 단계입니다. 또한 대형 몰 섹터는 미국에서는 수요보다 공급이 많은 상황이지만, 우리나라, 중국, 이스라엘 같은 지역에서는 이제 성장하고 있는 분야이기도 합니다. 싱가포르의 물류 섹터는 대형 인터넷 주문을 소화해야 하는 미국 대형 물류 섹터와는 다른 종류의 물류 빌딩 비중이 높습니다. 따라서 미국의 섹터를 중심으로 공부하신 후에 다른 나라 섹터와의 차별점을 관찰하시면서 고르는 것이 좋습니다.

알아두세요

프라이빗 뱅커
고액 자산가의 자산 관리를 도와
주는 금융회사 직원을 말한다.

리츠의 섹터와 지역을 잘 선택해 고수익을 올린 프라이빗 뱅커(PB)·

수년 전 증권사 PB 대상 세미나에서 다른 PB분들이 '리츠 펀드가 올해 상승했는데 내년에는 어떨지', '금리 향방에 따른 리츠의 예상 가격은 어떻게 변할지' 등 단기적인 리츠지수의 움직임에 대해 질문을 하셨는데, B씨의 질문은 달랐습니다.

"제안서에 보면 미국의 데이터센터와 조립식주택 섹터가 장기적으로 매력 있어 보이네요. 이 펀드에는 이런 리츠들이 얼마 정도 투자돼 있나요?"

세미나가 끝난 후에도 B씨는 두 섹터에 대한 질문을 추가로 하셨습니다. 이야기를 듣고 보니 이 분은 빌딩 투자를 잘 아는 분이고, 해외 부동산 펀드에도 지식이 많으셨습니다.

"데이터센터나 조립식주택 같은 경우는 장기적으로 수요가 좋은 분야인 것 같네요. 저는 해외 빌딩에 관심이 있어서 자료를 많이 살펴봤는데, 부동산 펀드로 이 섹터에 투자하는 경우는 없었어요. 오늘 들어보니 리츠에 이런 섹터가 있었는데 관심이 가네요. 손님들에게 소개해야겠어요."

세미나 이후에도 이 분은 가끔씩 이 섹터와 리츠에 대해 궁금한 점을 물어보기 위해 저에게 연락했습니다. '고객에게 데이터센터와 조립식 리츠를 추천하기 위해서'라고 하십니다. 그 이후 투자했던 데이터센터와 조립식주택 리츠의 수익률을 물어보니 수년간 연 20%에 가까운 수익률을 기록했다고 합니다. 수년간 연 20%씩의 빌딩 투자 수익률은 일반 도심의 오피스나 상가 투자로는 실현하기가 힘든데, 섹터와 지역을 잘 선택한 덕분에 B씨의 고객은 높은 수익률을 올렸습니다.

"고객들에게 섹터의 전망이 장기적으로 좋기 때문에 자식에게 물려준다는 생각으로 투자하라고 말씀드렸어요."

여섯째
마당

성장 섹터

4차 산업혁명, 인구노령화 등에 따라 새로운 리츠 섹터가 생겨났습니다.

트렌드를 반영한 섹터인 만큼 발빠른 정보가 있으면 투자에 유리합니다.

여섯째 마당에서는 성장성이 높은 리츠 섹터들을 살펴보고, 어떤 전략으

로 투자해야 할지 알아보겠습니다.

The cakewalk Series – REITs

성장 섹터의 매력

기관투자자에게 인기 있는 성장 섹터

"A 부장님, 지금이 리츠에 투자하기 좋은 시기입니다."라고 말씀드리면, "저도 그렇게 생각합니다. 저희 연기금은 오피스, 리테일 등 해외에 많은 투자를 했습니다. 투자하기 힘든 유럽 임대주택, 미국의 셀프스토리지, 물류, 데이터센터, 기숙사 이런 섹터들만 리츠로 투자할 수 있을까요?"라고 대답하십니다.

우리나라 연기금의 대체투자 담당자분들에게 리츠를 권하면 대개 이렇게 말씀하십니다. 그리고 미국 기관투자가들도 이런 섹터들만 모아 투자했다고 하는 뉴스가 올라옵니다.

전 세계의 기관투자가가 관심을 갖는 이런 섹터들은 어떻게 분류할수 있을까요? 바로 난코어(Non-Core, '비핵심') 섹터입니다. 여러분의 부동산 펀드에도 '코어(Core)'라는 이름이 붙은 것이 많은데, 이는 리츠나 실물 등 해외 부동산에서 꽤 거론되는 개념입니다. 그리고 수십 년간의 중요한 상업용 부동산의 변화를 이야기해주기도 합니다.

상업용 부동산 용어에서 코어라는 단어는 좋은 입지와 시설, 우량임차인의 건물을 말합니다. 코어 투자전략은 이런 '핵심' 부동산에 투자하므로 빌딩 투자 전략 중 가장 안전하다고 알려져 있습니다.

코어 섹터

그러면 코어 섹터는 어떨까요? 말 그대로 보면 '핵심 섹터'이겠지요? 코어 섹터는 상업용 부동산과 리츠에서 오피스, 리테일, 호텔, 임대주택, 물류처럼 오랫동안 이 분야에서 주축이 돼왔던 상업용 부동산 섹터를 의미합니다. 원래는 이 분야가 상업용 빌딩의 대부분을 차지했고, '빌딩'이라고 하면 화려한 마천루 오피스 빌딩이나 호텔을 떠올리지, 셀프스토리지, 데이터센터 등을 떠올리지는 않습니다.

난코어 섹터, 즉 '비핵심 섹터'는 코어 섹터가 아닌 섹터인데, 길게는 25년~15년 전부터 미국 리츠시장에 상장하며 고성장을 한 분야입니다. 통신·인프라, 헬스케어, 셀프스토리지, 통신탑 리츠가 이에 해당하며, 최근에 속속 등장하고 있는 새로운 섹터인 카지노, 레스토랑 리츠 등도 난코어 섹터에 속합니다. 좋은 섹터들이 많이 포함돼 있고, 점차 리츠에서 차지하는 비중도 높아져 투자자들의 관심을 받고 있습니다. 그래서 투자자들 사이에서는 '코어 섹터'보다 '난코어 섹터'가 더 우수한 수익률을 기록한, 투자하고 싶은 섹터로 알려져 있습니다. 그래서 이 책에서는 난코어 섹터를 '성장 섹터'라고 부르겠습니다.

《 코어와 난코어 섹터 분류 》

구분	종류	투자 대상
코어(약 55%)	오피스	오피스 빌딩
	리테일	대형 몰, 쇼핑센터, 단독상가
	호텔	호델, 리조트
	임대주택	아파트, 단독주택, 조립식주택, 기숙사

난코어(약 45%)	물류(산업)	산업창고, 대형물류
	헬스케어	실버홈, 재활시설, 병원빌딩, 제약연구단지
	통신탑, 데이터센터	데이터와 통신을 위한 부동산
	셀프스토리지	셀프스토리지 시설

성장 섹터는 노령화, IT 발달, 생활패턴 변화 등의 환경변화에 따라 수요가 크게 성장한 분야를 말합니다. 다음 그림에서처럼 일부 난코어 섹터의 미국 리츠 섹터 비중이 10%에서 30%로 늘었습니다. 신업이 성장하니 해당 리츠 상장도 늘어나고, 시가총액*도 커진 덕분입니다.

기관투자가들이 이 성장 섹터를 선호하는 이유가 '실물로 투자하기 힘들기 때문'이라고 했는데, 이외에 다른 이유들도 있습니다. 대부분의 리츠들은 일부 성장 섹터에 속한 빌딩들을 소유하고 있습니다.

예를 들면, 독일의 임대주택은 대부분 상장 부동산 기업이 많이 갖고 있어서 좋은 임대주택에 투자하려면 리츠를 통해 투자하는 방법 외에는 힘듭니다. 또 이런 성장 섹터는 워낙 인기가 많아 좋은 투자 기회가 주어지 않을 때도 있습니다. 북유럽의 오피스 같은 경우나 미국의 아주 좋은 데이터센터가 이에 해당합니다.

마지막은 실물로 좋은 투자 건이 있어도 리츠로 투자하는 것이 더 나은 경우입니다. 셀프스토리지와 같은 빌딩은 브랜드를 내세우기 위해 광고를 많이 해야 합니다. 미국의 상장리츠는 수조원에 달하는 큰 리츠이므로 광고비, 셀프스토리지에 쓰이는 박스 구매 등의 공통 비용을 지불하면서 규모의 경제효과를 누릴 수 있지만, 개별 몇 개의 셀프스토리지만 실물로 사서는 이런 효과를 거두기 힘들겠죠? 이런 종류의 리츠들은 상장리츠의 유명세와 운영능력 등 프랜차이즈처럼 여러 부동산을 운영하는 가치가 크게 작용하는 섹터들입니다.

알아두세요

시가총액
개별 기업이 주식시장에서 거래되는 가치를 말한다(주수*주가=시가총액). 해당 섹터나 나라의 시가총액이란, 해당 섹터나 나라에 속하는 기업들의 시가총액을 합산한 것을 말한다.

《 미국 리츠 내 섹터 시가총액 변화 》

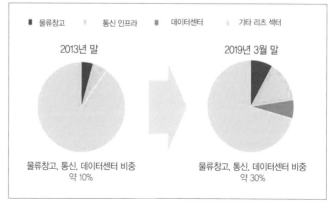

(출처: NAREIT)

다음 그림은 미국의 유명한 리츠 리서치 회사인 '그린 스트리트 (Green Street)'에서 발표하는 부동산 섹터 가격지수입니다. 통상 리츠 의 주식 수익률은 알 수 있어도 그 리츠가 갖고 있는 실물자산의 가 격흐름은 알기 어렵죠? 다음 부동산 섹터 가격지수는 리츠가 보유한 수준 높은 상업용 빌딩의 섹터별 NAV 가격 흐름을 월별로 표기한 것입니다.

《 부동산 섹터 가격지수 》

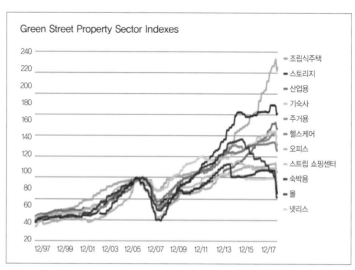

(출처: 그린 스트리트)

이 지수를 살펴보면 23년 정도의 기간에서 조립식주택, 셀프스토리지, 기숙사, 산업용(물류) 등 성장 분야 빌딩 가격이 유독 많이 오른 것이 눈에 띕니다.

더욱이 최근 수개월 동안에도 이 성장 섹터 분야의 부동산 가격은 큰 하락이 없고, 오히려 전통적인 오피스, 쇼핑몰, 호텔 등의 가격이 많이 내렸습니다. 전통 섹터의 부동산들도 시간이 지나면 다시 회복할 것으로 보입니다.

그런데 왜 성장 섹터의 부동산들이 언택트 시대에도 강한지 궁금하시죠? 이는 곧 소개할 섹터에서 알아보겠습니다. 성장 섹터의 부동산들은 투자자들이 익숙하지 않기 때문에 섹터 소개를 하면서 장기투자를 할 만한 대표적인 기업들도 함께 소개합니다.

성장 섹터

4차 산업혁명의 선두주자, 데이터센터

투자자를 위한 기본지식

데이터센터는 세미나를 할 때 투자자들의 관심이 가장 많은 섹터입니다. 일명 '4차 산업 부동산'이라 불리기도 하는데, 저는 인터넷 서비스 사업의 바탕이 되는 기간산업적인 성격이라고 설명합니다. 제 설명을 들으신 분들은 서버를 관리하는 특수 상업용 빌딩에 대한 수요가 많다는 것을 금방 파악하십니다.

그런데 이 섹터의 진정한 매력은 바로 '진입장벽'입니다. 즉, 수요가 많아도 공급이 같이 많아져서 경쟁이 치열해지는 것을 방지해준다는 것이 이 섹터의 장점입니다. 코로나 위기 때도 향후 재택근무나 인터넷 쇼핑 등 언택트 문화가 확산되면, 기업이나 개인들이 데이터를 더 많이 사용할 것으로 예상해 이 섹터는 코로나 위기 시 가장 선방한 미국 리츠 섹터가 됐습니다. 그런데 데이터센터도 서비스별로 차이가 있기 때문에 차이와 특성에 대해 잘 알고 투자해야 좋은 수익률을 거둘 수 있습니다. '업'의 본질을 모르고 어떤 데이터센터 리츠가 단순히 타 경쟁사 리츠보다 '배당률'이 높다는 이유로 투자해서는 좋은 결과를 거두기 힘듭니다.

데이터센터의 특징

데이터센터는 컴퓨터 서버 등 시스템과 통신장비, 저장장치인 스토리지 등이 설치된 시설을 말하며, 데이터를 저장하고 유통시키는 핵심 인프라입니다. 한 기업이 이렇게 중요한 데이터센터의 전부 또는 일부, 외부 데이터센터를 사용하는 경우에는 그 입지와 운영실력(전력, 냉각 시스템, 보안 등)이 매우 중요하기 때문에 신중하게 선정하고, 쉽게 바꾸지 않게 됩니다. 따라서 데이터센터는 상업용 빌딩 중에서 고객이 쉽게 바꾸지 못하는, 즉 진입장벽이 가장 높은 섹터 중 하나입니다.

그런데 이미 상장된 데이터센터 리츠들은 이미 미국 유명한 IT 기업들(페이스북, 아마존)과 금융회사들을 오랫동안 고객으로 삼아 트랙 레코드를 이미 확보하고 있고, 매우 좋은 입지를 확보했기 때문에 진입장벽이 매우 높습니다. 이런 이유 때문에 미국 기관투자가들도 데이터센터에 투자하고 싶을 때는 상장 데이터센터 리츠에 투자하는 것이 가장 좋은 방법이라 간주하고 있습니다. 왜냐하면, 데이터센터의 가장 큰 임차인이자 고객들인 페이스북, 아마존뿐 아니라 국내 기업인 네이버도 자체 데이터센터에 한계를 느끼고, 상장 데이터센터 리츠의 서비스 인프라를 활용하고 있기 때문입니다.

4차 산업과 관련된 부동산 인프라

제가 벤처캐피털리스트로 일하던 2000년도에 데이콤에서 만든 글로벌 업계 최초 데이터센터에 방문한 적이 있습니다. 당시 우리나라의 인터넷 환경은 세계 최고라고 들었는데, 거의 비슷한 시기에 창업한 세계 데이터센터 1위 업체인 미국 에퀴닉스(Equinix)가 시가총액이 한화 60조원*이 넘는 큰 기업이 된 것을 보니 우리나라 데이

알아두세요

2020. 7. 7. 기준

터센터의 위상이 낮아진 것 같아 안타까웠습니다. 여러 가지 이유가 있겠지만, 미국이라는 생태계에서 임차인인 미국 IT 기업들의 성장이 두드러졌던 것이 중요한 이유 중 하나가 아닐까 생각합니다.

《 데이터센터의 내외부 전경 》

(출처: 에퀴닉스)

2018년 발간된 시스코 자료에 따르면, 향후 5년간 전 세계 인터넷 사용량 성장률과 무선인터넷 성장률은 각각 연 25%, 45%라고 합니다. 따라서 데이터센터 리츠의 성장률은 높을 것입니다. 데이터센터는 전력 공급과 네트워크 전송이 원활한 곳의 입지 선정이 매우 중요합니다. 기업의 중요한 데이터를 보관하고 운용하는 곳이기 때문에 데이터센터 운용 노하우가 매우 중요합니다. 하지만 전력비용이 대단히 많이 소요되기 때문에 요즘엔 온도가 낮은 북유럽이나 해저 지역이 데이터센터의 새로운 입지로 떠오르고 있습니다.

성장 섹터
데이터센터 분류하기

데이터센터가 성장률이 높다는 것은 많이 알고 있는 사실이지만, 어떤 데이터센터 리츠를 선택하느냐에 따라 수익률이 달라집니다. 데이터센터에는 복잡한 IT 용어들이 나오고, 회사마다 쓰고 있는 표현이 많아 분석을 포기하고 싶게 만듭니다. 그래서 독자들이 이해하기 쉽게 가장 간단하고도 중요한 분류 몇 가지를 중심으로 설명하겠습니다.

기업형 vs. 네트워크 밀집 데이터센터

데이터센터 리츠에서 기업형과 네트워크 밀집은 약 6:4의 비중인데, 네트워크 밀집 데이터센터가 더 만들기 어렵고, 진입장벽이 높습니다. 부동산 사모펀드를 통해(유명한 블랙스톤이나 브룩필드를 통해서도) 이 네트워크 밀집 데이터센터 리츠에 투자하기는 어렵습니다.

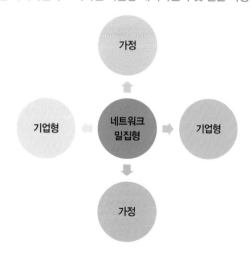

네트워크 밀집형 데이터센터

위 그림에서 알 수 있듯이, 네트워크 밀집형 데이터센터를 중심으로 인터넷 허브가 이뤄지고, 기업형 데이터센터와 일반 가정이 이 허브를 중심으로 한 루트를 통해 인터넷 서비스를 사용합니다. 대도시당 네트워크 밀집형 데이터센터는 주로 1~2개 정도이며, 십수년에 걸쳐 인터넷 네트워크를 이뤄놓았기 때문에 진입장벽이 높습니다. 반면, 기업형 데이터센터는 비교적 많고, 짓기가 쉽습니다. 따라서 데이터센터에서 '공급'이 많아지면, 대개 기업형 데이터센터와 관련된 것이라 보면 됩니다.

네트워크 밀집형의 임차인은 주로 컴캐스트(Comcast), 에이티앤티(AT&T)와 같은 인터넷이나 통신 사업자들이며, 임차기간은 1~3년 정도입니다. 임차인에게 여러 가지 서비스를 제공하며, 특히 네트워크 생태계(Eco System) 때문에 임차인이 쉽게 데이터센터를 바꾸기 힘듭니다. 다수의 기업에 데이터시스템을 빌려주기 때문에 콜로케이션(Colocation, 한 장소에서 여러 고객 소유의 서버를 위탁받아 관리해주는 서비스)이라고도 표현할 수 있습니다. 특히 상호연결(또는 접속, Interconnection) 서비스를 제공하고 있는데, 이는 데이터센터를 이용하는 기업들에게 해외 등 주요 허브로 접속할 수 있게 해주는 서비스입니다. 이 서비스는 마진율이 매우 높으며, 현재도 연 두 자릿수 성장을 하고 있습니다.

기업형 데이터센터

기업형 데이터센터는 도매사업자(Wholesale)의 성격을 갖고 있는데, 보통 마이크로소프트, 페이스북, 아마존 등의 임차인과 장기(5~10년)로 계약합니다. 네트워크 중심보다 부가서비스 제공이 직이며, 한 데이터센터에 주로 소수의 큰 계약자들의 IT 인프라를 제공하므로 '도매'라는 표현을 사용합니다.

전체 사업 비중 중 네트워크 밀집형 비중이 40% 이상 높은 데이터센터 리츠는 에퀴닉스(Equinix)와 코어사이트(CoreSite)입니다. 디지털 리얼티(Digital Realty)와 사이러스원(Cyrusone)은 그보다는 기업형 데이터센터 서비스에 치중하고 있지요. 물론 진입장벽이 높은 네트워크 밀집형이 장기적으로 투자하기 좋은 분야라는 것은 맞지만, 그렇다고 해서 기업형은 장점이 없을까요? 그렇지 않습니다. 장기적으로는 강남의 신축 아파트가 좋겠지만, 중·단기적으로는 가격이 싸진 수도권의 구축 아파트 수익률이 더 좋을 때가 있는 것처럼, 기업형이 훨씬 더 싸진다면, 수년간의 수익률은 기업형이 더 좋을 때도 있습니다.

지역 구분

데이터센터의 수요는 전 세계적으로 크게 늘어나고 있습니다. 우리나라에도 세계 1위 데이터센터 리츠인 에퀴닉스가 서비스를 시작했습니다. 데이터센터는 미국 중심의 회사가 있고, 아시아, 유럽 중심의 회사가 있습니다. 에퀴닉스는 아시아, 유럽 비중이 50%를 넘고, 디지털 리얼티도 20% 정도입니다. 특히, 유럽의 데이터센터 리츠는 수요가 많은데 비해 공급이 적어 M&A의 대상으로 러브콜을 받고 있습니다. 최근 유럽의 대표적인 데이터센터 리츠인 인터시온(Interxion)을 디지털 리얼티(Digital Realty)가 작년 겨울에 인수하기로 결정한 것이 그 예입니다.

《 데이터센터 리츠 구분 》

지역	대표 리츠
미국 중심	디지털 리얼티(80%), 사이러스원(93%), 코어사이트(100%),
유럽	인터시온(디지털 리얼티에 합병 예정)
아시아	캐펄(Keppel), DC 리츠(아시아 65%, 유럽 35%)
글로벌	에퀴닉스(미국 46%, 유럽 33%, 아시아 22%)

《 데이터센터 리츠의 투자 특성과 전망 》

성장성	비용 구조	경기 민감도	물가상승률	가치평가 수준
높음	보통*	보통(과거 민감했음)	일부 연동	높음
과거 총 수익률				**현재 배당률**
연 16%(네트워크 밀집 비중이 높은 리츠는 연 20%)				2.5%

*성장성(순영업이익(NOI) 장기성장률 기준: 상 1.5% 이상, 중 0.6~1.4%, 하: 0.5% 이하), 과거 7년간 총 수익률 및 배당률 (2019. 11. 15.)

데이터센터는 전반적으로 성장성이 높지만, 비용 구조가 산업평균 정도이고, 경기민감도는 낮은 편으로 장기투자하기 좋은 섹터입니다. 이 특성은 평균적인 것으로, 네트워크 밀집 섹터가 훨씬 좋습니다. 인터넷망이나 전산 설비의 진보로 투자비가 많이 들어가는 것에 대한 우려도 있지만, 잘 알고 보면 크지는 않습니다. 데이터센터 내의 임차인이 사용하는 서버나 메인프레임* 비용은 임차인이 지불하는 넷리스 구조이므로 데이터센터의 비용으로 처리되지 않고, 임차인을 위해 제공되는 빌딩 인프라적 비용, 즉 전기 발전기 등은 기술적 진보의 위협에 일부 노출돼 있지만, 빌딩의 실질적인 연한까지 자주 있는 일은 아니며, 이런 일이 생기면 임대료에 추가됩니다.

알아두세요

메인프레임
대용량의 메모리와 높은 처리속도를 지닌 멀티유저용 대규모 컴퓨터를 말한다(출처: 한경경제용어사전).

특히, 임차인에 대한 협상능력이 높은 네트워크 밀집형은 더욱 비용 전가가 가능합니다. 보통 기업형은 NOI의 약 20% 정도, 네트워크 밀집형은 10% 정도를 연 시설투자비로 사용하는 경향이 있습니다. 네트워크 밀집형은 임대기간이 짧고 연 2% 정도로 상승하며, 인플레이션에 연동시킬 수 있지만, 기업형은 임대기간도 길고 연 1% 정도로 낮은 편입니다. 이런 투자 특성 덕분에 데이터센터의 장기수익률은 그동안의 높은 성장성 덕분에 양호했지만, 네트워크 밀집형 데이터센터의 수익률이 더 좋았습니다. 데이터센터 리츠를 세밀하게 알려드리느라 설명이 길었지만, 장기투자할 데이터센터를 고르실 때 도움이 될 것입니다.

대표적인 데이터센터 리츠 소개

에퀴닉스˚(Equinix)
- 세계 1위의 데이터센터 리츠
- 시가총액: 연 60,477백만달러(2020. 6. 5. 기준)
- 자산: 미국과 전 세계에 걸쳐 총 55개 대도심에 211개 데이터센터를 운영하고 있음(지역 비중: 미국 : 유럽 : 아시아=5 : 3 : 2).
- 임차인: 미국 대기업 500개 중 230개 기업이 고객
- 연 총 수익률: 27%(2008. 1. 1.~2019. 11. 19.)

인터넷 비즈니스가 본격적으로 태동하던 시기에 인터넷 인프라 부동산 기업인 에퀴닉스도 사업을 시작한 지 20년이 넘었고, 현재 시가총액이 한화로 60조원이 넘는 데이터센터 리츠입니다. 미국에 50%, 아시아와 유럽에 50%의 자산을 갖고 있습니다. 데이터센터에 대한 실물펀드와 리츠를 통틀어 가장 큰 규모의 자산을 보유하고 있는데, 네트워크 밀집형 자산이 40%가 넘어 경쟁사 대비 자산의 수준도 높습니다. 코로나로 인해 데이터 사용이 증가하면서 2020

년 1분기의 실적이 상승했습니다. 2020년 1분기 실적에서 전체 AFFO(조정운영현금흐름)는 전년 대비 10% 넘게 성장했으며, 그중 특히 이익률이 높은 상호연결(전체 매출의 20%를 차지) 매출은 전 분기 대비 14% 상승했습니다.

에퀴닉스는 해외 데이터센터 리츠도 갖고 있기 때문에 미국 달러 대비 다른 국가의 환율이 크게 달라지면 실적이 영향을 받습니다.

아시아 지역에 사업을 확장하면서 한국에도 2019년 본격 진출해 고객이 통신사를 선택할 수 있도록 데이터센터를 운영하는 서비스를 제공하기 시작했습니다.

✓ 투자 팁 정리!

데이터센터 리츠는 인터넷 성장의 수혜를 받아 초기에 폭발적인 고성장의 시기를 지났습니다. 따라서 수요와 공급이 점차 증가하고 있습니다.

- **진입장벽이 높은 네트워크 밀집형 사업모델에 주목하라:** 이 분야는 진입장벽이 높아 상대적인 경쟁력 유지에 유리하므로 장기투자자는 이 사업모델에 주목하는 것이 좋습니다(에퀴닉스, 코어사이트).
- **지역적 분포도 중요하다:** 유럽과 아시아는 이미 시장이 꽤 성숙된 미국과 달리, 데이터센터 산업의 수요가 더 많은 곳입니다. 이런 지역에서는 기업형 모델의 경우에도 입지와 계약자에 따라 경쟁력이 높을 수 있습니다.
- **공급이 줄어드는 시기에는 기업형 사업모델에도 주목하라:** 밸류에이션이 매력적이면, 기업형의 수익률이 중·단기적으로 더 좋을 수 있습니다. 단, 밸류에이션과 수요 공급을 체크할 수 있는 시간과 여유가 되시는 분은 기회가 포착되면 이 전략을 사용하시길 추천합니다.

REITs

35

통신 데이터를 위한 부동산, 통신탑

투자자를 위한 기본지식

언택트 시대의 가장 큰 수혜를 입은 리츠는 '통신탑'입니다. 최근 4 차 산업의 수혜 부동산인 데이터센터, 물류빌딩과 함께 점차 소개되고 있지만, 어떻게 전파를 전달하는 통신탑이 부동산이 되는지, 4차 산업 부동산 중 통신탑은 어떤 다른 특징이 있는지 궁금하시죠? 통신탑은 통신을 위한 송·수신용 안테나를 설치한 탑을 말합니다.

《 미국 모바일 데이터 사용량(연 79% 성장, 2006~2019년) 》

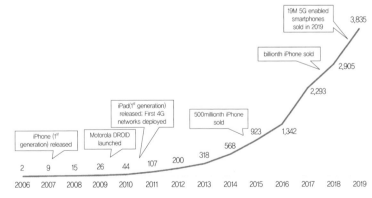

(출처: 아메리칸 타워)

데이터센터가 민간기업을 위해 인터넷 데이터 송·수신을 위한 '부동산'을 제공한다면, 통신탑은 통신사를 위해 통신 데이터 송·수신을 위한 '부동산'을 제공합니다. 인터넷 데이터의 성장도 빠르지만, 핸드폰과 스마트폰의 사용과 함께 증가하는 무선 데이터 사용의 증가도 엄청납니다.

이렇게 무선 통신량이 늘어날수록 통신탑을 사용하고자 하는 통신사들의 수요는 늘어납니다. 미국의 통신탑 리츠가 아주 매력적인 이유는 이외에도 많습니다.

특이하게도 통신탑은 부동산 성격을 가진 인프라˙ 자산입니다. 인프라 자산의 특징은 공공서비스 등에 필수적인 자산이므로 장기 계약, 물가 성장률 이상의 꾸준한 임대료, 사용료의 인상 효과가 기대된다는 것인데요. 통신탑은 대형 통신사들에게 필수적인 부동산이라 일반적인 데이터센터나 물류센터보다 안정적인 성격을 갖고 있습니다. 더욱이 5G˙ 기술의 발달로 향후 통신사들은 더 많은 데이터를 사용하기 위해 통신탑에 안테나를 설치해야 합니다.

통신탑은 이처럼 높은 성장성과 큰 안정성이라는 두 마리 토끼를 모두 잡은 매력적인 섹터입니다.

통신탑의 특징

예전 통신사 광고에서 보셨던, 우리나라 지형 곳곳에 우뚝 서 있는 안테나가 있는 탑을 기억나시나요? 미국에서는 통신탑 리츠 같은 통신탑 구조물 위의 공간을 통신사들에게 임대해주고, 통신사는 탑 위에 안테나를 설치해 통신 데이터의 전송에 사용하고 있습니다.

알아두세요

인프라
'인프라스트럭처(Infrastructure)'의 약자로, 경제 활동의 기반을 형성하는 도로, 수로, 공항, 항만, 통신과 관련된 자산을 말한다. 필수적인 서비스를 제공하므로 수요가 꾸준해 자산 수익률이 안정적이다.

5G(5세대 이동통신)
최대 속도가 20G bps에 달하는 이동통신 기술로, 4세대 이동통신인 LTE에 비해 속도가 20배가량 빠르고 처리용량은 100배 많다. 4차 산업혁명의 핵심기술인 가상현실, 자율주행, 사물인터넷 기술 등을 구현할 수 있다.

《 통신탑 구조물 예시 》

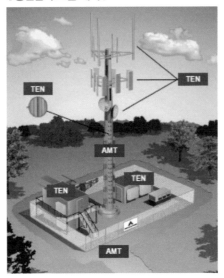

(출처: 아메리칸 타워, AMT(임대주인 통신탑 자산), TEN(임차인인 통신사 자산))

위 그림이 평균적인 통신탑의 모습입니다. 리츠가 가진 통신탑에서는 리츠가 땅을 임대하거나 보유하고, 통신탑의 기둥 구조도 보유합니다. 이 구조물 위에 통신사들이 각자 보유한 안테나를 고정합니다. 이때 안테나는 1~4개까지 고정할 수 있습니다. 통신탑 주인은 안테나가 많을수록 이익입니다. 왜냐하면 원래 있는 탑에 안테나를 추가하고 시설을 관리하는 데 큰 비용이 들지 않기 때문입니다. 통신탑의 자본적 지출비용(Capex)은 순영업이익(NOI) 대비 약 5% 정도로, 산업용 부동산 중에서 가장 낮습니다.

언뜻 보기엔 부동산 같지 않지만, 탑 상부층의 자리를 통신사의 안테나 설치를 위해 빌려주는 행위는 부동산의 임대차와 같죠? 그래서 이 통신탑은 원래 인프라 섹터에 속해 있다가 최근에는 부동산 섹터로도 인정받고 있습니다. 무선 데이터의 성장률에 따른 통신탑의 수요는 향후 10~20년간 꾸준할 것으로 예상됩니다. 특히 5G의 등장으로 가까운 시일 내에 더 많은 수요가 생겨날 것입니다.

많은 통신탑을 정비하고 관리하는 노하우를 갖고 있는 곳은 7개의 큰 통신탑 리츠 회사뿐이기 때문에 임차인인 통신사에 대해 협상력이 큽니다.

통신탑 임대차 기간은 5~10년 정도로 장기이고 임대료 상승률은 연 3% 정도로 매우 양호합니다(오피스, 상가 등의 연 임대료 상승률이 1~3%인 것에 비하면 매우 높은 편입니다). 미국 통신탑 3대 리츠가 전체 미국 통신탑의 70%를 소유하고 있습니다. 통신탑은 미국뿐 아니라 유럽, 남미, 아시아 등에서도 수요가 높습니다. 통신탑의 시설투자 비용은 모든 상업용 부동산 종류 중 가장 적게 들어가는 편입니다.

《 통신탑 리츠 》 (2020. 7. 29. 기준)

리츠 이름	특징
American Tower	시가총액 120조원
Crown Castle International(CCI)	거의 미국에만 자산을 갖고 있으며, 'Small Cell'이라는 특성의 자산을 약 20% 내외로 갖고 있음
SBA Communications(SBAC)	해외자산도 일부 갖고 있으며, 레버리지가 높음.

《 통신탑 리츠의 투자 특성과 전망 》

성장성	비용 구조	경기 민감도	물가상승률	가치평가 수준
높음	낮음*	낮음	연동	높음

과거 총 수익률	배당률
연 17%	2.2%

*성장성(순영업이익(NOI) 장기성장률 기준: 상 1.5% 이상, 중 0.6~1.4%, 하: 0.5% 이하), 과거 7년간 총 수익률 및 배당률 (2019. 11. 15.)

통신탑은 모든 투자 특성이 양호한 섹터입니다. 성장성이 높고, 비용 구조와 경기 민감도도 낮은 편으로, 장기투자하기 좋은 섹터입니다. 더욱이 미국의 경우 통신탑 시장을 미국 리츠 몇 개가 장악하고 있어 통신사들에 대한 사용료 연 인상률이 일반 부동산 임대료보다 높습니다.

굳이 통신탑 섹터의 단점을 꼽자면, 아주 먼 미래에 통신탑을 대체할 기술이 나타날 수 있다는 것인데, 이는 기술과 관련된 모든 기업에 잠재적으로 존재하는 위험입니다. 그러나 현재까지 통신 기술의 발달로 인해 통신탑의 수요가 오히려 더 많아졌던 것을 보면, 이런 걱정을 미리 할 필요는 없을 것 같습니다. 또 통신탑의 임차인인 통신사들이 서로 인수나 합병을 하면, 몸집이 커진 통신사의 목소리가 커져 계약에 불리하지 않을까 하는 우려도 있었지만, 과거 사례로 보면 부정적인 영향은 별로 없었습니다.

장기적으로는 다양한 투자 특성에서 별로 단섬이 보이지 않는 투자 매력이 큰 섹터입니다. 투자 시점에 너무 비싸지 않는지, 종목을 잘 골랐는지가 투자의 성패를 좌우합니다.

대표적인 통신탑 리츠

아메리칸 타워(American Tower)
- 시장가치 규모로 세계 1위 규모의 통신탑 리츠
- 시가총액: 연 110,273백만달러(2020. 6. 26. 기준)
- 자산: 미국과 전 세계에 걸쳐 총 18,000개 이상의 지역에서 18만개의 통신탑을 보유, 운영하고 있음
- 임차인: 에이티앤티(AT&T), 버라이즌(Verizon)과 같은 대형 통신사들 중심
- 연 총 수익률: 7년 연평균 16%(2019. 11. 15. 기준)

아메리칸 타워는 원래 통신 인프라 기업으로 분류됐지만, 2012년에 리츠 조건을 인정받으면서 리츠 인덱스에 편입된 통신탑 리츠입니다. 이 리츠가 크게 성공한 비결은 이 리츠를 세계 최고의 통신탑 회사로 성장시켜온 경영진의 역량입니다. 회사 초기부터 회사에 참여한 경영진들의 이탈률이 적어 최근 CEO의 이직에도 불구하고, 미국 증권가는 회사 경영에 큰 문제가 없을 것으로 전망했습니다. 진입장벽이 높은 성장성과 안정성이 높은 산업이고 강력한 경영진까지

갖춘, 장기적으로 투자하기 좋은 회사 중 하나입니다.

회사의 실적도 장기간 매우 높았습니다. 2009년부터 2019년까지 회사의 매출과 현금흐름은 각각 연 16%, 15%씩 증가했습니다. 임대료 성장률도 보통의 상업용 빌딩 분야보다 높고 통신탑의 안테나 증가 신규 통신탑 취득 등 외적 성장이 크게 작용한 덕분입니다.

코로나가 시작된 2020년 1분기의 실적도 양호했습니다. 다만, 순운용이익의 약 35% 정도를 차지하는 해외 사업의 환율 영향으로 1분기 실적은 예상보다 저조했습니다. 매출의 10%를 차지하는 임차인인 티-모바일(T-Mobile)과 스프린트(Sprint) 사의 합병 후 신규 통신탑에 더 투자할 것으로 예상되면서 올해 하반기에도 회사 매출에 기여할 것으로 예상됩니다.

✔ 투자 팁 정리!

- 통신탑 리츠는 통신 데이터 성장의 수혜를 입는 섹터로, 인프라 분야의 성격인 안정성과 인플레이션 반영도가 높다. 규모가 큰 리츠일수록 진입장벽이 높은 경쟁력을 소유하고 있다: 통신탑 리츠들의 주요고객은 대형 통신사입니다. 규모가 큰 리츠일수록 전국에 산재된 통신탑들의 관리에 능숙하고, 통신사와의 계약 체결에 유리합니다.
- 해외에 자산이 많을수록 환율 변동의 영향을 많이 받는다: 통신탑 수요에 가장 중요한 스마트폰 성장률은 미국, 유럽, 남미 등지에서 수년간 연 30%대로 성장해왔습니다. 미국이 통신탑이 성숙한 시장이긴 하지만, 5G가 제일 먼저 시작되면서 성장률이 높게 유지되기 때문입니다. 다만, 해외 자산이 많은 아메리칸 타워 사의 경우, 해외 환율의 영향으로 중·단기적으로는 환율의 평가 손익에 영향을 받지만, 장기적으로 보면 회사 가치에 큰 영향이 없습니다.

성장 섹터

신데렐라로 돌아온 물류 섹터

투자자를 위한 기본지식

코로나로 인해 가속화된 언택트 풍조는 전자상거래를 더욱 활성화시킬 것으로 보입니다. 최근 10년 동안 전 세계 상업용 부동산 중에서 가장 인기가 급상승한 분야는 '물류'입니다. 물류는 전통적인 코어 중에서도 인기가 없던 섹터였는데, 전자상거래의 부상과 함께 수요가 급증한 덕분에 화려하게 재등장한 '신데렐라'와 같은 섹터입니다. 원래 제조업 및 무역과 관련해 제품을 유통하기 위해 보관하는 시설로, 경기 사이클에 따라 수요의 변동성도 크고, 도심에 많이 위치하는 아파트, 오피스와 달리 좀 멀리 떨어진 곳에 지어도 되며, 건축 기간도 짧기 때문에 공급하기도 쉬웠습니다. 수요의 변동성도 있고, 공급도 어렵지 않으니 인기는 많지 않았겠죠?

그런데 2015년을 기점으로 전자상거래가 대세로 자리잡으면서 다음과 같은 변화가 나타납니다.

첫째, 아마존, 월마트 같은 전자상거래를 위한 대형 임차인이 대거 등장합니다. 이런 전자상거래를 위한 물류 섹터는 더 대형의, 더 도시에 가까운, 더 좋은 구조의 최신 물류시설입니다. 그래서 공급이 예전보다 쉽진 않습니다.

둘째, 빠른 배송을 위해 도심에 가까운 장소가 필요해지고 있습니다. 특수 물류 섹터, 즉 데이터센터나 냉동창고 시설도 발달합니다. 그런데 기술 수혜의 신데렐라인 물류 섹터의 수요는 향후 3D 프린터, 자율주행차, 좀 더 자동화된 물류기술이 발달하면 수요가 대체될 것이라는 전망도 있습니다. 이런 우려는 벌써 수년 째 계속되고 있지만, 아직 초기 단계이기 때문에 대형 물류빌딩의 인기는 식고 있지 않습니다. 그 덕분에 우리나라 대형 기관투자가들도 해외 A급 물류창고에 투자하는 펀드에 가입하려면 '예약'을 하고 적어도 6개월~1년 이상 기다려야 할 정도입니다.

물류창고의 종류와 지역

"지방 창고가 불에 소실돼 손실이 컸어요."라고 손사래치시는 분들이 꽤 있습니다. 물류창고라고 하면 우리나라 기사에 자주 등장하는 화재사건의 대상, 즉 컨테이너 창고나 화물보관창고 같이 '보관'에 중점을 둔 창고시설을 떠올리시는 것 같습니다.

그러나 해외물류 리츠가 보유하는 물류시설은 무역, 상거래 등을 위한 '유통'에 목적을 두고 있기 때문에 매일의 물동량을 처리하기 위해 규모가 있는 빌딩과 함께, 트럭, 자동차들이 주차할 수 있는 편의시설이 잘 정비돼 있어야 합니다. 높은 층고(Floor Height), 넓은 공간, 첨단 시스템 등이 이런 고급 물류빌딩의 특징들입니다. 특히 인터넷 상거래에 필요한 것은 대용량 배급용(Bulk Distribution)과 같은 대형 물류빌딩입니다.

미국에서 리츠가 보유하고 있는 물류빌딩은 전체의 약 10%를 차지하며, 미국 물류 리츠인 프로로지스(Prologis) 사는 미국 제1의 물류창고 소유회사이기도 합니다. 최고급 물류시설을 개발, 보유하고 있으며 최근 DCT 인더스트리얼(DCT Industrial)과 리버티 프로퍼티 트러스트(Liberty Property Trust) 같은 다른 상장리츠들을 인수해 선두 자리를 더욱 강화하고 있습니다.

《 물류센터의 종류 》

대용량 배급용(Bulk Distribution)	지역 배급용(Regional Distribution)

• 최신식이며 성장률이 높은 인기 분야 • 인터넷 전자상거래 풀필먼트센터(Fulfillment Center)•	• 가장 대표적인 물류빌딩의 형태 • 용도가 벌크(Bulk)와 비슷하지만 규모가 작고, 지역 중심의 배급 용도 • 미국 전체 물류의 40~60% 차지
Flex(공장형 사무실)	냉동창고, 트럭 터미널, 산업용 물류

• 주로 IT회사 사무실 겸 물류시설로 사용하는 형태 • 실리콘밸리, 국내 벤처/디지털 단지 등에 많음 • 미국 전체 물류의 약 10% 차지	최근 냉장 물류, 데이터센터 등 특수 형태의 물류시설이 인기

알아두세요

풀필먼트센터
온라인 유통업체가 판매제품을 자사 창고에 쌓아놓고 물류시스템 전반을 총괄하는 섹터

물류빌딩의 지역적 위치도 중요합니다. 예전에는 접근도가 중요했는데, 전자상거래로 인해 대도시 접근성이 점차 중요해지고 있습니다. 특히 LA나 샌프란시스코와 같은 서부 지역은 대지 가격도 높지만, 규제로 인한 건축도 쉽지 않아 임대료가 높아졌습니다. 이런 지역에는 물류빌딩을 짓기 힘들겠죠?

물류빌딩 임차인은 월마트, 아마존과 같은 유통업체, 디에치엘(DHL),

페덱스(FedEx)와 같은 물류회사, 제조업체로 나뉘는데, 아마존과 같이 온라인 전자상거래와 관련된 임차 활동이 급증하고 있습니다.

물류리츠의 임대차 계약은 평균 5년 정도이지만, 빌딩을 한 업체가 장기 임차할 경우에는 10년이 넘는 경우도 있습니다. 유지보수 비용은 순운영 이익의 10%대 중반으로, 리츠 전체에서 중간 수준입니다.

《 물류센터 리츠 구분 》

지역 구분	리츠
전국구	프로로지스, 듀크(Duke, 중·남부 중심), W.P. 캐리(W.P. Carey), ILPT, 퍼스트 인더스트리얼 리얼티 트러스트(First Industrial Realty Trust)
선벨트*	이스트그룹 프로퍼티스(EastGroup Properties)
서부	렉스포드(Rexford), 떼레노(Terreno)

《 물류센터 리츠의 투자 특성과 전망 》

성장성	비용 구조	경기 민감도	물가상승률	가치평가 수준
높음	보통*	현재 보통, 점차 둔화되고 있음	일부 연동	높음
과거 총 수익률				현재 배당률
연 15%				3%

*성장성(순영업이익(NOI) 장기성장률 기준: 상 1.5% 이상, 중 0.6~1.4%, 하: 0.5% 이하), 과거 7년간 총 수익률 및 배당률 (2019. 11. 15.)

물류 센터의 성장은 향후 몇 년간 지속될 것 같습니다. 그러나 자율주행, 자동화 물류설비 등 특정 기술이 더욱 발달하면 물류센터의 기능을 일부 대체할 위험이 존재하기도 하므로 물류 섹터가 아무런 제한 없이 계속 성장할 것이라고 보기엔 무리가 있습니다.

유지보수 비용은 전체 상업용 빌딩 분야에서 중간 수준인데, 셀프스토리지나 아파트 등에 비해서는 높은 편입니다.

물류는 물동량, 유통업체의 매출 변동 등에 영향을 받는 민감한 분야였습니다. 아직도 전통적인 무역, 제조업체, 매장 유통업 등의 수요가 전체 수요의 60% 이상을 차지하고 있긴 하지만, 전자상거래발 수요의 성장으로 경기 민감도를 낮추고 있습니다. 이것이 바로 코로나 발발 기간 동안에도 수익률이 양호했던 이유입니다.

이런 환경의 변화가 널리 알려져 현재 물류 분야의 밸류에이션이 상승했고, 감정가 대비 리츠의 주가도 과거와 달리 많이 높아진 상태입니다.

전자상거래의 파트너로서 몸값이 높아진 물류 섹터에 관심이 있다면, 다음 투자 팁을 참고하시기 바랍니다.

 투자 팁 정리!

성장성만큼 가격도 높아진 것이 물류 리츠입니다. 이런 경우는 성장성이 이미 가치평가에 반영됐는지 체크해야 합니다.

- **전자상거래에 유리한 최신식 대형 시설을 많이 갖고 있는 리츠가 유리하다:** 프로로지스, 이스트그룹 등이 해당합니다. 최근 리츠들이 품질이 낮은 오래된 시설을 이런 시설로 바꾸기 위해 노력하고 있습니다.
- **지역적 분포도 중요하다:** 서부 지역은 전자상거래의 중심이고, 새로 물류 빌딩을 짓는 데 규제사항도 많아 공급이 어렵습니다.
- **특수사업 물류 리츠에 주목하라:** 전자상거래 분야 중 성장률이 높은 식재료 관련 냉동창고 리츠도 주목할 만합니다(Americold Realty).
- **주변 사업모델로도 모니터링하며, 레이더망을 넓혀보라:** 전자상거래의 영향력은 가히 파급적이며 전방위적으로 성장할 분야입니다. 물류가 현재의 중요한 파트너이긴 하지만, 주변 사업모델 영역도 관심을 가져볼 만합니다. 전방산업인 전자상거래 업체(아마존, 월마트 등) 자체 및 물류 로봇을 활용하는 인터넷 식료품 회사(Ocado) 등으로 레이더망을 넓히면 물류 리츠의 현주소를 파악할 수 있고, 더 좋은 투자 아이템도 발견할 수 있습니다.

대표적인 물류 리츠 소개

프로로지스(Prologis)
- 세계 1위의 물류빌딩 리츠이자, 물류 부동산 펀드
- 시가총액: 연 65,000백만달러(2020. 5. 19. 기준)

- 자산: 미국과 전 세계에 걸쳐 총 4개 대륙에 총 964MSF 면적의 물류센터를 보유, 운영하고 있음
- 임차인: 아마존, 디에치엘, 홈디포(Home Depot) 등
- 연 총 수익률: 7년 연평균 16%(2019. 11. 15. 기준)

프로로지스는 1983년도에 창업한 세계 최대의 물류 부동산 회사로, 물류 섹터의 약진과 함께 현재 전 세계 리츠 중 가장 규모가 큰 리츠가 됐습니다. 프로로지스는 가장 규모가 큰 리츠일 뿐 아니라 자산 품질도 매우 높은데, 진입장벽이 높은 지역에 위치한 자산이 과반수입니다. 전 세계 GDP의 2.5%를 차지하는 상품이 이 리츠의 물류빌딩을 사용합니다.

이 프로로지스가 운영하는 실물펀드에 우리나라의 정상급 기관투자가가 투자하려면 웨이팅 리스트에 올라가야 합니다. 이 회사의 리츠에 투자하면 상장과 비상장의 차이뿐, 비슷한 자산 투자의 효과를 누릴 수 있기 때문에 개인투자자가 세계 최고급 물류센터에 투자할 수 있는 좋은 방법입니다.

프로로지스의 장점으로는 정상급의 경영진, 우량한 재무제표(신용등급 A), 다양한 비즈니스 모델을 들 수 있습니다. 다른 미국 물류리츠가 리츠만 갖고 있는데 비해 대형 물류펀드를 운용하는 사업도 영위하며, 노르웨이 국부펀드 등과 함께 조인트 벤처(Joint Venture)로 취득한 자산이 과반수에 가까우며, 전 세계에 자산을 갖고 있습니다.

최근 수년간 치열했던 물류센터 자산 취득 경쟁에서 비싼 밸류에이션의 인수건에는 조심스러운 모습도 보이면서도 최근 2년간 다른 물류 리츠인 DCT와 LPT를 합병해 외적 성장을 계속 추진하고 있습니다. 프로로지스의 1분기 실적에서 코로나로 인한 피해는 크지 않았습니다. 다만, 작년까지 꽤 큰 2개 경쟁 물류리츠를 인수한 후이고, 코로나로 인한 경제 둔화 가능성에 대비해서인지 신규 투자 계획에는 좀 더 보수적으로 접근할 것이라고 전망했습니다.

성장 섹터

미국에서 임대사업자가 되는 임대주택 리츠

투자자를 위한 기본지식

임대아파트나 주택은 전 세계 어디서나 인기 있는 상업용 부동산 분야입니다. 왜냐하면, 어떤 사람이든 집이 필요하므로 아주 확실하고도 꾸준한 수요가 있다는 것이 이 분야의 강점이죠. 또 1년에 한 번 정도 집세를 받기 때문에 물가상승도 반영할 수 있습니다. 호텔, 오피스, 리테일처럼 투자비용이 많이 들지도 않아 실속이 있고, 무엇보다 현재 밀레니얼 세대나 중·장년층이 임대아파트를 선호하는 경향이 있어 시장 자체가 커질 가능성이 있습니다. 이런 특징 덕분에 미국에서는 전통적으로 인기 있는 주요 섹터이면서도 트렌드에도 부합해 이 책에서 성장섹터로 분류했습니다.

이때 중요한 점은 주거용 빌딩은 사치재가 아니라 필수재*라는 것입니다. 이번 코로나 때문에 더 확실히 체감하셨겠지만, 위기가 닥치면 자신이 살 집은 꼭 필요합니다. 그래서 전·월세를 관리하고, 다수의 주택 시설을 관리하고, 세금 등을 걱정하면서도 임대사업자 등록을 하는 것이겠죠? 그러나 이런 고생을 하지 않고도 선진국 고급 아파트의 임대사업자가 될 수 있는 비결이 바로 '리츠에 투자하는 것'입니다.

세계 최고의 임대주택 전문가들이 법인을 세워 수십 년 동안 미국 전역의 우량 아파트를 매입, 관리하고, 임대료도 챙겨 달러화, 엔화, 유로화로 매년 4% 이상씩 배당을 주고, 아파트 가격도 상승해 과거 25년간 연 총 수익률이 12% 정도였다면, 그 법인의 주식을 사는 것만큼 효율적이고 쉬운 임대사업자의 길이 더 있을까요? 리츠로 미국의 임대사업자가 되려면 미국 전체 시장에 대해 알아봐야겠지요? 그리고 미국주택임대사업이 어떤 이유로 성장 또는 쇠퇴하는지도요.

미국 주택의 종류

미국 임대 리츠에 투자할 때 알아야 하는 중요한 분류 방법은 두 가지입니다. 한 건물에 몇 가구가 사느냐의 여부, 즉 다가구주택(Multi-Family)과 단일주택(Single-Family) 여부가 첫 번째이고, 그다음이 위치, 품질이죠.

먼저 다가구 여부부터 살펴보겠습니다. 아무래도 미국의 주택이므로 명칭도, 제도도 낯설게 느껴질 수 있지만, 투자를 하기 위한 필수 지식이므로 최대한 쉽게, 핵심만 정리하겠습니다. 우선 임대주택 리츠를 미국에서는 크게 다가구주택과 일반 단일주택으로 분류합니다.

아파트와 다가구주택

우리나라의 아파트는 그야말로 높은 고층공동주택 군락을 일컫지만, 미국에서는 한 건물에 네 가구가 사는 형태의 좀 더 넓은 범위의 공동주택을 모두 지칭합니다. 이 아파트는 다시 고층 아파트(High-Rise, 주로 대도시에 위치한 고층 아파트)와 연립주택(Garden-Style, 보통 최대 4층 높이의 정원과 수영장 등이 딸린 다가구주택)으로 나뉩니다. 연립주택은 고층아파트 대비 약간 도심 외곽 쪽에 자리하고 있는 편입니다.

분류는 다르지만, 이런 아파트를 '다가구주택'이라고도 부르는데, 좀 더 정확히 말하면, 구별 기준이 약간 다릅니다. 아파트는 네 가구 이상 사는 공동주택을 지칭하는데 비해 다가구주택은 한 주택에 2개 또는 3개의 가구가 있는 작은 규모의 연립주택도 포함하는 등 좀 더 광의의 뜻입니다. 아파트는 대개 규모가 크기 대문에 주로 상업용 임대시설인 경우가 많습니다.

일반 단독주택

보통 미국 영화에서 보는 개인주택으로, 1가구가 거주하고, 미국인들의 집의 70%를 차지합니다. 약 10년 전 리먼브러더스 사태 때 신용위기로 인해 개인주택이 저렴하게 시장에 나온 것을 매입해 일반 단일주택 리츠가 본격적으로 설립됐습니다. 우리나라로 치면 단독주택이 싸게 경매로 나온 것을 대거 구입해 임대주택 리츠로 설립한 것인데요. 시장은 거대하지만, 단독주택의 성격상 여러 지역에 흩어져 있어서 아파트처럼 관리하기가 쉽진 않습니다. 워런 버핏은 단독주택 리츠 초기에 "관리 문제만 해결되면 단독주택펀드나 리츠가 정말 좋은 투자"라고 이야기했습니다. 이제 어느 정도 이 단독주택 리츠도 시장에서 자리잡았고, 특히 코로나의 영향으로 밀집된 아파트보다 단독주택을 선호하는 가족들도 늘어날 것으로 예상됩니다. 이

《 미국의 주택 종류 》

(출처: Equity Residential, AMH)　　　　　　　　　　　(왼쪽부터 고층아파트(High-Rise), 가든 스타일(Garden Style), 싱글 패밀리(Single Family)

외에도 아파트가 대도시(Gateway City)에 있는지, 교외에 있는지 여부, 품질(A, B, C급) 여부로도 분류할 수 있습니다. 이 분류법은 나중에 소개할 오피스, 리테일과 비슷합니다.

미국 주택 시장 현황

《 미국 주택 종류별 소유·임대 비중 》 (2019년 기준, 단위: %)

자가		임대주택	
일반 단독주택	57	일반 단독주택	14
기타	3	아파트	15
		기타	7
조립식주택	3	조립식주택	1
총계	63	총계	37

(출처: 미국 통계국)

- 거주자 주택 중 자가의 비중은 아직 높지만(63%), 임대주택의 비중(37%)도 적지 않습니다.
- 미국은 단독주택의 비중이 매우 높고, 임대주택에서는 단독주택 외에도 아파트 비중이 높습니다.
- 조립식주택의 비중이 전체의 4%이므로 꽤 높습니다. 이 조립식주택은 일반 단독주택보다 낮은 가격에 구입할 수 있으므로 인기가 높습니다.
- 미국 전체 주택 중 기관투자가가 투자할 만큼의 고급 수준의 집(Institutional quality apartment)은 전체 주택의 11% 정도입니다(주로 리츠의 투자 대상이 됩니다).

임대주택 리츠의 특징

- 전체 미국 주택의 37%인 임대주택 중 10~25% 정도를 미국 리

츠가 보유하고 있습니다. 특히, 대형 미국 리츠가 보유하고 있는 주택은 A, B급 아파트 중심입니다. 개인임대사업자는 아무래도 자금력이나 브랜드 때문에 고급 아파트 중심의 임대사업을 하기 어렵습니다. 리먼브러더스 사태 이후 가격이 싼 단독주택이 시장에 많이 나오면서 좋은 가격에 임대주택을 사들인 단독주택 중심의 임대사업 리츠가 본격적으로 등장했습니다. 향후 이 시장도 리츠가 더 잠식할 것으로 보입니다.

● 원래 임대주택 리츠는 진입장벽이 높은 대도시 중심의 아파트(기관투자가가 선호하는 수준)를 주로 보유했는데, 최근에는 자가 위주였던 단독주택이나 조립식주택도 점차 리츠가 잠식하고 있습니다.

● 최고의 전문가 그룹이 관리한다는 것은 어떤 의미일까요? 여러분이라면 고급 아파트를 고르실 때 미국에 상장된 시가총액 20조원 이상의 대형 리츠 회사의 관리를 받는 아파트를 고를까요, 아니면 소규모 사업자의 것을 고를까요? 대부분 가격이 비슷하다면, 대형 상장리츠가 관리하는 아파트를 고를 것입니다. 빌딩 운영의 전문성, 비용절감, 규모의 경제 효과, 상장한 대형 리츠 브랜드에 대한 신뢰도도 무시할 수 없기 때문입니다.

빌딩관리의 예를 들면, 어떤 리츠는 아파트 시설이 고장 났을 때 파견되는 수리인을 인터넷으로 바로 신청할 수 있는 서비스를 제공하고, 룸메이트도 인터넷을 통해 연결해줍니다.

이번 코로나 사태 때도 피해자의 연체료를 일부 감해주는 혜택도 베풀었죠. 미국 아파트 보유 기업이나 사업자 상위 5개 중 3개가 리츠일 정도로 미국 아파트 리츠의 규모는 큽니다. 보유 아파트 수 기준 미국 최대 임대사업자인 미국 리츠 MAA는 9만 9,800채, 에쿼티 레지덴셜은 7만 8,000채의 아파트를 보유하고 있습니다.

미국 외에도 일본, 독일 등 선진국에서는 이렇게 민간 기업형 임대주택사업의 규모가 큽니다. 우리나라도 언젠가는 이렇게 상장리츠가 운영하는 기업형 임대주택이 시작될 것이고, 그렇게 되면 개인임

알아두세요

여기에서는 임대주택의 대부분인 다가구주택 아파트나 단독투택을 중심으로 소개하고 이 두 주택과 많이 다른 성격의 조립식주택은 따로 설명한다. 성격이 다르기도 하지만, 그만큼 투자매력이 높은 섹터이기 때문이다.

대사업자가 설 영역에 대해 고민해봐야 할 것입니다.

《 임대주택 리츠의 투자 특성과 전망 》

성장성	비용 구조	경기 민감도	물가상승률	가치평가 수준
고	저비용*	둔감	중	높음
과거 총 수익률				배당률
연 11%				2.5%

*성장성(순영업이익(NOI) 장기성장률 기준: 상 1.5% 이상, 중 0.6~1.4%, 하 0.5% 이하), 과거 7년간 총 수익률 및 배당률
(2019. 11. 15. 기준)

아파트는 대형 코어 섹터의 장점을 두루 갖춘 섹터입니다. 오피스나 호텔과 같이 화려하게 치장할 필요가 없으므로 건물주의 입장에서는 순영업이익(NOI) 대비 자본적 지출비용의 비중이 13% 정도로 매우 낮은 편입니다(아파트보다 낮은 섹터는 조립식주택, 셀프스토리지, 기숙사, 통신탑 정도입니다).

성장성도 높습니다. 특히 현재 미국의 이민인구의 증가, 비싼 가격 등으로 인해 젊은 계층의 임대수요가 꾸준한 편이며, 리츠가 갖고 있는 아파트는 대개 미국의 최일선 도시에 위치해 있기 때문에 인구 및 고용률 증가라는 혜택을 보고 있습니다. 특히 지역별 차이가 큽니다. 오피스도 그렇지만, IT 기업이 몰리는 선벨트 지역의 임대주택 리츠들은 최근 동부나 서부 대도시 임대주택 리츠보다 수익률이 좋았습니다.

다만, 전 세계적인 집값 상승으로 독일, 미국 서부, 뉴욕 등지에서 임대사업자에 대한 임대료 상승률에 제한을 두는 법이 발의되긴 했지만, 미국주택 리츠에 미치는 영향은 그리 크지 않은 것으로 분석되고 있습니다.

대표적인 주택 리츠

에쿼티 레지덴셜(Equity Residential)
- 미국 1위 규모의 임대주택 리츠
- 시가총액: 연 24,300백만달러(2020. 6. 17. 기준)
- 자산: 주요 도시 다가구주택 아파트 중심(LA 16%, 시애틀 11%, 뉴욕 11%, 샌프란시스코 10%, 보스턴 10% 등)의 수준 높은 자산
- 임차인 연봉: 평균 2억원
- 연 총 수익률: 7년 연평균 9%(2019. 11. 15. 기준)

에쿼티 레지덴셜은 미국의 유명한 부동산 재벌인 샘 젤(Sam Zell)이 1969년에 창업해 1993년에 상장했습니다. 샘 젤은 우리나라에 잘 알려져 있지 않지만, 미국 부동산에서 손꼽히는 부자입니다. 시장이 불안해 가격이 싸졌을 때 자산을 취득하는 것으로 유명한 그의 명성대로 이 리츠는 경제위기로 싸게 나온 자산을 취득하면서 성장했습니다. 지금은 미국 1위 규모의 임대주택 리츠이면서 미국 2위 규모의 아파트 소유주이기도 합니다. 앞에서 예를 든 미국의 A급 임대아파트들은 바로 이 에쿼티 레지덴셜이 갖고 있는 아파트입니다.

2020년 1분기에는 코로나의 영향으로 실적이 부진했습니다. 또한 뉴욕과 캘리포니아의 임대료 제한 규정도 두 지역 자산이 많은 회사에 부정적인 영향을 미쳤습니다. 그러나 이 리츠의 아파트들은 자산 수준이 높고 임차인이 대부분 고소득자(평균 연봉이 한화로 약 2억원)이므로 안정적이고, 신중한 자산취득 및 자금조달 전략을 구사할 수 있으며, 경쟁사 대비 자본지출 비용을 절감할 수 있다는 특징이 있습니다.

인비테이션 홈즈(Invitation Homes)
- 미국 1위 규모의 단독주택 리츠
- 시가총액: 연 15,260백만달러(2020. 6. 19. 기준)

- 자산: 단독주택 100%(서부 25%, 선벨트 65%, 남서부 10%)
- 임차인 연봉: 주로 가족 중심
- 연 총 수익률: 과거 2년 연 평균 14.6%(2019. 11. 15. 기준)

이 리츠는 경제위기로 싸게 나온 단독주택들을 취득하면서 탄생했고, 2017도에 상장했습니다. 현재 8만개 이상의 주택을 갖고 있는 이 분야에서 가장 큰 리츠입니다. 이 리츠의 특징은 여러 곳에 흩어져 있는 단독주택들의 관리 플랫폼을 구축했다는 점입니다. 전통적으로 개인임대사업자가 소유, 관리하던 미국의 단독주택 시장을 대형법인 리츠가 잠식하고 있는데, 가장 큰 장점은 역시 '체계적 관리'입니다. 인터넷으로 쉽고 빠르게 원하는 집을 찾을 수 있고, 각 지역마다 리츠 관리팀이 집을 관리하고 있으며, 보험, 수리 등 부가 서비스로 수익도 올리는 모델입니다.

비교적 가구당 거리가 떨어진 단독주택들로 구성됐기 때문에 코로나가 발생한 이후 임대주택 분야에서 가장 실적이 양호했습니다.

 투자 팁 정리!

- **입지와 자산 품질에 주목하라:** 대개는 대도시 중심의 자산 품질이 좋은 리츠가 수익률이 장기적으로 양호했습니다(EQR 등). 그러나 IT 기업으로 인구가 집중되는 지역(캘리포니아, 선벨트)의 리츠 수익률은 더 양호했습니다(CPT, MAA 등).
- **M&A 가능성에 주목하라:** 규모의 경제로 얻어지는 이익이 많아 임대주택 리츠들은 M&A를 통해 몸집을 더욱 불리는 경향이 있고, 섹터의 매력이 많아 펀드들의 투자 제안이 많습니다.
- **단독주택은 성장성도 높고 코로나 이후 언택트 트렌드에도 부합한다:** 미국 주택 중 가장 비중을 많이 차지하는 단독주택 분야는 점차 리츠가 자산을 사들이고 있는데, 최근 코로나로 밀집된 도심아파트에서 이사하고자 하는 수요도 생겼습니다.
- **다른 나라 선진국의 임대주택 리츠도 찾아보자:** 일본, 독일, 북유럽 등의 임대주택 리츠도 그 지역에서 높은 품질의 임대주택을 보유하고 있으므로 눈을 돌려 이 나라들의 리츠도 찾아보는 것도 좋습니다.

38

성장 섹터

노령화에 힘입어 부상하는 조립식주택

투자자를 위한 기본지식

조립식주택은 영어로 'Manufactured Home'이라 부릅니다. 얼핏 듣기에 생소하고 우리나라에는 잘 보지 못한 주택 형태라 궁금하시죠? 매우 저렴하게 집을 구입할 수 있어 인기를 끌고 있는 주택 형태이면서 조립식주택으로만 이뤄진 마을에 조성됩니다.

바로 전 임대주택을 소개할 때 이 조립식주택이 자가 주택의 3%를 차지하고 있으며 매우 빠르게 성장하는 분야라고 했지요? 매력도가 높고 우리나라에 아직 잘 알려지지 않았기 때문에 별도로 소개합니다.

개인은 공장에서 조립된 주택을 구매한 후에 자산운용사나 리츠 회사가 조성한 '마을(Community)'의 일부 구역에 대지 사용 임대료를 내고 부지를 사용합니다. 조립식주택 사용 가격이 일반 주택이나 도시의 아파트를 사거나 임차하는 것보다 훨씬 싸기 때문에 노후 자금을 아끼려는 노인 계층, 합리적인 거주비를 원하는 가족들에게 인기가 높습니다. 노령화, 합리적 소비, 레저 수요 등 다층적인 트렌드에 맞는 수요층이 두터워 십수년간 모든 상업용 부동산 분야에서 가장 성장한 섹터 중 하나이자, 경제위기에도 강한 알짜 섹터입니다.

《 조립식주택과 마을 》

(출처: 에쿼티 라이프스타일 프로퍼티스)

조립식주택의 형태와 비용

● 미국 자가주택의 3%, 임대주택의 1% 정도를 차지하고 있습니다.

● 대부분 개인이 집을 사고, 부지만 임차하는 형태이기 때문에 한 번 주거지를 정하면 오래 거주해 공실률이 적습니다. 임대료도 연 2~4% 정도 상승하므로 리츠의 순영업 이익이 꾸준히 상승합니다.

● 주요 임차인인 50대 후반 장년층의 인구수는 향후 15년 동안 연 18% 이상 성장할 것으로 예상됩니다.

● 단독주택 거주 비용의 70% 정도의 가격에 거주할 수 있습니다.

● 조립식주택 단지는 부지와 함께 마을의 공동 필요 시설(수영장, 공동 이용시설 등)들을 개발하는 마을이며, 경우에 따라 은퇴자 마을을 만들기 위해 일정 나이 이상 노령자만 받고, 나이 제한 없이 거주민의 임차 신청을 받기도 합니다.

● 수요가 성장하는 데 비해, 공급이 부족해 경기 불황기에도 잘 견디는 상업용 부동산 투자처를 찾는 미국 기관투자가나 펀드에게 인기가 있습니다.

● 리츠의 연간 평균 유지보수 비용이 집당 30만원 정도로 낮습니다(주로 커뮤니티 센터, 공동시설, 일부 임대 조립식주택 등).

● 레저 목적의 차량(RV, Recreational Vehicle)이나 리조트 시설로도 사용되는데, 계절, 날씨 등에 따라 수요의 변동성이 있습니다. RV 리조트는 연간 멤버십과 멤버십 없이 예약만으로 며칠간 사용하는 두 가지 종류가 있습니다.

시장과 규모

2018년 봄을 기준으로 미국 조립식주택 보유사 상위 50개가 갖고 있는 거주지는 총 69만 3,447개이며, 이중 상장리츠인 선 커뮤니티즈(Sun Communities)와 에쿼티 라이프스타일 프로퍼티스(Equity LifeStyle Properties)는 모든 조립식주택 운용회사 중 1, 2위를 차지하고 있습니다. 두 리츠가 보유하고 있는 거주지는 전체 조립식주택 거주지의 10%를 넘습니다(출처: NCC). 은퇴 계층이 선호하는 주기 형태이므로 수요가 증가하는데도 조립식주택 사이트 개발은 규모도 크고 안정화 시간이 많이 소요돼 공급이 금방 늘진 않습니다. 그 덕분에 이런 리츠들은 순영업이익이 안정적으로 증가하고, 심지어 다음 그래프에서처럼 경기침체기에도 이익이 줄어든 적이 거의 없었습니다. 조립식주택 리츠 1위인 선 커뮤니티즈의 사업부는 부지 임대수수료 71%, 레저 부지 17%, 레저 부지(연간 임대) 12%로 구성돼 있으며, 에쿼티 라이프스타일 프로퍼티스(Equity LifeStyle Properties)도 이와 비슷합니다(출처: 선 커뮤니티즈).

《 조립식주택 리츠인 선 커뮤니티즈의 동일부지 순영업이익 성장률 추이 》

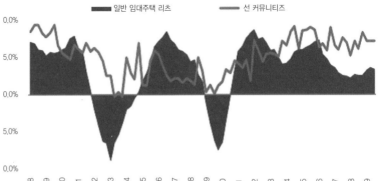

상장리츠 선 커뮤니티즈의 동일 부지 순영업이익 성장률

Annual Growth Since 1998

(출처: 선 커뮤니티즈)

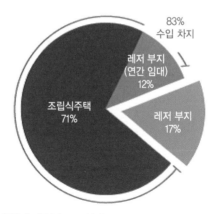

(2019년 말 기준)

(출처: 선 커뮤니티즈, 2019년 말)

조립식주택 리츠는 7년 기준 연 20%가 넘는 수익률을 기록했습니다. 임대료가 연 2~4%씩 증가하면서 유지보수 비용도 적고, 산업의 발달로 리츠가 자산을 계속 매입해 크게 성장할 수 있었던 덕분입니다. 선 커뮤니티즈의 사업 부지는 2010년부터 2019년까지 3.1배 성장했습니다.

조립식주택 리츠는 대부분 구간에서 NAV보다 비싸게 거래되고 있지만, 데이터센터나 통신탑처럼 비싸지는 않습니다. 성장성은 최고 수준이고, 저비용 구조이며, 일부 RV 사업 부문을 제외하고는 경기둔화에도 방어적이어서 실물이나 리츠 양쪽에서 인기를 얻고 있습니다.

《 조립식주택 리츠의 투자 특성과 전망 》

성장성	비용 구조	경기 민감도	물가상승률	가치평가 수준
높음	낮음*	둔감	중	중간~높음
과거 총 수익률				배당률
연 20%				1.8%

*성장성(순영업이익(NOI) 장기성장률 기준: 상 1.5% 이상, 중 0.6~1.4%, 하: 0.5% 이하), 과거 7년간 총 수익률 및 배당률
(2019. 11. 15. 기준)

조립식주택 리츠는 임대주택 섹터 중에서 가장 성장성이 뛰어난 분야입니다. 미국에는 2개 리츠가 상장돼 있습니다. 구조적인 성장, 저비용, 리츠의 경쟁력 등 장기적으로 투자매력도가 높은 섹터입니다. 고급 아파트를 가진 임대주택 리츠도 경쟁력이 있지만, 합리적인 거주비용을 제공하는 이 분야의 독특한 경쟁력도 절대 뒤지지 않습니다. 미국에는 2개의 상장리츠가 있고, 그 특징은 다음과 같습니다.

선 커뮤니티즈	외형 성장전략에 적극적인 리츠로, 나쁜 자산을 매도해 현재 품질이 좋은 자산 중심으로 보유하고 있음
에쿼티 라이프스타일 프로퍼티스	유명한 부동산 재벌 샘 젤이 설립한 리츠 중 하나로, 외형 성장과 동시에 건전한 재무상태를 유지하기 위해 노력하고 있음

성장 섹터

매력적이지만
다소 복잡한 헬스케어

투자자를 위한 기본지식

우리는 나이가 들면 어떤 부동산을 많이 이용하게 될까요? 아마 건강이나 노후 거주와 관련된 부동산일 것입니다. 미국도 핵가족화되면서 실버타운에서 노년을 보내는 것이 대중화됐다고 합니다. 거동이 힘들어지면 요양시설이나 재활시설로도 이주하게 됩니다. 노년층을 위한 신약을 개발하는 업체는 특수 오피스인 제약연구시설(Lab Space 또는 Life science)을 활용하게 되는데, 이것이 바로 미국에서 헬스케어 부동산 빌딩이라고 부르는 분야입니다.

미국 최대 헬스케어 리츠 기업인 '웰타워(Welltower)'의 창업자는 사랑하는 할머니가 늙어가는 모습을 보며 '노년층에 필요한 부동산기업을 만들어보자.'라는 생각으로 사업을 시작했다고 합니다. 2018년도에 런던에서 창업자와 단독 미팅을 하면서 저는 웰타워의 미래 계획이 궁금해졌습니다.

"1960년대에 미국의 노령화를 예측해 웰타워를 설립하셨는데, 해외 진출 계획은 있으신가요?"

"이미 노령화가 본격화되고 있는 중국에서 저희 회사와 협력하자는 제의가 오래전부터 있었지만, 저는 미국에서의 기회가 더 크다고 생각해 아직 진출하지 않고 있습니다. 해외에도 우리와 같은 부동산이 성장하고 있지만, 아직 미국에 더 매력적인 기회가 많다고 봅니다."
아직 병원빌딩, 실버타운 등의 사업이 초기 단계인 우리나라에서는 헬스케어 부동산이야말로 가장 성장할 가능성이 높은 분야 중 하나라고 생각합니다.

헬스케어 부동산의 종류

헬스케어 부동산은 미국 리츠 섹터의 10% 정도를 차지하고 있는데, 인기가 많아 과거에 비해 비중이 늘어나고 있습니다. 또 미국의 헬스케어 리츠는 전체 미국 부동산의 약 25%를 소유하고 있습니다.
헬스케어 부동산의 종류를 알아볼까요? 헬스케어 부동산 중 우리나라에서는 실버타운이라 불리는 노년층 거주시설(Senior Housing)이 약 50%, 병원빌딩(MOB, Medical Office Building)이 30%, 요양병원 시설(Skilled Nursing)이 10%, 나머지 10%는 제약연구시설(Lab space, Life science)과 종합병원시설이 차지하고 있습니다. 실버타운이 미국 상업용 빌딩의 5%를 차지하는 셈이니 꽤 많은 비중을 차지하고 있지요?
이 헬스케어 부동산들은 미국민들의 노령화와 함께 꾸준히 성장하는 동시에 임대차 기간이 길기 때문에 안정적이라는 특징도 있습니다. 그러나 쉽게 보면 투자 시 실패하기 쉽습니다.
첫째, 미국 헬스케어 부동산, 특히 실버타운과 요양시설은 전문 운영회사(Operator)에 의해 운영되기 때문에 운영이 잘 안 되거나 운영회사의 신용도가 낮아질 경우, 빌딩 소유주인 리츠는 임대료 수취에 어려움을 겪게 됩니다.
둘째, 요양시설이나 병원, 운영회사와 같은 임차인들은 메디케이드(Medicade)나 메디케어(Medicare)와 같은 정부 보조금을 받는데, 정부

정책이 변하면 병원의 청구금보다 적게 받게 되는 경우가 종종 생깁니다. 그래서 이런 종류의 헬스케어 부동산들은 정부 정책에 따라 상승하거나 하락하기도 합니다.

《 헬스케어 부동산 종류 》

실버타운	병원빌딩

• 헬스케어 부동산이 주류 • 노령인구의 거주가 늘어나는 지역 • 노령 임차인이 임대료를 지불 • 대개 실버타운 운영회사가 건물을 관리	• 외래 병원빌딩 • 미국인들의 병원 이용 습성이 점차 종합병원에서 외래병원으로 이동 • 연관 헬스시스템 및 병원 연계성이 중요
요양시설	제약연구시설

• 병원 치료 후 임시 또는 장기 거주하는 재활시설 • 수요 성장 및 공급이 어려운 분야이지만 정부정책에 따른 리스크가 존재함	• 제약 연구시설을 갖춘 특수 오피스 형태 • 헬스케어 부동산 중 가장 성장률 높음 • 주요 임차인이 제약회사 등이므로 회사 간 M&A, 임차인의 신용도가 주요 리스크로 작용

코로나의 영향을 가장 많이 받았던 분야는 '실버타운'이었습니다. 원래 헬스케어 부동산은 경제위기에도 이용률이 꾸준한 편인데, 코로나라는 특수한 상황 때문에 이용률이 감소했습니다. 요양시설은 정부 정책에 가장 큰 영향을 받습니다. 사업적으로만 본다면 재활 시설도 마련해야 하고, 잘하는 운영회사도 많지 않아 노령화로 늘어나는 수요에 비해 공급이 쉽지 않은, 진입장벽이 높은 분야이지만 정

부 정책 보조금이 줄어들면 타격을 받습니다.

병원빌딩은 모든 헬스케어 부동산 중에서 가장 안정적인 분야 중 하나이고, 제약연구시설은 고령화로 인한 신약 개발 수요로 헬스케어 부동산 중 성장률이 가장 높은 분야입니다. 연구장비 설치를 위한 초기 투자비는 제법 소요되지만, 그 이후의 유지보수 비용이 적어 장기적으로 볼 때 투자 수익률이 양호한 편입니다.

헬스케어 부동산의 특징

리츠의 입장에서 볼 때 헬스케어 부동산을 잘 운용하려면 단순히 좋은 입지의 빌딩을 잘 지어 임차인을 잘 유치하는 정도의 전략을 뛰어넘어 미국의 복잡한 헬스케어 시스템과 관련된 위험을 줄일 수 있도록 운영해야 합니다. 시설 운영사를 잘 선정하고 정부와 일반인으로부터의 임대료 수취 비율을 균형 있게 잘 설계하는 것이 그 예입니다.

《 헬스케어 리츠 구분 》

지역 구분	리츠
종합 헬스케어 리츠	웰타워(실버타운 60%, 병원빌딩 25%, 요양시설 15%), 벤타스(실버타운 55%, 병원빌딩 20%, 제약연구시설 10%, 요양시설 15%), 헬스피크 프로퍼티스(실버타운 30%, 병원 30%, 제약연구시설 30%, 기타 10%)
병원빌딩(MOB)	헬스케어 트러스트(Healthcare Trust), 메디컬 프로퍼티스 트러스트(Medical Properties Trust), 헬스케어 리얼티 트러스트(Healthcare Realty Trust)
요양시설	오메가 헬스케어 인베스터스(Omega Healthcare Investors), 사브라 헬스케어 리츠(Sabra Healthcare REITs)
제약연구시설(Life Science)	알렉산드리아(Alexandria)

《 헬스케어 리츠의 투자 특성과 전망 》

성장성	비용 구조	경기 민감도	물가상승률	가치평가 수준
중	저비용*	둔감 정책 위험 존재	중간	낮음~보통

과거 총 수익률		배당률
10%		5.3%

*성장성(순영업이익(NOI) 장기성장률 기준: 상 1.5% 이상, 중 0.6~1.4%, 하: 0.5% 이하), 과거 7년간 총 수익률 및 배당률
 (2019. 11. 15.)

헬스케어 부동산의 성장성은 중간 수준이지만, 분야별로 다릅니다. 실버타운은 공급이 어렵지 않은 분야이므로 성장성이 낮은 편이고, 제약연구시설과 요양시설은 리츠 평균보다 성장성이 높은 편입니다. 또 비용 구조가 평균보다 낮고 경기에 민감하지 않아 장기적으로는 보면 좋은 분야이지만, 미국의 헬스케어 정책이 갑작스럽게 변화할 위험이 존재한다는 점에 주의해야 합니다. 우리나라의 헬스케어 부동산도 미국만큼의 위험은 크지 않지만, 운영회사의 신용도를 사용자나 건물주가 잘 판단해야 합니다. 인구구조의 수혜를 받는 부동산인 것은 확실하지만, 생각보다 분야도 다양하고, 체크해야 할 점도 많은 영역입니다.

대표적인 헬스케어 리츠

알렉산드리아(Alexandria)

- 미국 1위 규모의 제약연구시설 리츠
- 시가총액: 연 22,696백만달러(2020. 7. 31. 기준)
- 자산 분포: 제약연구시설 100%(보스턴 31%, 샌프란시스코 16%, 샌디에이고 15%, 산호세 8%, 뉴욕 7%, 시애틀 6% 등)
- 임차인: 85%의 임차인은 투자 등급이 양호하거나 상장대형사인 제약, IT 회사(암젠, 일라이릴리, 페이스북, 노바티스, 모더나, 로슈 등)
- 연 총 수익률: 7년 연평균 12%(2019. 11. 15. 기준)

헬스케어 섹터에서 알렉산드리아를 소개하는 이유는 이 리츠의 투자 자산인 연구개발단지가 헬스케어 분야에서 성장성이 높고 이 리츠가 보유한 제약연구시설 자산의 품질이 이 분야에서 최고이며, 장기투자할 만한 리츠로 적합하기 때문입니다. 알렉산드리아는 특수 오피스로도 분류됩니다.

알렉산드리아는 세계 최초의 연구시설 리츠로, 1997년도에 상장했습니다. 이 분야를 초기부터 개척했기 때문에 제약연구시설의 본산지인 보스턴, 샌프란시스코 등에서 아주 좋은 위치에 집적단지(클러스터*, Cluster) 생태계를 일궜습니다. 이 리츠는 성장하는 산업에서 좋은 위치를 선점한 덕분에 공실률이 3% 이하이고 동일 면적 기준 임대료가 매년 3% 수준을 상승하는 등 월등한 실적을 오랫동안 보여왔습니다. 또 넷리스 형태의 임대구조이므로 시설에 들어가는 주요 비용을 임차인이 지불하는 임대료 계약을 체결합니다. 매년 시설 투자 비용도 순영업이익의 15% 정도를 차지해 평균 30% 정도를 차지하는 일반 오피스에 비해 절반 수준입니다.

이 리츠는 코로나에 타격을 입은 헬스케어와 오피스군에 비해 거의 영향을 받지 않습니다. 2020년 4월 기준 98%에 달하는 임대료가 수취됐습니다. 그러나 경영진은 코로나로 인해 미국 경제활동이 둔화될 것에 대비해 자본이 필요한 개발이나 추가 자산취득 등은 좀 더 신중을 기하겠다고 발표했습니다.

이 리츠의 위험성은 10%의 자산이 부동산이 아닌 벤처기업 등에 투자됐다는 점인데, 경영진은 이런 점을 인지하고 있으며, 자산 건전성을 유지하도록 노력하는 모습을 보이고 있습니다.

알아두세요

클러스터
유사 업종에서 다른 기능을 수행하는 기업으로, 기관들이 한곳에 모여 있는 것을 말한다. 클러스터는 직접 생산을 담당하는 기업뿐 아니라 연구개발 기능을 담당하는 대학, 연구소와 벤처캐피털, 컨설팅 등의 기관이 한곳에 모여 있어 정보와 지식 공유를 통한 시너지 효과를 노릴 수 있다. 실리콘밸리나 보스턴 등이 대표적인 첨단 클러스터이다.

✔ 투자 팁 정리!

미국 헬스케어 리스는 상기적인 성장성은 좋지만, 시스템이 복잡하고 정책 변화에 따른 변동성도 있어 자세히 모르는 상태에서 편하게 묻어두는 투자는 권하기 힘듭니다.

- 헬스케어 리츠는 사업 분야가 어떻게 이뤄졌는지 아는 것이 지역 구분보다 중요합니다.
- 헬스케어 분야에 정부 지원이 큰 정권이 들어서면, 정부가 임대료를 지원하는 요양시설, 일부 병원빌딩이 단기적 또는 중기적으로 유리할 수 있습니다.
- 정부 지원, 운영회사와 관련도가 비교적 적고 꾸준한 성장을 하는 분야는 제약연구시설과 병원빌딩입니다.

국내주식 대신 리츠에 투자해
연금운용 수익률을 올린 투자자

'아는 만큼 보인다.'라는 말대로 예전에는 제 연금 투자 대상 주식은 거의 국내였습니다. 그런데 해외 리츠 펀드를 운용하고 리츠의 장점에 눈을 뜨면서 조금씩 리츠 펀드에 투자하기 시작했습니다.

제 동료 펀드매니저인 C씨는 아예 연금을 리츠 펀드로 가입했습니다. 그런데 다른 회사의 펀드매니저 D씨는 회사에서 당시 매칭*이라는 제도가 있어서 그 대상인 국내주식펀드로 가입했습니다. C씨는 아쉽지만 이런 제도의 혜택을 못 받는 조건이고 연금이라는 성격을 고려해 안정적인 성격의 리츠 펀드를 선택했습니다. 그 결과는 다음과 같습니다. 2019년 기준 10년 연 수익률로 봤을 때 한국 주식은 연 5% 이하였고, 따라서 회사에서 매칭해준 것만 감안해도 연 8%의 수익률이 안 됐던 반면, 회사의 매칭 혜택을 보지 못한 C씨의 수익률은 연 9.98%였습니다.

알아두세요

매칭
직원이 한달에 10만원을 투자하면 회사에서 같은 금액 10만원을 투자해주는 것처럼 일정 비율로 회사가 함께 투자해주는 직원 복지 중 하나를 말한다.

《 미국/한국 주식 대비 안정적인 장기수익률 》 (세전, %)

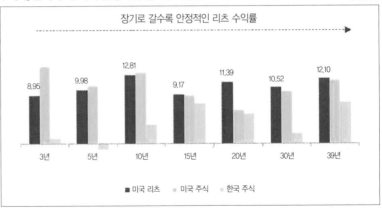

장기로 갈수록 안정적인 리츠 수익률

8.95 / 9.98 / 12.81 / 9.17 / 11.39 / 10.52 / 12.10

3년 / 5년 / 10년 / 15년 / 20년 / 30년 / 39년

■ 미국 리츠 ■ 미국 주식 ■ 한국 주식

※ 출처: Bloomberg, USD 기준, 연평균 Total Return, 기준일자: 2019. 06. 26.
　기준 인덱스 미국 리츠–FTSE NAREIT all equity reits TR index 미국 주식–S&P500 index, 한국 주식–KOSPI index

D씨가 매칭을 받는다고 부러워하던 C씨가 더 좋은 선택을 한 셈입니다. 한국 주식보다 리츠가 언제나 좋은 수익을 가져오는 것은 아닙니다. 다만 문제는 투자기준 순위입니다. 좋은 자산을 선택하는 것을 먼저 고려하는 것이 제일 중요합니다.

위 그림에서 알 수 있듯이, 리츠는 부동산이라는 성격 때문에 미국이나 한국 주식보다 안정적인 8% 이상의 수익률을 보여줍니다. 이 때문에 연금이나 퇴직연금 등 노후 자산을 축적하는 용도로 적합한 상품입니다.

또 한 가지! 보통 신문기사나 은행 창구에서는 금융상품의 세금 혜택이나 수수료 혜택을 강조하는 경우가 많은데, 이런 혜택은 부차적으로 감안해야 할 뿐, 금융상품을 선택하는 1차 기준으로 보면 안 됩니다. 국내 리츠에 일시적 세금감면 혜택이 생기지만, 독자 여러분이 지금 국내 리츠를 선택한다면 그것보다는 국내 리츠의 지역·섹터, 운용사, 현재 기업가치를 챙겨 장기투자 수익률을 생각한 후 세금 혜택은 부차적인 보너스 정도로 생각하셔야 합니다. 당시 회사의 매칭이라는, 즉 투자금의 50%를 내주는 획기적인 제도에도 불구하고 결국 손해까지 봤던 펀드매니저 D씨의 투자기준을 보십시오. '매칭 가능한 상품군만 고려'해서 더 좋은 상품을 고르는 폭을 줄여놓았던 것은 좋은 선택이 아니었습니다.

'양도차익에 대한 세금'이 없는지, 분류과세가 되는지 등의 기준도 반드시 고려해야 하지만, 이보다는 중·장기적 투자매력이 높은지에 대한 판단을 먼저 하시는 것이 좋습니다.

일곱째
마당

전통 섹터

새롭게 부상한 섹터가 성장성이 높기는 하지만 전통적인 섹터도 고유의

투자매력이 있습니다. 남들이 다 좋다고 하는 인기 있는 섹터에 투자하는

것도 좋지만, 때로는 저평가된 전통 섹터에 투자하는 전략도 필요합니다.

일곱째 마당에서는 전통 섹터의 특징과 함께 상황에 따라 어떤 전략으로

투자해야 하는지를 알아보겠습니다.

전통 섹터

기관투자가의 단짝, 오피스 빌딩

투자자를 위한 기본지식

'상업용 빌딩'이라고 하면 어떤 빌딩이 가장 먼저 떠오르세요? 아마화려한 외형을 뽐내는 멋진 오피스 빌딩일 것입니다. 오피스는 가장오래되고 대표적인 섹터입니다. 기관투자가들이 큰 돈을 투자할 때여러 작은 빌딩을 갖고 있는 섹터에 투자하면 관리하기가 힘들다고여겨 대형 빌딩 1개에 투자하는 것을 선호하고, 임차인도 몇 명 안돼 파악하기 쉽고, 상부에도 보고하기 좋고, 거래가 잘되는 등 투자,관리가 쉬운 점이 오피스를 인기 섹터로 만들었습니다.

오피스는 미국 리츠 중 약 15%를 차지하고 있습니다. 미국 오피스 소유 회사나 펀드 중 가장 규모가 큰 상위 20개 중 8개가 리츠(Boston Properties, SL Green, Vornado, Highwoods 등)이며, 전체 미국빌딩의 5~10%, 대형 빌딩은 35%를 소유하고 있습니다. 그런데 특히 리츠는 '게이트웨이(Gateway) 도시'라 불리는 미국 경제나 교통의중심이 되는 주요 도시의 빌딩들과 A급 이상의 빌딩 비중이 높은 편입니다. 오피스 리츠를 볼 때는 우선 주요 거점인 도시의 특성, 도시내 위치, 빌딩의 우량성 등을 구분합니다.

첫째, 거점도시는 뉴욕, 보스턴, 샌프란시스코와 같은 대형도시 중심인지, 이보다는 덜하지만 주의 중점도시들인지를 살펴봅니다. 대개 대도시에 위치한 빌딩 투자 수익률이 더 양호한 편이었지만, 요즘에는 대도시가 아니더라도 IT가 발달해 고용률이 올라가는 서부나 선벨트 지역 중심의 리츠 수익률이 7년 평균 10~12%로 일반 오피스 리츠의 7%(2019. 11. 중순 기준)보다 양호했습니다.

둘째, 도시 중심인지, 도시 외곽(Suburban) 지역의 포트폴리오*인지를 살펴봅니다. 중심 업무 지구(CBD, Central Business District)의 수익률이 대체로 양호합니다.

셋째, 빌딩의 등급을 살펴봅니다. 위치, 건설 품질, 내·외부 조건 등이 모두 양호한 신규 빌딩은 대개 A급이며, A급보다 제반 조건이 떨어질수록 B, C급으로 분류합니다.

《 지역을 중심으로 분류한 오피스 리츠의 장기 연평균 수익률 》

분류	대표 리츠 예시
게이트웨이 중심	보스턴 프로퍼티스(Boston Properties), 보네이도(Vornado), 알렉산드리안(Alexandrian), SL 그린(SL Green), 파라마운트(Paramount)
서부 중심	키로이(Kilroy), 더글라스 에밋(Douglas Emmett), 허드슨 퍼시픽(Hudson Pacific)
기타	하이우즈(Highwoods), 커즌스(Cousins), 에쿼티(Equity), 커먼웰스(Commonwealth) 등

《 오피스 리츠의 투자 특성과 전망 》

성장성	비용 구조	경기 민감도	물가상승률	가치평가 수준
중	고비용*	민감	중상	낮음
과거 총 수익률				**배당률**
7%				3.6%

*성장성(순영업이익(NOI) 장기성장률 기준: 상 1.5% 이상, 중 0.6~1.4%, 하: 0.5% 이하), 과거 7년간 총 수익률 및 배당률
(2019. 11. 15.)

오피스 수익률은 화려한 외형과 달리, 그리 좋은 편이 아닙니다. 20년간 총 11개 섹터 중 하위 다섯 번째입니다. 같은 기간 미국 리츠 연

평균 수익률이 연 10% 수준인데, 미국 오피스 리츠는 7%였습니다.

오피스 리츠의 매력도가 예전 같지 않은 이유는 위 특성에 표시돼 있습니다. 원래 고비용, 경기에 민감한 특성은 오피스의 임대료로부터 기대할 수 있는 현금흐름을 불안정하게 만들고, 최근 성장성까지 크게 위협받으면서 매력이 있는 성장 섹터 대비 투자매력이 떨어져 오피스 리츠의 거래 가격은 높지 않습니다.

우선 오피스는 유지비용, 시설투자비용이 많이 드는 섹터입니다(자본적 지출 비용이 순영업이익의 25~30% 수준으로, 모든 섹터 중 가장 높습니다). 구글, 골드만삭스 등 최고의 임차인들을 유치하기 위해서는 오피스 외양과 내관, 입지가 모두 훌륭해야 합니다. 이렇게 비용이 많이 들면, 투자 후 기대할 수 있는 수익률이 낮아집니다.

그리고 위워크(WeWork)와 같은 공유오피스의 등장, 사무실을 효율적으로 쓰는 트렌드, 재택근무의 확산으로 예전보다 사무실 근로자당 사무실 사용 공간이 과거 15년 동안 30% 줄어들었습니다. 이런 수요 감소는 현재뿐 아니라 미래에도 성장률 둔화를 불러온다는 구조적인 변화가 우려의 핵심이죠. 이제 미국 사무실의 풍경이 영화에서 흔히 보던 마천루 빌딩의 풍경이 보이는 나만의 멋진 유리 사무실 공간은 점차 사라지고, 한국처럼 오히려 다닥다닥 붙어 일하는 모습으로 바뀌고 있습니다.

오피스의 임대차기간은 중간 정도의 수준이지만, 경기에 민감한 섹터이며, 인플레이션에 많은 영향을 받습니다. 따라서 전반적인 수익성, 안정성은 떨어지지만, 경기가 회복될 때는 오히려 좋은 수익률을 기대할 수도 있습니다. 오피스 섹터에 투자하는 타이밍은 경기가 회복되는 국면이 좋습니다.

오피스 리츠에도 매력적인 투자기회가 있습니다. 이 섹터에서의 투자 전략은 성장성이 살아 있거나, 전략이 뛰어나거나, 포트폴리오의 입지 등이 훌륭한 리츠를 선별적으로 고르는 것입니다. 또 오피스 리츠는 대개 싸기 때문에 경기 회복기에는 타 섹터보다 더 많이 오

．를 수 있는 가능성도 있습니다.

✔ 투자 팁 정리!

오피스는 장기적으로 성장이 둔화되는 섹터이고, 경기에 민감하므로 투자에 앞서 고용률의 회복과 유지에 주목해야 합니다.

• **투자 시에는 상기 세 가지 분류를 확인하라:** 과거 대개 대도시, CBD, A급 이상의 포트폴리오를 가진 오피스 리츠의 수익률이 양호했습니다(예: Boston Properties).

• **고용률이 올라가는 도시에 주목하라:** 최근에는 서부나 선벨트와 같이 IT, 헬스케어 산업 발달 등으로 인구 증가율이 높은 곳이 수익률이 높았지만, 이 분야의 산업 성장률이 둔화되면 관련 리츠의 성장률도 둔화될 것이므로 산업 동향을 잘 살펴야 합니다.

• **국내처럼 아직 포트폴리오 수가 적은 곳은 현재 임차인과 임차기간 등을 점검하라:** 향후 보유 빌딩이 많아질수록 미국 리츠처럼 투자 전략별로 살펴봐야 할 것입니다. 해외 대형 리츠처럼 리츠가 보유하고 있는 빌딩이 70~100개 이상이 되면 빌딩 하나씩의 공실률, 임대차 현황을 파악하기 힘들어집니다.

• **새롭게 성장하는 형태의 리츠를 주목하라:** 제약연구빌딩 중심 리츠(예: Alexandria)나 스튜디오 오피스 등 일부 특수 오피스 분야의 성장성이 높습니다.

전통 섹터

리츠의 강자, 리테일에는 어떤 기회가 남아 있을까?

투자자를 위한 기본지식

과거 리테일 리츠는 인기 높은 섹터였습니다. 미국인들의 쇼핑문화와 긴 임차 기간 때문에 성장성과 안정성을 겸비하고 있었죠. 미국인들의 생활에 깊이 뿌리 박힌 쇼핑문화는 1800년대 후반 미국 백화점과 1900년대 전반 지역 쇼핑센터에서 시작해 소비문화가 정점에 이르렀던 1980년대까지 쉼 없이 발전해왔습니다.

그러나 미국에는 인구당 너무 많은 백화점, 대형쇼핑몰, 쇼핑센터가 생기면서 과잉 공급 이슈가 불거졌고, 인터넷 쇼핑몰이 기존의 수요까지 빼앗아 최근 10년간 급격히 쇠퇴했습니다. 지금 리테일 몰들은 살아남기 위해 쇼핑뿐 아니라 엔터테인먼트, 식도락 등 '경험을 할 수 있는 장소'로의 전환을 꾀하고 있습니다.

대형 몰은 리츠 중심으로 발달했습니다. 리츠가 전체 미국 대형쇼핑몰의 80%, 쇼핑센터의 10%를 소유하고 있습니다. 미국에서 인기가 많은 시어스(Sears, 잡화식 백화점), 홈디포(Home Depot, 주택 용품), 베스트바이(Best Buy, 전자제품), 크로거(Kroger, 식품판매업체) 등 유명한 백화점 및 리테일 매장 등을 임차인으로 두면서 백화점은 대형쇼핑몰 리츠로, 쇼핑센터는 쇼핑센터 리츠로 각각 발전합니다.

미국 리테일 섹터의 종류는 매우 다양하고, 부르는 이름도 여러 가지라서 투자할 때 꼭 필요한 분류만 소개해드리고자 합니다. 다음 표처럼 리테일은 크게 대형 몰, 쇼핑센터, 프리스탠딩의 형태로 구분합니다. 이 중 프리스탠딩은 독채가 1개나 복수로 독립적으로 서 있는 형태이며, 주로 임차인이 주요 비용을 지불하는 넷리스 구조이기 때문에 일반 리테일 섹터와 임차 구조 및 위험이 달라 '넷리스' 섹터로 따로 분류해 소개하고, 이 장에서는 리테일 섹터를 몰과 쇼핑센터로 나눠 특징을 살펴보겠습니다.

《 미국 리테일 빌딩의 종류 》

분류 (미국 리츠 내 비중)	몰(Mall 또는 Regional mall, 약 6%)	쇼핑센터(Shopping Center 또는 Strip Center, 약 6%)	프리스탠딩 (Free Standing, 약 10%)
평균 규모	400,000sq	30,000~600,000ft	
주요 임차인	주요 임차인 (앵커테넌츠,*Anchor Tenants) 2~3개 이상 (예: Sears, Macy's) 계약	크로거(Kroger), 세이프웨이(Safeway), 콜(Kohl's), 로우(Lowe's), 월마트(Wal-Mart)	쇼핑센터 임차인 외 피트니스센터, 물류센터 등 다양
임대차 계약	5~10년 – 기본 보수 + 성과 보수	5~10년 – 기본 보수 + 성과 보수	넷리스

(출처: 바클레이즈)

《 리테일 빌딩의 종류 》

(왼쪽부터 몰, 쇼핑센터, 프리스탠딩)

분류	대표 리츠 예시
몰 리츠(아울렛 포함) 5개	사이먼 프로퍼티 그룹(Simon Property Group), 마세리치(Macerich), 터브먼(Taubman), CBL & 어소시에이트(CBL & Associates), 펜실베이니아(Pennsylvania)
쇼핑센터 리츠 19개	리젠시센터(Regency Centers), 페더럴 리얼티(Federal Realty), 킴코(Kimco), 브릭스모어 프로퍼티 그룹(Brixmor Property Group) 등

대형 몰

대형 몰은 거대한 부지에 세워진 대형쇼핑몰입니다. 미국 리츠가 단연 '리더' 격이죠. 하남 스타필드, 여주 아울렛은 미국의 대표적인 대형 몰 리츠인 사이먼 프로퍼티 그룹(Simon Property Group) 및 터브먼센터(Taubman Centres)가 신세계와 합작해 미국식 대형 몰을 국내에 소개한 경우입니다. 미국 몰에는 1, 2층에 시어스나 메이시스 같은 앵커테넌츠(주요 임차인)가 2~3개 있습니다. 앵커테넌츠가 전체 임차인 중에서 차지하는 비중은 50~70%에 이릅니다. 최근 미국 대형 몰을 방문해보면 1층에 위치한 이런 백화점이 텅 비어 있거나 공사 중인 곳이 많아 시장의 변화를 피부로 느낄 수 있습니다.

앵커테넌츠는 보통 리테일 임차인들보다 약 2~4배 긴 임대차 계약을 하기 때문에 현재는 이 자리를 어떻게 채우느냐 하는 문제가 매우 중요하고, 빈 자리를 단장하는 수리 및 인테리어 비용도 많이 듭니다. 또한 임차인을 과거 패션, 백화점에서 서비스, 엔터테인먼트, 레스토랑, 체험코너 등으로 바꾸고 있습니다.

리테일 섹터는 임대료를 어떻게 받을까요? 보통은 기본 임대료˙와 첫 해 임대기간의 매출을 상회하는 금액의 일정 비율을 수취하는 퍼센티지 임대료˙로 나눠 임대료를 받는 '비율 임대료 구조'입니다. 따라서 리테일 섹터는 다른 섹터와 달리, 임차인의 성공 여부에 따라 리츠가 인센티브를 받는 구조입니다. 몰도 오피스처럼 A급이 있습니다. 미국 대도시나 바로 인근에서 관광객 방문률도 높고, 우량 임차인으로 구성돼 있으며 면적당 판매액이 높은 몰입니다. 이런 A급 몰은 전체 몰의 25% 정도이며, 리테일 성장이 둔화돼도 살아남을

알아두세요

기본 임대료(Base Rent)
임차인의 매출액과 관계 없이 보장되는 임대료

퍼센티지 임대료(Percentage Rent)
첫해 임차인 매출이 스퀘어당 200달러에서 두 번째 해 220달러로 상승하면 차액인 20달러의 1~2%인 0.2~0.4달러를 리츠가 수취한다.

가능성이 큽니다. 아무리 리테일이 문을 닫아도 좋은 위치에 있는 쇼핑몰에서는 영업을 해야 하니까요. 이런 A급 몰 위주로 보유한 리츠가 바로 신세계의 파트너 사이며 미국 1위의 시가총액을 자랑하는 대표적 리츠인 '사이먼 프로퍼티 그룹'입니다.

리테일 섹터는 주로 소비 관련 지표를 참고하지만, 지금은 구조적으로 성장이 둔화되는 시기여서 이 지표가 투자 시점을 결정하는 데 큰 도움은 되지 않습니다.

쇼핑센터

미국 어느 마을에나 있는 상점 1~10개 정도가 있는 단층 또는 2층의 상가 건물이 바로 쇼핑센터입니다. 다음 그림을 보면 쇼핑센터의 종류가 나오고, 오른쪽으로 갈수록 동네에서 멀어지고 규모가 크며, 앵커테넌츠(쇼핑센터에는 보통 코스트코, 월마트 등)가 차지하는 비중이 커집니다.

원래 쇼핑센터는 매우 안정적인 건물로 인정받았습니다. 월마트와 같은 잡화센터, 약국, 식료품점 등이 주요 임차인이어서 경기변동과 상관없이 동네 주민들이 꾸준히 이용했습니다. 그런데 인터넷 쇼핑몰의 발달로 점차 이런 쇼핑센터의 임차인들이 파산하거나 사업을 축소하는 위기에 처했습니다. 장난감 판매사인 앵커테넌츠로 자리 잡았던 '토이저러스', 구두판매업자인 '페이리스슈소스' 등과 같은 유명업체들이 문을 닫고 있어 다른 임차인을 구해야 합니다.

《 쇼핑센터의 종류 》

(왼쪽부터 네이버후드(이웃)센터, 커뮤니티센터, 파워센터)

그리고 비교적 가장 안정적인 임차인이라 생각됐던 식료품점도 인터넷 식료품 성장 때문에 위협을 받고 있습니다. 한국은 온라인 식품배송 이용률이 17%에 달하지만, 미국은 아직 2% 수준이어서 향후 시장이 더 빠르게 잠식될 수 있습니다.

이런 쇼핑센터 형태의 미국 부동산에서 리츠가 건물을 가진 비중은 10% 정도이며, 미국 상위 5개의 쇼핑센터(Brixmor, Kimco, Regency, Site, Weingarten) 보유 회사가 모두 리츠입니다.

쇼핑센터 리츠 중 A급은 입지가 좋은 곳에서 특히 비교적 안전한 식료품 위주의 임차인과 계약돼 있는 곳이고, 이런 A급을 많이 보유하고 있는 리츠가 고품질이라고 인정받고 있습니다.

외국 리츠 컨퍼런스에서 킴코(Kimco) 사의 대표에게 다음과 같이 질문했습니다.

"계속 주요 임차인이 파산하는데, 이 섹터의 전망을 어떻게 봐야 하나요?"

"파산한 임차인도 있지만 달러 트리(Dollar Tree), 티제이 맥스(TJ Maxx)●류의 할인전문 매장들처럼 새롭게 성장하는 임차인군도 있습니다. 우리의 전략은 이런 임차인들을 계속 발굴하는 것입니다."

알아두세요

티제이 맥스(T. J. Maxx)
2010년 이후 가장 빠르게 성장한 소매점 중 하나이다. 소액 재고 및 브랜드 할인 품목 위주로 고객들에게 꾸준히 인기몰이 중이며, 코로나 위기에도 주가가 하락하지 않는 소매점이다.

《 티제이 맥스 사 주가 차트 》　　　　　(2020. 3. 20.)

성장하는 임차인군도 있다는 이야기지만, 그래도 쇠망하는 소매점에 비하면 소수이기 때문에 쇼핑센터 리츠의 향후 5년간 연가 매출 성장률은 −0.5~−1% 수준으로 예상됩니다.

《 쇼핑센터 리츠의 투자 특성과 전망 》

성장성	비용 구조	경기 민감도	물가상승률	가치평가 수준
중	저비용*	둔감	중간	매우 낮음

과거 총 수익률	배당률
5%	5.5%

*성장성(순영업이익(NOI) 장기성장률 기준: 상 1.5% 이상, 중 0.6~1.4%, 하: 0.5% 이하), 과거 7년간 총 수익률 및 배당률 (2019. 11. 15.)

리테일은 오랫동안 성장률도 높고 비교적 안정적이기도 한 섹터로, 투자매력이 높았습니다. 지금은 성장성도 낮아지고, 경기에도 민감하며, 비용도 예전보다 더 많이 소요됩니다. 주요 임차인이 떠난 자리를 채우기 위한 시설투자비용이 순영업이익의 24% 수준으로, 호텔(30%), 오피스(29%)에 이어 세 번째로 높습니다.

미국 리테일은 우리나라의 가치투자자들이 배당률이 높은 것만 보고 투자했다가 크게 손해를 본 섹터 중 하나입니다. 어떤 리츠는 시가 배당률이 10~15%에 달하지만, 저품질 자산과 매출 저하로 자산가치가 크게 하락해 총 수익률(배당률, 자산성장률 둘 다 봐야 합니다)이 역성장하는 이유에서입니다.

그렇다면 이 섹터는 완전히 외면해야 할까요?

왜 리테일 섹터를 자세히 소개할까요? 왜냐하면 매력적인 기회는 요즘 성장이 둔화된 섹터라도 좀 더 자세히 알아야 발견할 수 있기 때문입니다.

사람이 쇼핑을 하지 않는 것도 아니고, 리테일 리츠의 유능한 경영진들은 끊임없는 전략 변화를 시도하고 있으며, 무엇보다 최근의 가치가 매우 저렴합니다.

그래서 이 섹터에 주목하는 대형 부동산 펀드 및 헤지펀드들이 많습니다. 수년간에 걸친 가격의 하락으로 거의 땅의 가치만 남은 리츠가 꽤 있습니다. 미국 2위의 대형 몰 리츠였던 제너럴 그로스 프로퍼티스(GGP, General Growth Properties)의 가치에 주목한 전 세계 2위의 부동산 펀드인 브룩필드(Brookfield) 사는 GGP를 인수했고, 2020년 2월에는 사이먼 프로퍼티 그룹이 현재 3위인 터브먼(결정 당일 53% 상승)의 인수를 결정했습니다(코로나 때문에 인수 결정을 철회한다고 했지만요). 2015년도의 상위 5개 몰 리즈 중 2020년 말에도 남아 있을 리츠는 3~4개입니다. 따라서 이 섹터에서의 투자 콘셉트는 '끝까지 살아남을 승자'와 '인수 대상이 될 대상 고르기'입니다.

 투자 팁 정리!

리테일은 장기적으로 쇠락하는 섹터이지만, 가치가 매우 하락했기 때문에 헤지펀드 등이 주목하고 있습니다.

- **리츠를 고를 때는 '살아남을 승자인지'를 판단하는 기준인 세 가지를 확인하라:** 좋은 입지, 우량한 재무제표, 우량 임차인 보유(예: Simon Properties, Federal Realty, Regency Centers) 여부를 확인해야 합니다.
- **M&A 대상이 될 만한 기업에 주목하라:** 얼마 남지 않은 몰 리츠 중 M&A 대상으로 거론되는 뉴스가 발생하면, 현재 할인이 돼 있기 때문에 크게 상승할 가능성이 높습니다.
- **지역적으로는 아시아 리테일이 가장 안전하다:** 아시아는 지역 중 가장 인구 대비 몰, 슈퍼마켓 수가 적은 곳입니다. 특히 한국이나 일본은 마스터리스 구조가 꽤 있고, 임대기간이 길어 안정성이 높습니다.
- **성장하는 임차인을 찾는 것은 보너스이다:** 쇼핑센터 리츠를 살펴보다가 약 10년 전부터 꾸준히 성장한 티제이 맥스 같은 소매업체를 찾아 투자했다면 크게 성공했을 것입니다(세계 최고의 펀드매니저 중 하나인 피터 린치*식 투자법이죠).

알아두세요

피터 린치
미국에서 가장 높은 수익률을 자랑하는 대표적인 펀드매니저 중한 명이다. 생활 주변에서 찾는 성장주 투자에 특기가 있었다.

전통 섹터

워런 버핏이 주목한
넷리스

투자자를 위한 기본지식

리테일에 속하지만 인기가 매우 높은 섹터여서 코로나 직전에는 NAV의 20% 이상 비싸게 거래됐던 넷리스 섹터의 특징은 무엇일까요? 워런 버핏이 투자한 리츠인 '스토어 캐피털'과 배당 투자자분들이 좋아하는 월 배당주식인 '리얼티 인컴(Realty Income)'도 이 넷리스 섹터입니다. 도대체 이 섹터의 매력은 무엇일까요? 그리고 리스크는 없을까요?

앞의 리테일 섹터에서 피트니스센터, 레스토랑, 약국 등이 단독 임차인으로 사용하는 단독건물을 '프리스탠딩 건물'이라고 했는데요. 이외에도 영화관, 약국, 할인점, 은행, 물류센터까지 단독건물의 임차인 종류는 매우 다양합니다.

이 섹터의 가장 큰 특징은 보통 트리플 넷리스라는 임대차 계약과 '매각 후 재임차', 즉 세일즈 앤 리스백(Sales and Leaseback) 거래입니다. 이 두 가지 특징은 서로 연관돼 있고, 상업용 부동산에서 중요한 개념이며, 우리나라 리테일 리츠들은 대부분 넷리스 형태일 것이므로 이번 기회에 잘 알고 넘어가는 것이 좋습니다.

피트니스센터와 레스토랑
(출처: 스토어 캐피털)

만약 여러분이 아파트 한 채를 소유하고 있는데, 갑자기 현금이 필요하면 어떻게 해야 할까요? 일단 아파트를 팔아 현금을 확보한 후 이 아파트 매입자와 전세나 월세 계약을 맺고 이 집에 살면 됩니다. 이런 종류의 거래를 '세일즈 앤 리스백 거래'라고 합니다. 요즘 미국이나 한국 기업들도 현금이 많이 필요하므로 빌딩을 많이 갖고 있는 것이 부담이 되면, 자기가 사용하던 빌딩을 팔고, 그 빌딩을 매입한 사람이나 기업과 임대차 계약을 맺어 원래 있던 빌딩의 임차인이 되는 방법을 선택하는 추세입니다. 이런 거래를 하면, 빌딩주의 재무제표에서 빌딩이라는 자산과 관련된 부채가 없어지고, 그 대신 매각 현금이 들어오므로 현금흐름이 좋아집니다.

이 거래가 리츠에서 중요한 이유는 기업이나 그룹의 현금흐름을 개선하고 향후 이 세일즈 앤 리스백 거래를 할 가능성이 높기 때문입니다. 최근의 예가 '롯데리츠'입니다. 롯데그룹이 가진 백화점, 마트 등을 롯데리츠에 매각함으로서 롯데그룹은 굳이 갖고 있을 필요가 없는 자산에 돈이 묶이는 대신, 부가가치가 더 높은 비즈니스에 투자할 수 있게 됐죠. 그 대신 롯데리츠와 장기간 리스계약을 체결함으로써 빌딩을 직접 갖고 있는 만큼이나 안정적으로 마트나 백화점 영업을 할 수 있으므로 '누이 좋고 매부 좋은' 계약이라고 할 수 있습니다(롯데리츠는 롯데그룹이라는 안정적인 임차인과 장기계약을 하게 됐고, 롯데그룹은 '돈'을 받았습니다).

이런 세일즈 앤 리스백 거래를 하게 된 목적은 건물을 예전 빌딩주였을 때처럼 자유롭게 사용하기 위한 것이므로 임차인은 대개 넷리스의 일종인 트리플 넷리스 계약을 체결하게 됩니다. 그 대신, 건물을 사용할 때 임차인이 직접 빌딩의 개점, 폐점 시간 등을 정할 수 있습니다. 그래서 좀 더 예전 빌딩 주인이었을 때처럼 빌딩 사용을 좀 더 원하는 방향으로 할 수 있는 셈이죠. 이렇게 단독 임차인 의도대로 건물을 쓸 수 있으려면 단독 빌딩이어야 하므로 이런 빌딩에 적합한 업종은 레스토랑, 금융기관의 지점, 데이터센터, 물류 섹터, 피트니스센터, 상점, 백화점 등입니다.

전형적인 넷리스 리츠의 모습은 어떨까요? 보통 수천 개의 단독 건물인 프리스탠딩 건물을 보유하면서 레스토랑, 피트니스 센터, 쇼핑센터 등의 우량한 임차인들과 이런 계약을 최대한 많이, 유리하게 체결하는 것이 이 사업의 본질입니다. 또 다음 스토어 캐피털의 예처럼 이런 임차인들의 섹터를 다양하게, 잘 구성해야 합니다. 요즘 리테일과 레스토랑, 은행 등은 경쟁이 치열해져서 교육기관, 약국, 셀프스토리지 등으로 임차인을 변경하려고 하는 추세입니다.

넷리스 계약 시 빌딩의 주요 관리비용 및 사용관리의 많은 부분을

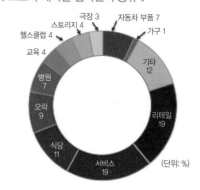

《 스토어 캐피털 임차인의 종류 》

(출처: 스토어 캐피털)

임차인이 담당하므로 빌딩 주인 리츠가 내는 비용의 부담이 적고, 임대기간이 길며, 안정적인 편입니다. 그 대신 중간에 이런 비용을 못 내는 임차인이 생기거나 중간에 퇴거할 경우에는 리스크가 큽니다. 즉, 보통은 안정적이긴 하지만 한 번 채무불이행(default, 디폴트)* 이 나면 리스크가 큰 채권과 같은 성격이죠. 성공의 핵심은 갖고 있는 수천 개의 단독 상가빌딩들의 임차인과 섹터를 세심히 고르고, 임대차 계약을 잘 체결하는 것입니다. 즉, 이 섹터 리츠들은 이런 전략을 잘 짜는 경영진의 능력이 매우 중요합니다.

워런 버핏이 투자할 때 중시하는 것은 장기투자해도 안심할 만큼 훌륭한 경영진과 사업의 현금흐름 창출 능력입니다. 워런 버핏이 많은 리츠 섹터 중 이 섹터의 기업을 선택한 것은 아마도 이 섹터는 경영진의 빌딩 전략 및 계약 전략이 특히 더 중요한데, 스토어 캐피털의 경영진들은 수십 년에 걸친 경영 능력이 입증됐고, 저비용 구조이기 때문에 현금이 더 많이 창출된다는 특징이 있어서일 것입니다.
그러나 그의 취향에 맞는다고 해서 우리가 이 섹터에 투자하는 건 위험합니다. 당시 그는 매우 싸게 투자했고, 현재 이 섹터 외에도 매력적인 섹터는 많기 때문입니다. 또 워런 버핏이 투자*하거나 매도했지만 굳이 발표하지 않은 주식도 꽤 있답니다.

《 넷리스 리츠의 투자 특성과 전망 》

성장성	비용 구조	경기 민감도	물가상승률	가치평가 수준
고	저비용*	둔감	하	중간~높음
과거 총 수익률				배당률
연 11%				4.6%

*성장성(순영업이익(NOI) 장기성장률 기준: 상 1.5% 이상, 중 0.6~1.4%, 하: 0.5% 이하), 과거 7년간 총 수익률 및 배당률 (2019. 11. 15.)

넷리스 섹터는 화려한 리테일 대형 몰이나 슈퍼마켓 대비 덜 주목받는 섹터였다가 최근 인터넷 쇼핑의 발달로 임대차 계약의 안정성이 중시되면서 지금은 오히려 인기가 높아진, 재미있는 섹터입니다. 더욱이 빌딩을 굳이 소유하지 않지만 영업을 직접 하는 빌딩주(예: 롯데쇼핑)들이 많아지면서, 리츠의 입장에선 취득할 자산이 많아졌으므로 성장성도 높아졌지요. 이 때문에 높아진 인기로 밸류에이션이 높아지고, 높아진 밸류에이션 덕분에 비싼 가격에 주식을 발행할 수 있어서 자산 취득이 더 유리해지는 선순환이 일어나고 있습니다.

더욱이 이런 단독건물들은 화려한 인테리어도 필요 없고, 임차인들이 비용을 많이 내므로 건물 주의 입장에서는 순영업이익 대비 자본적 지출 비용의 비중이 3% 정도로 매우 낮은 편입니다.

일반 몰이나 슈퍼마켓은 수익의 23% 정도를 자본적 지출에 쓰는데, 넷리스는 3% 정도만 써도 되니 엄청나게 실속 있는 섹터이죠? 그 대신 장기임대차 계약이기 때문에 경기가 급속도로 좋아질 때는 수익률이 경기 민감한 몰이나 슈퍼마켓 대비 수익률이 뒤처질 가능성이 있고, 리테일, 은행, 레스토랑 비중이 높은 건물은 임차인의 영업 환경이 악화되면 향후 재계약하기가 힘들어지거나 계약조건이 불리해질 가능성이 높아집니다.

 투자 팁 정리!

- **안정적인 섹터이기 때문에 경기 하락기에도 방어력이 크다:** 이번 코로나 위기 때는 일반 리츠 이상 하락했는데, 전염병의 성격상 상점이 강제 폐쇄를 한 상점들이 많았기 때문입니다.
- **입지보다 섹터 분포에 주목하라:** 보통 넷리스 리츠는 수천 개의 단독 상가 또는 빌딩을 갖고 있으므로 입지로 평가하기는 힘들고 섹터 분포가 더 중요합니다. 참고로 매출이 줄어들 위험이 있는 은행, 레스토랑과 같은 분야의 임차인 비중이 높은 리츠는 버리트(VEREIT), 리얼티 인컴(Realty Income)이고, WP 케리(WP Carey), 스토어 캐피털(Store Capital)입니다.
- **좋은 경영진을 고르는 것이 중요하다:** 임차인 관리, 임차인 섹터 전략, 재무 전략 같은 분야에서 과거에도 성공적으로 경영한 리츠였는지를 기업 역사 및 재무제표(수익 성장률, 이익률)를 보고 확인해야 합니다.

PART
3

매력적인 리츠,
지금부터 실전 투자!

여덟째
마당

오랫동안 꾸준히
투자할 것

드디어 실전 투자 전략에 대해 알아볼 차례입니다. 여덟째 마당에서는 해외에서 오랫동안 검증된 방법들을 독자분들의 투자 경험에 맞춰 효과적으로 사용할 수 있도록 설명했습니다. 여기서 소개한 기본 전략을 따라 하면 좋은 실물 빌딩에 장기투자한 만큼의 수익률을 기대할 수 있습니다.

43

단계별 리츠 투자방법

이제 리츠 투자에 필요한 '알고리츠'에 익숙해지셨을 겁니다. 리츠의 성격을 알수록 장기투자할 자산이라는 생각이 들고, 여기에 맞는 투자전략을 세울 수 있습니다.

여기까지가 리츠 투자 성공의 80%라면 나머지 20%는 실행력입니다. 실행 측면에서 자신만의 투자 경험과 자신감에 맞게 투자하는 법을 추천합니다.

1단계 투자법과 추천 상품

처음 리츠를 접할 때 익혀야 할 기본 투자법은 숲을 보고 접근하는 방법(자산 자체, 섹터, 지역 단위로 결정할 때)입니다. 그래서 이 투자법에서는 '리츠'라는 숲 자체를 선택하는 상품, 즉 ETF, 펀드, 랩 상품을 권합니다. 금융상품을 처음 시작하시는 분에게는 지역이나 섹터 특화된 상품보다 글로벌 리츠 상품이 가장 무난할 것입니다. 그다음으로 무난한 것은 미국에 특화된 상품입니다. 왜냐하면 미국은 가장 넓고, 잘 발달돼 있는 시장이기 때문입니다. 기본 투자 단계에서 투자경험이 좀 더 있으신 분들은 섹터 특화된 ETF나 펀드를 고르셔도 좋습니다. 그러나 투자하는 상품이 치중하는 섹터에 대해 공부한 후에 투자하시는 것이 좋습니다.

ETF

처음 투자하시는 분에게 권하는 방법은 'ETF 투자'입니다. ETF는 원하는 지역과 섹터의 성격대로 상품을 고르면 해당하는 주요 종목이 대부분 포함돼 있어 종목을 고를 필요가 없을 뿐 아니라 주식처럼 쉽게 거래됩니다. 주식을 사는 것처럼 주식 계좌에서 ETF 종목을 사고팔면 되는데, 다만, 펀드처럼 월별, 분기별 운용보고서는 발간하지 않습니다.

ETF는 운용수수료가 평균 0.45%로 저렴한 편입니다. 해외 ETF에 투자할 경우에는 더 다양한 상품이 있고, 규모가 커서 사고파는 데 문제가 없으며, 환헤지를 하지 않기 때문에 해외통화로 투자한 효과를 얻을 수도 있습니다.

알아두세요

비교지수
주식이나 펀드투자에서 말하는 지수는 비교지수(Benchmark)라고도 불리며, 각 업종이나 지역을 대표하는 대표종목을 일정한 비율로 섞은 가상의 지표를 말한다. 회사나 거래소에서 만들어 제공하며 민간회사에서 만든 것은 대부분 유료이다. 우리나라 거래소에 상장된 주식들을 대표하는 지수는 코스피(KOSPI)와 코스피200(KOSPI200)이 있으며 미국 대기업 지수는 S&P500이다. 대부분의 주식 펀드매니저와 인덱스 펀드는 이 비교지수를 참조하며, 이 지수와 유사하거나 더 좋은 수익률을 내도록 운용하는데, 이를 '지수를 추종한다.'라고 표현한다.

《 국내 상장된 미국 리츠 ETF 예시 》

구분	이름	ETF 상장국	투자 지역	투자 섹터	환헤지 여부
미국 리츠	타이거(TIGER) 미국 MSCI 리츠	한국	미국	전 섹터	환헤지
미국 리츠	킨덱스(Kindex) 미국 다우존스 리츠	한국	미국	전 섹터	환헤지
싱가포르 리츠	킨덱스(Kindex) 싱가포르 리츠	한국	싱가포르	전 섹터	환헤지 안 함

펀드

장기수익률이 좋은 펀드인 경우에는 좋은 선택이 될 수 있습니다. 우리가 ETF 대신 펀드를 고르는 이유는 펀드는 비교지수*보다 좋은 수익률을 내기 위한 목표를 갖고 운용되기 때문입니다. 이런 목표 때문에 펀드를 운용하는 자산운용사에서 리서치팀과 운용팀을 꾸려 좋은 수익률을 달성할 수 있도록 노력하고, 판매사에서 펀드에 대해 판매, 설명하게 되므로 우리는 ETF보다 더 비싼 판매수수료를 냅니다. 그러므로 1년, 2년, 3년이 아닌 장기간 동안, 수수료를 제외하고도 펀드 수익률이 비교지수 수익률을 상회한 펀드라면, ETF 대신 고르셔도 좋습니다. 펀드의 경우에는 수수료가 ETF보다 비싼 대신, 운용보고서를 정기적으로 받을 수 있다는 장점이 있습니다. 펀드가 환헤지를 할 때는 해외 리츠의 장점인 해외 환노출 혜택을 받을 수 없습니다. 그런데 투자 수익률이 장기간 좋았던 펀드와 펀드매니저는 많지 않습니다. 그렇기 때문에 펀드로 투자하시기로 하셨다면 컨설턴트의 권유사항 외에 다음 세 가지를 확인한 후 가입하세요.

- 펀드매니저 또는 운용팀이 오랫동안 잘 운영해왔는지
- 펀드의 '수수료 차감 수익률'이 최소 3~5년 이상 비교지수보다 우수한지(여기서 중요한 팁은 수익률이 매년 고르게 지수보다 좋은 펀드가 더 좋은 펀드입니다. 예를 들면 한해 수익률이 굉장히 좋아 5년 수익률이 좋은 펀드는 펀드매니저의 운용 역량에 많은 영향을 받습니다. 다음 표처럼 5년 초과수익률이 1%라도 펀드 A의 초과 수익률이 변동성이 없다는 것은 다양한 시장 환경에서 펀드매니저가 안정감 있게 운용을 잘한다는 것을 시사합니다. 이와 반대로 펀드 B는 3~4년 내내 수익률이 안 좋았지만, 1년 수익률이 매우 좋아 3년, 5년 수익률까지 끌어올린 사례입니다.)
- 펀드가 너무 작지는 않은지(운용사의 관심이 적어 충분한 지원을 못 받을 수 있습니다)

《 두 펀드의 수익률 비교 》

(단위: %)

	1년 초과수익률*	3년 초과수익률	5년 초과수익률
펀드 A	1	1	1
펀드 B	10	-4	1

(수수료 차감 후 기준, 연율 기준)
* 상기 예시를 설명하기 위한 가상의 펀드 수익률입니다.

알아두세요

펀드 초과수익률
펀드의 수익률−비교지수 수익률을 말한다. 대개 수수료 전, 후로 나눠 제공되며, 양(+)의 값일수록, 클수록 양호한 수익률이다.

펀드는 수수료가 매우 중요합니다. 혼자서 알아보기 힘들면 창구의 상담 직원분에게 "이 펀드의 운용이나 판매수수료율이 타 펀드에 비해 어떤 수준인지 알려주세요."라고 물어보십시오. 운용수수료도 주식형의 경우 1년에 0.4%에서 1.1%까지 다양하게 분포됩니다. 이 두 펀드의 경우, 비용 때문에 매년 0.5%의 수익률 차이가 발생하므로 반드시 잘 챙기셔야 합니다. 리츠 펀드에서는 비슷한 종류의 리츠 펀드군에서 비교하고, 가급적이면 글로벌 리츠는 글로벌 리츠, 일본 리츠는 일본 리츠와 비교해 지역까지 맞추는 것이 좋습니다.

랩

랩(Wrap) 상품은 투자자에게는 펀드와 비슷하다는 장점이 있지만, 수수료와 세금 혜택은 다릅니다. 그렇기 때문에 랩 상품을 고를 때도 펀드와 비슷한 기준을 적용하면 됩니다. 이 상품은 증권사에서 판매하며, 수수료가 비싼 대신, 분리과세*되는 장점이 있습니다.

2단계 투자법과 추천 상품

국내외 주식투자를 직접 잘하셨던 분이라면 섹터 전략 및 개별 종목 전략을 시도하면서 추가수익을 목표로 하셔도 좋을 것 같습니다. 이 분들은 특정 섹터 및 나라에 대한 리서치를 한 후 좋은 타이밍을 포착해 'ETF'를 공략하거나 이 중에서 가장 적합한 1개 또는 몇 개의 개별 리츠로 본인만의 리츠 빌딩 포트폴리오를 구성할 수 있습니다.

[A씨 추천 포트폴리오]

언택트 문화에 영향을 받을 상가 위주로 갖고 있어 이를 보완하기 위해 해외 4차 산업 중심 부동산을 소유하고 싶은 경우 ⋯ 4차 산업 중심 전략 [데이터센터 + 물류 섹터] + 현재 포트폴리오에 없는 [임

대주택 섹터]

[B씨 추천 포트폴리오]

국내에 다주택자로서 해외에도 임대주택을 소유하고 싶은 경우 ····▸
미국 임대주택 리츠 + 독일/일본 임대주택 리츠

ETF는 섹터 전략을 사용하고 싶을 때 아주 좋은 방법입니다. 해외 기관투자가들 사이에서 가장 인기 있는 데이터센터를 개인이 유인하게 투자하는 방법은 리츠를 통해서입니다. 그런데 데이터센터 섹터만 해도 종목 수가 7개인데, 어떤 리츠를 사야 할지 고민이 생깁니다. 그리고 데이터센터를 대표하는 리츠인 에퀴닉스의 가격은 1주를 사기에도 가격이 높은 편입니다.[*]

알아두세요

2020년 6월 9일 현재 에퀴닉스의 한 주 가격은 한화로 약 82만 원이다.

그런데 ETF를 사면 그 섹터의 주요 종목이 대개 포함돼 있어 종목을 선택할 위험이 없고 데이터센터 리츠 ETF인 Pacer Benchmark Data & Infrastructure Real Estate SCTR ETF(티커: SRVR)는 주당 4만 2,000원 수준(2020년 하반기 기준)이기 때문에 큰 부담 없이 살 수 있습니다.

《 섹터 리츠 ETF 》

구분	티커	이름	ETF 상장국	투자 지역	투자섹터	ETF 성격
미국 임대주택/ 헬스케어 리츠	REZ	iShares Residential Real Estate ETF	미국	미국	임대주택(55%), 헬스케어(30%), 셀프스토리지 등(15%)	임대주택, 경기방어적, 노령화 트렌드
미국 데이터 센터/ 인프라 리츠	SRVR	Pacer Benchmark Data & Infrastructure Real Estate SCTR ETF	미국	미국 (95%), 중국(5%)	데이터센터 (65%), 통신탑(35%),	5G, 4차 산업 수혜
미국 물류 리츠	INDS	Pacer Benchmark Industrial Real Estate SCTR ETF	미국	미국	물류(100%)	전자상거래 수혜

미국 헬스케어 리츠	OLD	The Long-Term Care ETF	미국	미국	헬스케어(100%)	고령화 수혜, 경기방어적
미국 넷리스 리츠	NETL	NET Lease Corporate Real Estate ETF	미국	미국	넷리스(100%)	넷리스의 장점 참조

개별 리츠를 고르는 것이 모든 리츠 투자법 중 가장 어렵습니다. 하지만 성공 확률을 높이는 좋은 방법이 있습니다. 지금 시점에서 투자매력이 높은 섹터를 판별하고, 그 섹터 중에서 또 하위섹터를 선별하다 보면 투자할 종목군이 좁혀집니다. 시가총액이 1조원이 넘는 미국 리츠의 수는 150개가 넘습니다. 그중 A씨가 장기적인 관점에서 데이터센터 리츠가 좋다고 판단하면 약 7개, 네트워크 밀집형이 매력도가 높다고 판단하면 2개 정도의 리츠가 최종적으로 남습니다. 많이 좁혀졌지요? 종목을 고를 때는 이 책의 섹터 설명을 활용해 전체적인 그림을 그려보고, 최근의 산업동향을 확인하고, 개별 회사의 중요 내용을 확인한 후 마지막으로 가치평가 방법을 적용해보세요. 이것이 하향식(Top Down)을 잘 적용한, 성공 확률을 높이는 개별 리츠 투자방법입니다.

투자 기준 명확히 세우기

자산 배분과 투자 기간을 정하라

단순히 리츠 섹터나 리츠를 소개할 수도 있지만, 그것만으로는 독자들이 리츠에 투자할 수 있는 방법을 알기 어렵습니다. 그래서 리츠에 투자할 때는 다음처럼 투자 결정을 하는 것이 좋습니다.

《 리츠에 투자할 때 고려하는 순서(예시) 》

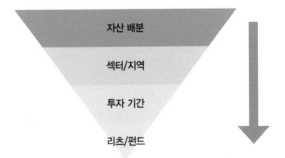

1단계: 자산 배분(얼마나 많이, How much)

리츠에 투자하려고 하는 사람 중에는 자산의 전부가 부동산뿐인 사람, 주식뿐인 사람, 현금뿐인 사람 등이 있지요. 따라서 개인 사정에 맞춰 리츠를 어느 정도 투자해야 좋을지를 가장 먼저 결정해야 합니다. 리츠의 종류와 투자 지역을 결정하는 것은 그다음입니다. 글로벌 리츠는 전 세계의 상업용 부동산, 아시아 리츠는 아시아 지역의 상업용 부동산, 4차 산업 리츠는 전자상거래의 수혜를 입은 분야의 부동산으로 리츠 투자 영역이 좀 더 구체화됩니다.

2단계: 투자 기간 결정

리츠에 단기로 투자할 수도 있고, 장기로 투자할 수도 있습니다. 리츠의 보유자산은 빌딩이므로 장기간 보유할수록 리츠가 보유하고 있는 부동산과 매우 유사한 수익률이 나온다는 것이 과거 데이터로 입증돼 있습니다. 이와 반대로 단기로 투자한다면, 타이밍을 맞추는 실력과 운에 따라 결과가 달라집니다.

3단계: 최종 투자할 리츠나 펀드 결정

마지막으로 내가 정한 부동산 섹터와 지역을 대상으로 하는 펀드 또는 ETF를 고릅니다. 혹시 그 섹터와 지역 중 특별히 더 좋은 수익률을 낼 수 있을 것 같은 리츠를 찾을 수도 있습니다.

[투자 예시]

뉴욕의 오피스 리츠에 투자하기로 결정했다면, 그다음에 해야 할 일은 뉴욕에 주로 투자하는 오피스 리츠 수개를 대상으로 좁혀 가장 좋은 수익률을 낼 리츠를 찾는 것입니다. 이 과정에서 수개의 리츠를 대상으로 리츠의 전략, 경영진, 보유한 빌딩의 상황과 품질, 재무 상황, 과거 회사의 보유 빌딩 운용 결과, 향후 취득하거나 팔 빌딩에 대한 전략 등을 비교, 분석한 후 미래가치 및 현재가치를 바탕으로 이 리츠가 투자매력이 있는지를 결정합니다.

"요즘 데이터센터 리츠가 좋다고 합니다(섹터에 대한 의견). 그중 가장 덜 올랐고, 배당률이 높은 것이 A사 리츠네요. 자세히 살펴보니 대형 리츠이고 아마존 같은 미국 IT 대형기업들이 임차인이네요(최종 투자할 리츠에 대한 의견)"

보통 80%가 이런 기준으로 질문을 하십니다. 이 질문은 섹터(1-1단계)와 최종 결정할 종목(3단계)에 대한 의견을 듣고자 함인데, 좀 더 리츠 분석인 3단계에 치중돼 있습니다. 이 투자자가 A를 골랐고, 그 후 6개월 동안 데이터센터 섹터의 전망이 악화됐다는 뉴스가 발표된 가운데, A는 가격 변동이 없었고 같은 기간 경쟁 리츠인 B사가 −4%였다면, 이 투자자는 종목 선택을 잘한 것입니다. 그러나 같은 기간에 물류나 임대주택 분야가 평균적으로 5% 정도 상승했다면 선택을 잘한 것일까요? 이 투자자가 A, B 중 어느 종목을 고를 것인지 고민하는 시간을 어느 섹터에 투자할지에 할애했다면 좋았을 것입니다.

상기 세 가지 기준 중 자산 배분과 투자 기간을 '잘' 결정하는 것이 리츠 투자 성공의 열쇠입니다. 여기서는 자산 배분과 투자 기간을 결정하는 법을 다뤄보겠습니다.

REITs

45

나에게 딱 맞는
투자 주기와 투자 비중

퇴직연금으로 리츠 투자하기

"리츠는 한 번에 투자하는 것이 좋은가요, 한 달 또는 일년마다 정기적으로 투자하는 것이 좋은가요?"

제일 좋은 방법은 정기적으로 꾸준히 투자하는 것입니다. 세금효과까지 누리면서 정기적으로 투자하는 퇴직연금은 시류에 흔들리지 않고 꾸준히 나만의 리츠 투자액을 늘리면서도, 절세 효과를 거두는 일석이조의 방법입니다.

퇴직연금●에는 확정급여형(DB), 확정기여형(DC), 개인형퇴직연금(IRP) 제도가 있습니다. 직장인이라면 회사 또는 사업장에서 이 중 하나의 연금을 선택해 가입하고 있을 것입니다. 과거에는 퇴직연금 DB형에서만 리츠의 일부 투자가 가능했지만, 최근에는 개인형퇴직연금과 근로자 개인이 운용 지시를 하는 확정기여형 퇴직연금에서도 리츠를 매입할 수 있게 됐습니다. 노후대비에 가장 잘 어울리는 상품 리츠를 이제서야 퇴직연금에서 투자할 수 있게 된 것입니다. 퇴직연금으로 투자할 수 있는 상품은 국내 리츠, 국내 또는 해외 리츠를 대상으로 한 국내 운용사의 ETF나 펀드가 있습니다. 개별 해외

알아두세요

퇴직연금
확정급여형(DB)형은 회사 책임형으로서 회사가 근로자의 퇴직연금 재원을 외부 금융회사에 적립해 운용하고, 근로자 퇴직 시 정해진 금액을 지급하도록 하는 방식이며, 확정기여(DC)형은 근로자 책임형으로, 회사가 매년 연간 임금 총액의 일정 비율을 적립하고, 근로자가 적립금을 운용하는 방식이다. 개인형퇴직연금(IRP)은 퇴직한 근로자가 퇴직 시 수령한 퇴직급여를 운용하거나 재직 중인 근로자가 DB/DC형에 자신의 비용 부담으로 추가로 적립해 운용하다가 연금 또는 일시금으로 수령할 수 있는 계좌이다.

리츠, 해외 ETF 등은 이에 해당하지 않습니다.

퇴직연금에서 리츠 상품을 고르시려면, 증권사나 은행에서 자기가 원하는 리츠 펀드, ETF 또는 개별 주식을 선택해 창구직원에게 편입을 요청하거나 인터넷으로 가입해 상품을 고르시면 됩니다.

개인연금펀드 활용하기

개인연금이 점차 중요해지고 있습니다. 은행이나 증권사를 통해 팔리고 있는 개인연금펀드도 리츠 ETF나 펀드에 편입할 수 있습니다. 같은 리츠 펀드라도 연금의 경우에는 일반 펀드보다 운용수수료가 싼 것이 장점인데, 오랫동안 투자하는 연금에서는 이 효과가 장기적으로 누적돼 큰 효과가 나타납니다.

적립식 또는 간헐적 투자방법(거치식 투자)

절세혜택을 활용할 수 있는 금액을 넘었다면, 원하는 때에 투자하는 간헐적 투자 방식을 사용하게 됩니다. 이때 가장 좋은 방법은 다음 두 가지입니다.

첫째, 초보 투자자는 일정한 간격을 정해두고, 매월 또는 매년 정해진 금액으로 투자하는 적립식 투자방법을 이용하는 것이 좋습니다. 이렇게 하면, 주식이나 부동산 시장의 복잡한 등락에 마음이 흔들려 급한 마음으로 리츠를 비싼 가격에 사고 싸게 파는 실수를 예방할 수 있습니다. 적립식 투자를 하면 리츠 본연의 성격에 가장 맞는 투자로 이어질 확률이 높습니다. 만약 목돈이 한꺼번에 생겼거나 리츠가 저렴해진 투자 타이밍을 잘 고를 수 있다면 한 번에 집중적으로 투자하는 임의식* 또는 거치식* 투자방법이 좋습니다. 투자 전문가

알아두세요

임의식 펀드
가입 후 최초 투자금을 넣고 이후 자금이 생길 때 아무 때나 추가로 돈을 넣을 수 있는 펀드를 말한다.

거치식 펀드
가입 시 최초 목돈을 납입한 후 추가 납입이 불가능한 폐쇄형 펀드로, 중도에 자금이 필요한 경우에는 투자금액 전체를 환매해야 한다.

인 펀드매니저나 애널리스트 또는 주식투자에 성공하신 분들은 리츠가 많이 저렴해져 상승 가능성이 높다고 판단될 때 집중적으로 투자하시는 경우가 많습니다.

환헤지를 해야 할까?

"미국이나 일본 리츠에 관심 있는데요. 환헤지를 해야 할까요?"
해외 리츠의 큰 장점 중 하나는 빌딩을 선진국 통화로 살 수 있다는 것입니다. 그렇기 때문에 선진국 해외 리츠에 투자할 때는 환헤지를 하지 않는 편이 좋습니다.
우리나라 사람들의 가장 큰 자산은 아파트이기 때문에 경제의 부침에 영향을 받습니다. 이를 보완하기 위해 해외 리츠를 통해 선진국의 우수한 부동산을 사려고 하면서 굳이 한국 원화로 살 필요가 있을까요? 선진국 리츠에 투자할 때는 그 나라의 경제 상황을 반영한 부동산을 그 나라의 통화로 사야 안정된 수익률을 거둘 수 있습니다. 특히, 전 세계적으로 경제가 불안할 때는 한국 원화보다 미국 달러, 일본 엔화 등의 안전통화 가격이 올라가는 효과도 있습니다. 더욱이 환헤지를 한다는 것은 해외 자산을 한국 원화로 산다는 뜻이고, 환헤지 행위에는 환거래라는 숨은 비용이 포함됩니다.
일본 리츠는 일본 엔화, 미국 리츠는 미국 달러로 사게 되면, 경제가 불안해져 원화가 하락할 때 지지대 역할을 해줄 것입니다.

리츠 매각과 비중 조절 방법은?

"리츠를 계속 일정 금액 보유하더라도 늘리거나 줄이는 비중은 어떻게 정하는 것이 좋을까요?"

많은 분이 궁금해하시는 것이 바로 리츠를 언제쯤 '언제 매각하느냐?', '규모를 줄여야 하느냐?' 하는 문제입니다. 요즘 다주택자가 많다 보니 강남 등 요지의 아파트를 제외하고, 나머지 갭투자한 아파트들은 세금문제 등을 고려해 매각하라는 부동산 전문가들의 조언이 많기 때문인 것 같습니다. 그러나 리츠는 이런 '선택적인 단기투자형 부동산'이 아닌 '필수적인 장기투자형 부동산'입니다. 내 재산이 대부분 국내 아파트, 상가일 경우, 해외의 우수 섹터 리츠는 쉽게 팔면 아쉬워할 자산입니다. 또 많이 보유하고 있더라도 중과세가 없습니다. 리츠가 해외의 수준급 우량 빌딩 펀드회사라는 것은 계속 강조하고 있는데요. 장기적으로 자산가치와 임대료도 상승하면서 배당도 지급되고, 경제가 불안해도 '땅과 건물'이 남습니다.

여의도에서는 "아파트 2채 이상은 '바이(Buy)', 내가 살 실거주 한 채는 '중립(Neutral)', 주택이 없으면 '셀(Sell)' 의견을 나타낸다."라는 말로 '내가 살 집 한 채는 가져야 주거용 부동산 시장이 상승하는 것을 비슷하게 따라간다.'라는 논리를 설명합니다. 한 채도 없으면 주택시장이 상승할 때 나는 홀로 뒤처진다는 이야기이죠. 그런데 잘 알다시피 전세제도까지 있어 쉽게 집을 구입할 수 있는 우리나라는 집값이 많이 상승하는 편이므로 집이 없다면 집 가격 상승 시 매우 불안할 수밖에 없습니다.

임대료를 받는 우량 빌딩도 이와 마찬가지입니다. 우리나라도 본격적으로 리츠들이 상장되고 있고, 투자자들이 점점 많이 늘어나고 있습니다. 선진국의 국민들은 퇴직연금이나 개인 계좌를 통해 투자하고 있습니다. 장기간 우량 빌딩을 전문가가 운용해주는 펀드의 수익률은 우수할 수밖에 없기 때문에 상당한 금액을 리츠에 투자한 후 오래 보유하고 있는 것이 제일 좋습니다.

만약 리츠의 가격이 본연의 가치에 비해 너무 많이 올랐다고 판단되거나 급한 돈이 필요한 경우에는 일부를 팔아 현금화하되, 일부는 남겨놓아 리츠시장에 다시 들어갈 타이밍을 관찰하는 것이 좋습니다.

리츠보다 투자매력이 뛰어난 다른 자산으로 갈아탈 때 짧은 기간 안에 리츠 가격도 많이 오른 경우에는 전액 매도하는 것이 좋습니다. 그런데 리츠 같이 좋은 자산이 많이 있을지는 미지수입니다. 미국의 전문 자산운용 리서치회사나 캘퍼스 같은 미국 최대 연기금이 운영하는 펀드에서 리츠에 10% 이상 투자한다는 것이 이를 반영합니다. 또 모두 매각하고 난 후 리츠 가격이 급등해 다시 투자하기 힘들어지는 경우도 있습니다. 마치 집을 매도하고 주식투자를 했는데, 그 후 집값이 더 상승하면 다시 집을 사기 힘들어지는 상황과 비슷해지죠. 부동산과 같이 장기적으로 꾸준히 올라갈 수밖에 없는 자산은 전량 매도에 신중해야 합니다.

 투자 팁 정리!

저는 전체 리츠 자산 중 펀드 또는 ETF에 약 40%, 나머지 60%는 마음에 드는 섹터의 리츠 5개 정도에 배분하고 있습니다. 40% 정도를 펀드나 ETF를 통해 지역권 리츠라는 광범위한 자산을 선택한 이유는 두 가지입니다. 선택과 집중의 '선택'이 틀릴 수도 있고, 제가 사지 못한 광범위한 범위의 리츠들을 펀드 또는 ETF가 포함하고 있기 때문입니다. 미국과 아시아 리츠를 선택한 이유는 국내 ETF와 펀드로 나와 있는 유럽 지역 리츠 상품이 없었기 때문인데, 향후 유럽 리츠에는 개별 리츠로 투자할 생각이 있습니다.

리츠에 부동산처럼 투자하기

리츠는 왜 부동산처럼 투자해야 할까요?

"리츠는 부동산일까요, 주식일까요?"
리츠는 상장된 부동산이므로 근본적으로는 부동산 성격을 갖고 있지만, 주식으로 거래되기 때문에 주식 거래의 특성도 갖고 있습니다.

《 리츠(상장부동산)과 실물 부동산의 총수익률 비교 》

(출처: 블룸버그)

알아두세요

감정가
객관적인 근거와 자료를 바탕으로 감정평가법인에서 평가한 빌딩 가격을 말한다. 계산 시 원가법, 거래 사례 비교법, 수익분석법을 사용해 각 방식으로 산출된 가액에 비중가치를 두어 가치평가를 하며, 매매 시 가치평가의 기준이 된다.

이 그래프에서 파란색으로 표시된 리츠지수의 총 수익률이고, 녹색은 리츠가 갖고 있는 실물 빌딩 감정가*의 총 수익률입니다. 즉,

상장리츠와 리츠가 가진 실제 빌딩들의 가격이 어떻게 변하는지를 1998년부터 2015년까지 약 17년간에 걸쳐 나타낸 것입니다. 장기적으로 보면 두 지수가 비슷하게 변한다는 것을 알 수 있고 단기적으로 보면 파란색, 즉 리츠가 좀 더 움직임이 많다는 것을 알 수 있습니다. 왜 그럴까요?

부동산 매각은 자유롭지 않기 때문에 감정평가법인이 1년에 한 두 번 평가하는 감정가를 기준으로 평가되거나 거래의 기준으로 삼는데 비해 리츠는 매일 주식으로 거래되므로 변동성이 있습니다.

리먼브러더스 사태와 그 회복기였던 2007년에서 2010년을 살펴보면 변동성이 더 커진 것을 알 수 있습니다. 실물 감정가는 당시 얼어붙은 시장에서 거래 자체가 뜸했기 때문에 가격 하락 및 회복이 완만한 것처럼 보이지만, 리츠는 주식으로 거래돼 매도와 매수가 매일 쉽게 일어났기 때문에 가격이 더 떨어지고, 더 많이 회복된 것처럼 보입니다.

그런데 실제로 실물 빌딩이 리츠처럼 거래가 자유로웠다면 보다 변동폭이 컸을 것입니다. 실물 빌딩은 가격이 완만하게 보이는 장점이 있지만, 그 대신 거래가 자유롭지 못하다는 단점이 있습니다.

리츠가 주식처럼 거래되므로 변동성이 있다는 단점이 있지만, 언제든지 사고팔 수 있다는 장점도 있는 셈입니다. 그런데 장기적으로 리츠와 실물 부동산 가격은 왜 비슷해 보일까요? 리츠를 거래하는 사람은 리츠가 실물 빌딩들을 갖고 있는 회사나 투자신탁이라는 것을 알기 때문에 상장리츠 가격을 평가할 때 보유한 실물 부동산의 가치를 기준으로 상장리츠 가격을 평가하면서 매매하게 됩니다. 특히 리츠의 NAV를 기준으로 가치를 평가하는 경우가 많습니다. 리츠의 NAV는 '지금 리츠가 상장 폐지돼 회사를 청산한다고 가정했을 때 주주가 받을 수 있는 실물 부동산의 가치'라고 표현할 수 있습니다. 선진국 리츠 투자자들은 리츠가 NAV보다 많이 비싸면 리츠가 고평가됐다고 생각해 매도해야 할지 고민하기 시작하고, NAV보다 싸면 저평가됐다고 생각해 매수할 타이밍을 고려합니다(물론, NAV만 고려하는 것은 아닙니다). 그래서 실물가치와 유사한 NAV를 리츠의 매매 시 기준으로 평가하기 때문에 단기나 중기로는 리츠 가격이 실물 가치와 차이가 생겨도 결국 장기적으로는 실물 부동산 가격과 비슷해지는 것입니다.

결국 리츠의 본질은 부동산이기 때문에 장기적으로 투자하면 '보유한 부동산 수익률', 단기적으로 투자하면 '주식시장의 영향을 받는 수익률'로 돌아옵니다.

리츠를 주식처럼 투자해도 괜찮을까?

"리츠를 어떻게 보고 투자하는 게 좋을까요? 부동산일까요, 주식일 까요?"

미국이나 유럽에서나 또는 유수한 자산운용사에서는 대부분 "리츠 는 부동산이다. 장기투자하면 부동산과 같은 수익률이 나온다."라고 권고하고 있고, 이는 여러 데이터로 입증돼 습니다.

'리츠를 부동산처럼 투자한다는 것'은 어떤 의미일까요? 다음은 우리 가 부동산을 장기투자하는 이유입니다.

● 매년 다른 자산이나 다른 부동산보다 훌륭한 수익률을 내는데 굳이 빨리 팔 필 요가 없기 때문에

● 사고파는 데 드는 매매 비용이 크기 때문에

● 3개월, 6개월, 1년 같이 짧은 시간 보유하고 팔고 싶어도 주식처럼 원활히 거래되 지 않아서

장기간 동안 1년에 10% 정도 나왔던 미국 리츠의 수익률이 바로 부 동산 본연의 수익률입니다. 사실 이 수익률은 리츠가 갖고 있는 우 량 빌딩의 수익률보다 우수한 것인데요. 리츠가 갖고 있는 빌딩들과

알아두세요

코어 부동산 투자 전략
좋은 입지와 시설, 우량 임차인의 건물에 투자하는 저위험 · 저수익의 투자전략을 말한다. 코어 부동산은 상대적으로 '안전한' 빌딩(자산)을 말한다.

유사한 성격의 미국 우량 부동산° 실물펀드와 비교해봤을 때 리츠의 수익률이 장기적으로 더 높았습니다.

리츠는 우량한 부동산만큼 수익률을 낼 수 있습니다. 좋은 리츠 상품이나 개별 리츠를 골라 장기투자하면 최소한 그 부동산만큼의 수익률을 기대할 수 있습니다. 그래서 리츠를 부동산처럼 투자하는 것을 추천하는 것입니다.

그러면 '리츠를 주식처럼 투자한다.'라는 말은 무슨 의미일까요? 주식처럼 투자한다는 것은 여기서는 부동산 본연의 요소들로 분석하지 않고 주식투자 시의 경제 상황, 투자자 수급, 밸류에이션, 리츠에 대한 분석을 통해 주로 3개월~1년 반 정도 단기 보유하는 것을 의미합니다(물론 주식도 부동산처럼 장기투자할 수 있지만, 부동산처럼 장기 보유하지 않는 경우가 많기 때문에 이렇게 표현했습니다). 그런데 '주식처럼 투자'하는 경우 안타깝게도 수익률이 좋지 못합니다. 왜냐하면 주식에 잘못 투자하는 경우처럼 '거꾸로' 투자하기 때문입니다.

주식처럼 투자해 실패한 사례

A씨는 2006년경에 리츠 수익률이 좋다는 이야기를 듣고 리츠 펀드에 가입했습니다. 투자하자마자 수익률이 좋아 기분이 좋았는데 신문, 방송에서 미국 금융위기 뉴스가 흘러나오더니 리츠 주가가 하락하기 시작합니다. 환매하려고 은행 PB에게 문의했더니 지금은 팔 때가 아니라고 합니다. 그런데 2년간 더 빠져서 더 이상 팔 수도 없을 것 같습니다. 그런데 미국 정부에서 이 위기를 진화하기 위해 엄청난 돈을 퍼붓는다는 뉴스가 이어지고 다시 오를 것 같지 않던 리츠가 상승합니다. 결국 A씨는 2010년 초에 40%의 손실을 보고 리츠를 환매했습니다. 은행 PB도 바닥에 안 팔아서 다행이라며 위로의 말을 건넵니다. A씨는 뿌듯한 마음으로 은행을 나오며, '그래도

손실을 줄여 다행이야, 바닥에 팔았으면 어쩔 뻔했어. 이제 리츠라는 자산은 꼴도 보기 싫다. 다시는 투자하지 말아야지.'라고 다짐합니다. A씨는 2015년도에 예전에 투자했던 금액의 2배 가까이 상승한 사실은 확인하지 못했습니다.

2006년도에 투자해서 2016년도까지 10년을 갖고 계신 분은 거의 없었습니다. 그래서 대부분 리츠에 대한 인식이 좋지 않았죠. 리츠가 가신 녹색의 실물자산 그래프도 함께 하락하기는 하지만, 실물 부동산이었다면, 부동산은 함부로 파는 게 아니라는 주변의 권고도 있고, 거래도 잘되지 않기 때문에 그냥 갖고 있었을 확률이 큽니다.

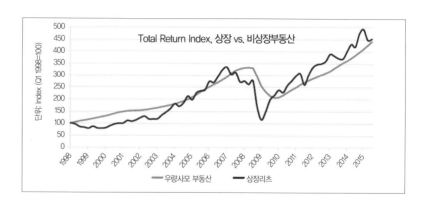

2006년부터 2015년까지의 그래프를 살펴보면 실물 그래프와 리츠 그래프의 수익률이 같다는 것을 알 수 있습니다. 즉, 일반투자자도 리츠를 부동산처럼 대하면 우량 빌딩에 투자한 것 이상의 수익률을 거둘 수 있습니다.

주식처럼 투자해 성공한 사례

기관투자가인 B씨는 2008년 실물가격보다 리츠가 훨씬 싸게 거래되고 있다는 사실을 알고, 아무도 관심을 갖지 않는 리츠에 주목하기 시작했습니다. 그리고 2009년 리츠가 더욱 하락했을 때 리츠가 가진 실물 빌딩 대비 리츠의 가치가 약 40% 이상 할인 거래된다는 사실을 확인하고 미국의 양적 완화 움직임과 부동산 수급을 철저히 체크한 후 과감한 매수에 들어갔습니다. 타 기관의 매니저들은 대부분 리츠를 손해를 보고 팔았을 때였습니다. 그 후 리츠는 바닥에서 상승해 5년 남짓한 기간에 B씨에게 3배의 수익을 안겨줬습니다. 같은 기간, 그가 한 부동산 투자 중에서 최고의 사례였습니다.

그런데 제가 만나본 기관투자가나 개인투자자 중 B씨 같은 분은 정말 극소수였습니다. 그다음으로 많은 것이 부동산처럼 리츠를 오래 갖고 있어서 결국 수익을 봤던 사람이었고, 약 90% 이상이 큰 수익을 얻지 못했습니다.

가장 큰 문제는 리츠에 주식처럼 접근하면 수익을 얻기 힘든데 단기간의 투자처로 생각하는 분들이 많다는 것입니다. 아마도 리츠에 장기투자하면 부동산과 같은 수익률을 낼 수 있다는 사실을 충분히 인식하지 못했거나 단기투자를 잘할 수 있다는 확신으로 투자했지만 아쉽게도 실제로 그렇지 못했던 경우일 것입니다.

리츠를 주식처럼 투자할 수 있는 사람의 특징

내가 리츠를 주식처럼 잘 투자할 수 있는지 궁금하시지요? 간단히 진단할 수 있는 질문을 소개합니다.

- 자산 분석 방법에 대해 알고 있나요?: 자산 내용이나 현재 상황, 미래 가치, 기본 밸류에이션 등

- 외부환경의 영향 분석이 잘 맞나요?: 자산에 영향을 미치는 경제, 금융적 여건 파악 및 예측 등
- 주식투자를 오랫동안 해봤는데, 할 때마다 수익률이 좋았나요?

이런 분들은 본인의 선택에 따라 부동산처럼 또는 주식처럼 투자할 수 있는 옵션을 지닌 셈입니다.

장기투자하면
실물 부동산 부럽지 않다

부동산의 청산가치를 이해하자

"보통 우량주식도 장기투자하면 대개 좋은 결과를 거둘 수 있다고 하는데, 리츠도 그런 원리 아닌가요?"라는 질문을 하실 수 있습니다. 우량주식이라도 장기투자하면 반드시 좋은 결과가 있다고 하기는 힘듭니다.

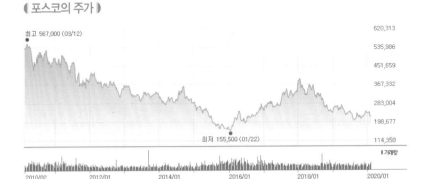

【 포스코의 주가 】

최고 567,000 (03/12)

620,313
535,986
451,659
367,332
283,004
198,677
114,350

최저 155,500 (01/22)

거래량

2010/02   2012/01   2014/01   2016/01   2018/01   2020/01

조선 섹터의 현대중공업, 철강업계의 포스코(POSCO)는 우리나라를 대표하는 우량 기업이자, 각기 해당 섹터의 대표기업이지만, 과거

10년간의 수익률을 살펴보면, 장기투자한다고 해도 수익률이 좋지 않다는 것을 알 수 있습니다. 우리나라의 조선업, 철강업, 유통업, 자동차 제조업의 장기투자 수익률이 과거 10년간 좋지 않았던 이유는 그 기업이 속해 있는 조선, 철강, 유통, 자동차 제조 업황이 회복이 안 되거나 어떤 분야에서는 국제적인 경쟁력을 잃어가고 있기 때문입니다.

청산가치 → 안전마진?

알아두세요

상장폐지
상장된 기업이 매매거래 대상으로서의 적정성을 결여하게 됐을 때 거래소에서 일정 기준에 따라 그 자격을 빼앗거나 그 기업이 스스로 상장 상태를 벗어나기로 신청해 비상장 상태가 되는 것을 말한다.

청산가치
현재 시점에서 기업의 영업활동을 중단하고 청산할 경우, 회수 가능한 금액의 가치를 말한다.

장기전망에서 불확실한 면이 있는 다른 산업에 비해 리츠가 속한 상업용 부동산은 어떨까요? 지금 상장리츠 1개가 상장폐지•되고, 그 후 회사를 청산한 후 자산을 주주들에게 나눠준다면, 부채를 갚은 후 남는 자산은 대개 땅, 빌딩, 일부 건설 중인 빌딩일 것입니다. 이를 청산가치•라 하며, 현재의 청산가치는 앞에서 이야기한 NAV와 비슷합니다.

상업용 빌딩도 수요와 공급의 영향을 받아 단기적인 가격의 등락은 있지만, 다른 산업보다 안정적으로 오래 상승할 수 있는 이유는 바로 '입지가 좋은 땅'의 '남아 있는 가치(청산 또는 잔존가치)' 때문입니다. 입지가 좋은 땅은 한정돼 있고, 수요가 항상 있기 때문에 부동산은 고대부터 가치가 계속 증가해왔습니다. 또 좋은 부지에 위치하고 있는 잘 지어진 빌딩은 임차인들의 경기 상황과 상관없이 임차수요가 꾸준한 측면이 있습니다.

리먼브러더스 사태 당시 많은 섹터 주식들이 폭락했을 때 '이 섹터는 반드시 회복된다.'라고 할 수 있는 섹터는 어떤 것이었을까요?

아마 아주 안전한 섹터라 불리는 통신, 유틸리티, 채권과 같은 섹터와 자산이었을 겁니다. 경제가 힘들어도 핸드폰과 전기는 써야 하고, 채권의 이자는 받아야 하니까요. 이런 섹터를 안전자산, 방어섹터라고 하지요. 리츠도 이에 속합니다. 경제가 힘들어도 입지가 좋은 곳의 땅과 빌딩의 가치는 잘 보존되는 편이기 때문입니다.

여러 가지 이유로 주식이 많이 하락하면, 리츠를 그대로 보유하거나 더 살 수 있는 사업 중 하나는 리츠일 것이고, 그 이유는 리츠의 청산가치가 든든하기 때문입니다. 주식이 많이 하락하면 리츠가 청산가치보다 훨씬 더 하락할 때도 있는데, 장기적으로 보면 이때가 바로 좋은 땅과 빌딩을 보유한 리츠의 세일 기간입니다.

리먼브러더스 사태 때를 보면 상장리츠의 가격이 보유 부동산의 가치를 많이 하회했습니다. 지금으로서는 엄청난 기회였죠. 다음에 이와 비슷한 기회가 온다면, 계속 갖고 계시거나 더 나아가 갖고 싶었던 지역의 땅과 좋은 빌딩을 더 매입해보는 것은 어떨까요?

자산의 어느 정도를 리츠에 투자해야 할까?

크기가 정말 중요하다

리츠의 투자금액은 리츠 투자에서 가장 중요한 사항입니다. 미국 액션 영화를 보면 큰 괴물이나 무기 등이 나타나면서 다음과 같은 자막이 올라갑니다.

"SIZE DOES MATTER!(크기가 정말 중요하다!)"

이번 마당이 영화라면 저도 이 자막을 올리고 싶습니다. IMF 때 삼성전자를 너무 조금 샀던 것은 뼈아픈 경험이었습니다. 그 후 펀드 매니저가 되면서 펀드나 개인자산 투자 설계도를 짤 때 좋은 자산을 고른 후 바로 '얼마만큼 투자할까?'를 결정하면서 전체 수익률이 향상됐습니다.

저금리 시대에 필요한 리츠의 투자 규모

왜 우리 주변에는 아파트 투자로 돈을 버신 분들이 많을까요? 아파트 투자 수익률이 좋은 이유도 있겠지만, 레버리지를 활용한 '투자 규모' 자체가 매우 컸기 때문입니다.

투자 결과는 Price(가격상승)×Quantity(투자금액) 또는 P×Q라고도 하죠. 좋은 수익률을 내는 자산을 장기적으로 많이 편입할수록 높은 수익률을 달성할 수 있습니다.

과거 우리나라의 투자자들은 대부분 아파트 또는 집이라는 부동산과 예금에 투자해왔습니다. 부동산 가격도 올랐고 예금 금리가 6%가 넘는 고금리 시절에는 정말 훌륭한 투자 배분이었습니다.

그러나 지금처럼 예금 금리가 2% 미만인 경우에는 좋은 배분 방법이 아닙니다. 최근 금리 5%짜리 1년 총 360만원 한도의 반짝 세일 적금에 출시 첫날 20만명이 넘는 사람들이 몰렸다고 합니다. 이 적금으로 투자자가 벌 수 있는 돈은 연 8만원 정도입니다. 더욱이 금리는 앞으로 점점 더 낮아질 가능성이 큽니다. 이렇게 작은 금액으로 높은 수익률을 낼 수 있는 자산을 찾는 것보다 내 자산을 장기적으로 투자할 좋은 자산을 찾아보는 것이 어떨까요?

어떤 보수적인 투자가가 현금 70%를 정기적금에 들었다고 가정했을 때 기대 수익률은 연 1.1%입니다(배분 1). 그런데 앞에서 소개했던 미국 연기금의 전설적인 투자자인 데이비드 스웬슨이 제시한 개인투자자의 포트폴리오처럼 리츠를 20% 편입해보면 연 예상 수익률이 2. 8%로 올라갑니다(배분 2).

《 예금에 리츠 투자를 추가한 경우 예상 수익률 시뮬레이션 》 (단위: %)

	투자 수익률(연)	배분 1	배분 2
현금	1.5	70	50
리츠	10	0	20
유동자산 계	–	70	70
과거 연평균 수익률	–	1.1	2.8

현재 갖고 있는 유동자산*을 분석해보신 후 과거 수익률이 불안정하면서 낮았던 자산에 많이 배분돼 있지 않은지[우리나라 분들이 좋아하시는 개발도상국가(중국, 인도 베트남 등)의 장기 과거 주식수익률은 의외로 낮습니다.], 수익률이 낮은 자산에 너무 많이 배분돼 있지 않은지를 점검해보신 후 리츠를 미국 투자전문가가 권하는 10~30% 정도로 넣고 계산해보시면 좋겠습니다. 미국 최대 연기금인 캘퍼스(CalPERS)도 외부 자산운용 시 리츠를 투자 포트폴리오의 8~12% 수준으로 배분하곤 합니다.

자산 배분 효과는 보너스!

투자 자산에 리츠를 의미 있는 금액으로 투자하는 것의 효과는 수익률을 높이는 것만이 아닙니다. 리츠는 상업용 부동산이고, 상업용 부동산은 전통적인 투자 자산인 주식 및 채권과 경제적 사이클 및 수요 공급 상황 등이 다른 '대체자산'이므로 전통자산과 함께 투자하면 전반적인 투자 자산의 수익률에도 긍정적인 영향을 미치면서 변동성을 줄이는 효과가 있습니다.

다음 예시처럼 주식, 채권으로만 구성된 자산에 리츠를 10% 정도 편입하자, 전체 자산의 리스크 대비 우수한 수익률을 나타내는 샤프지수가 12%나 상승했습니다. 이것이 바로 캘퍼스와 같은 미국 최대 연기금이 리츠에 크게 투자하는 이유입니다.

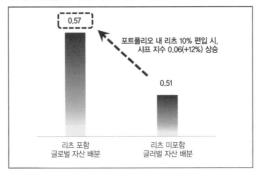

《 리츠 편입에 따른 샤프 지수 비교 》

0.57

포트폴리오 내 리츠 10% 편입 시,
샤프 지수 0.06(+12%) 상승

0.51

리츠 포함
글로벌 자산 배분

리츠 미포함
글러벌 자산 배분

(출처: 코어 앤 스티어스, 기간: 2000~2017년 3분기)
• 리츠 포함 배분 자산구성: 주식 50%, 채권 40%, 리츠 10%
• 리츠 미포함 배분 자산구성: 주식 60%, 채권 40%

알아두세요

분산 효과
상관관계가 낮고, 성격이 다른 2
개 이상의 자산을 함께 투자하
면, 전체 투자 자산의 리스크가
크게 감소한다. 예를 들면 우산
과 아이스크림 매출은 날씨에 따
라 서로 상반되게 발생하므로 음
(−)의 상관계수 값을 갖고 따라
서 두 가지를 합한 자산의 리스
크(위험)는 크게 감소한다. 어떤
날씨에도 매출이 발생하기 때문
이다.

더욱이 우리 같이 적은 돈을 투자하는 개인투자자에게는 매우 중요
한 효과가 있습니다. 한 리츠 펀드에 10만원을 투자해도 대개 여러
나라와 다양한 분야의 부동산을 가진 리츠 30~120개에 투자됩니
다. 이것이 바로 '빌딩 1개만 투자해 가격하락이나 공실이 발생할 위
험을 크게 줄여주는' 분산 효과*입니다.

여러분은 리츠를 얼마나 투자할지 생각해보셨나요? 저는 약 7년 전
부터 국내주식펀드를 일부 환매하고, 제 순자산의 5~10%를 리츠에
투자하고 있습니다. 제가 국내주식을 일부 환매하고 리츠로 바꾼 이
유는 단순했습니다. 제 자산의 상당 부분을 국내의 철강, 반도체, 건
설 같은 여러 섹터에 투자하면 10년 후에 이 산업들이 어떻게 될지
알 수 없었습니다. 그러나 리츠에 투자하면 세계 유수의 빌딩에 투
자한 것이 되므로 10년 후에는 적어도 연 5~6%의 자산 상승이 있
으리라 예측할 수 있었습니다. 좀 더 수익률이 좋을 것 같은 자산을
선택했다기보다는 제가 보유하고 있지 않은 해외 부동산 자산을 편
입하기 위해서였습니다.

얼마 동안 투자해야 할까?

그냥 묻어 둔다 vs. 사이클을 고려해 투자한다

리츠에 얼만큼 투자할 것인지 결정했으면 그다음은 '기간'입니다. 리츠에 투자할 때 '기대수익 금액 = P(상승가격) × Q(투자금액)'을 기억하시죠? 그런데 대부분 간과하는 중요한 변수가 하나 더 있습니다. 바로 '투자 기간(T)'입니다. 만약, 1년 동안 리츠에 1억원을 투자해 수익률 10%, 즉 1,000만원을 벌었다고 가정해보겠습니다.

그러나 그 이후 수익률에 만족해 모두 매각하고 그 후에는 다른 투자만 했다면 리츠로 인한 단기간 수익은 꽤 좋았지만, 아쉽게도 장기간에 걸쳐 내 투자 자산에 영향을 미칠 만큼은 안 될 것입니다.

다음 빌딩을 보시죠.

빌딩 층 면적이 그리 크진 않다 하더라도 빌딩의 높이 덕분에 빌딩의 총 면적은 아주 넓을 것입니다. 즉, 1단계에서 리츠에 의미 있는 금액을 투자해 번 돈을 '의미 있는 기간(장기간)' 동안 누적해 계속 리츠에 투자해야만 높은 빌딩의 총 면적처럼 리츠에 투자한 누적기간의 총 자산이 완성됩니다.

기간 누적 수익금 총액 함수=P(가격 상승분)×Q(투자금액)×T(투자 기간)

빌딩 총 면적=가로면적(가격상승분)×세로 면적(투자금액)×높이(투자 기간)

《 리츠 투자는 빌딩에 투자하듯 하세요 》

(출처: 구글 이미지)

그다음으로 궁금해하실 질문은 "얼마나 오랜 기간을 투자해야 할까요?"입니다. 리츠는 부동산처럼 투자하는 것이 좋다고 말씀드렸습니다. 그런데 부동산을 투자하는 방법은 다음과 같습니다.

묻어두기식 투자를 한다면,

Ⓐ "그냥 강남에 아파트를 사서 묻어두고 있어요. 자식들 주려고 다른 곳에 두 채 더 있고, 강남 아파트는 계속 갖고 있으려고요."

Ⓑ "삼성전자가 한국 대표주 아닌가요? 저는 1980년대부터 한국 대표 기업에 투자한다는 생각으로 계속 갖고 갑니다."

이런 이야기를 많이 들어보셨죠? 사실 좋은 자산이나 부동산은 장기적으로 보유하면 큰 수익이 나고, 잦은 매매로 나가는 수수료도 막을 수 있어 이런 전략이 제일 좋습니다. 만약 이 책을 읽은 분이 상업용 부동산의 밸류에이션, 사이클을 잘 모르시거나 주식투자방법에 익숙하지 않으시다면 '우량 자산 묻어두기식' 투자방법을 권합니다. 현재 자금 및 향후 들어오는 돈의 일정 비율을 리츠에 계속 투자해 노후까지 불려나가는 방식입니다. 앞에서 이야기한 선진국 금융기관 및 연기금의 투자 방식과 비슷합니다.

부동산 사이클을 활용하는 방식

제대로 할 수 있다면 '묻어두기식'보다는 이익을 더 창출할 수 있고, 제대로 할 수 없다면 수익률이 떨어지는 양날의 칼과 같은 방식입니다. 부동산은 사이클 산업이기 때문입니다. 리츠와 실물 부동산 그래프를 보면, 개략 8~10년 단위 정도로 부동산 그래프가 상승하고, 하락하는 것이 보입니다. 그러나 이 움직임에도 불구하고 15년, 30년, 100년 등 장기간으로 보면 부동산 가격은 계속 증가합니다.

그렇지만 약 수년 단위로 가격이 등락을 거듭하는 이유는 일반 경제처럼 부동산도 수요, 공급의 영향을 받기 때문입니다. 예를 들면, 2005년은 빌딩의 공급이 많아지고 있었고, 2010년은 리먼브러더스 사태 때 중지됐던 빌딩의 공급을 넘는 수요가 서서히 증가하고 있었습니다. 그러나 2005년 이후 15년이 지난 현재는 어떨까요? 2005년에 거품이라고 했던 빌딩 가격 이상으로 거래되고 있습니다. 즉, 부동산은 아주 장기적으로는 상승하지만, 분명 사이클은 있습니다. 이 사이클을 잘 이용하면, 부동산 사이클 바닥(즉, 다음 원형 그림의 하단)에 사서 상단(다음 원형 그림의 상단)에 파는 방법으로 연 10%를 넘는 수익률을 창출할 수 있습니다.

수요와 공급이 미치는 상업용 부동산 사이클

《 수요공급에 따른 상업용 부동산의 사이클 》

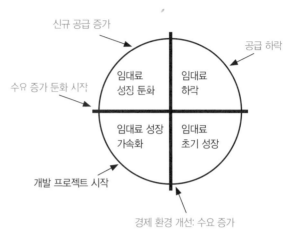

(출처: 존스랑라살)

그러나 이 방법은 사이클에 따라 타이밍을 잘 맞춰야 한다는 어려움이 있습니다. 첫째, 상업용 부동산 사이클을 잘 알아야 하며, 둘째 경기가 좋지 않은 저점에 사서 경기가 좋은 고점에 잘 팔아야 합니다.

일반적인 경제 정보나 반도체 경기 등과 달리 전 세계 또는 한 도시의 상업용 부동산 사이클에 대한 정보는 제한돼 있으며, 대부분 영문 리포트로 출간됩니다.* 또 반도체, 주식 등을 저점에 사서 고점에 팔기 어려운 이유는 고점일 때는 사람들이 모두 사려 하고 저점일 때는 사람들이 모두 팔려고 하기 때문에 반대로 하기가 힘들기 때문입니다. 수요, 공급의 반전 가능성에 대한 객관적 분석과 시류에 휘둘리지 않는 투자 결정이 사이클 투자의 성공 요인입니다.

알아두세요

La Salle, CBRE, Colliers 등

사이클 투자를 잘해도
부동산은 최소 5년 이상의 투자가 필요

설령 사이클 투자를 잘하는 분이라도 최소 5년간은 투자하시라고 권합니다. 이 5년은 사이클을 잘못 판단해 고점에 투자하는 경우라도 리츠의 과거 평균 연 수익률인 10%보다 적지만, 낮은 수준의 우량 상업용 부동산 수익률 정도는 기대해볼 수 있는 기간입니다.

다음 그림은 10년간 투자했을 경우, 투자를 시작한 시점에 따른 리츠와 사모 부동산 펀드의 연 투자 수익률입니다. 리츠의 경우, 아무리 고점에 투자해도 연 5%, 사모 부동산 펀드의 경우 연 3%는 나옵니다(평균적으로 리츠는 연 10.5%, 사모 부동산 펀드는 연 8% 수준입니다). 평균만큼 나오지 않는 것은 아쉽지만, 사이클 판단을 잘못해도 최소 연 5%씩은 나왔다는 것은 매우 다행스러운 일입니다. 리츠를 부동산으로 판단하고 10년간 투자한 장기투자자가 누리는 혜택입니다.

《 리츠는 실물 코어 부동산 펀드에 비해 높고 일정한 수익률 제공 》

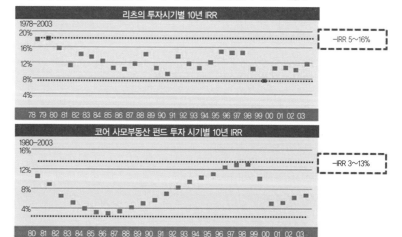

* IRR: 내부수익률
[출처: Cohen & Steers, FTSE NAREIT Equity REIT, NCREIF Fund Index_Open end Diversified Core Equity Index,
(1978~2003)]

하이브리드 전략

리츠를 계속, 장기간 동안 자산 또는 소득의 일정 비율을 투자하는 방법을 고수하면서 사이클 투자에 확신이 생겼을 때 일부를 매매하는 방법입니다.

예를 들어볼까요? 유동자산의 20%를 투자한다고 했는데, 리츠 밸류에이션이 너무 단기간에 높아지거나 낮아졌을 경우 또는 사이클 고점, 저점의 판단이 들 때 리츠 투자금의 약 10~30% 내에서 비중을 조절하는 방법입니다. 이때 중요한 것은 매매 타이밍에 자신이 있어도 전 금액을 매도, 매수하지 않는 것입니다. 즉, 리츠는 부동산이고 가격이 장기간에 걸쳐 올라간다는 것을 전제로 상당 부분을 보유해야만 전부 팔아버린 상태에서 부동산 가격이 올라 후회하는 아픔(?)을 겪지 않을 수 있습니다.

저는 7년간 거의 첫 번째 전략을 썼습니다. 왜냐하면 생업에 바칠 시간도 중요하고, 제가 사이클을 모두 맞춘다는 보장도 없으니까요. 두 번째 전략은 확연하게 눈에 보일 때만 가끔 활용합니다. 대략 문어두기 : 사이클 투자=8 : 2의 비중인 방식입니다.

하이브리드 전략은 리츠에 처음 투자하는 초보자에게 수익의 기쁨은 맛보면서 리스크는 줄이는 좋은 전략이 되어 줍니다.

✔ 투자 팁 정리!

리츠 투자 기본편의 핵심은 리츠를 어떤 성격의 자산인지 충분히 파악하고 투자하기로 선택했다면, 원하는 섹터나 지역에서 투자할 의미 있는 금액을 결정하고, 부동산처럼 장기투자하는 것입니다. 여기까지가 리츠 투자 성공에 필요한 80%입니다. 리츠가 세계 일류빌딩을 전문가들이 최선을 다해 운용한다는 사실을 알고 나면 장기투자해도 된다는 판단이 들기 때문이지요. 리츠에 대한 지식을 제대로 공부하면 본인에게 적합한 금액과 섹터, 지역, 기간을 결정할 수 있습니다. 나머지 실행이 20%입니다.

리츠에서 좋은 전략을 선택한 펀드들은 10년간 연 15% 가까운 수익률을 달성하기도 했습니다. 그 비결은 무엇일까요? 아홉째마당에서는 섹터와 지역을 골라 투자하는 두 번째 단계보다 고수익을 목표로 하는 심화 투자법을 소개하겠습니다.

고수익을 내는
섹터 투자 노하우

내 마음에 쏙 드는 빌딩의 종류를 골라 투자하시고 싶다고요? 아홉째마

당에서는 섹터 투자 배팅법에 대해 알아보겠습니다. 앞에서 소개한 섹터

들을 살펴보고 이해했다면 훨씬 더 전략적인 투자가 가능합니다.

The cakewalk Series – REITs

REITs 51

성공적인 배팅을 위한
선택 기준부터 살펴보자!

리츠를 구분하는 중요한 기준: 섹터, 지역, 전략

리츠를 분류하는 방법을 기억하시나요? 리츠 분류 방법 중 운용하는 주체, 섹터, 지역, 사업 내용이 투자를 위한 리츠 구분의 중요한 기준이라고 이야기했습니다.

미국이나 유럽 리츠들의 홈페이지에 들어가 보면 대개 섹터, 지역, 회사가 투자하는 빌딩들을 고르거나 관리하는 전략을 이야기합니다. 그만큼 섹터와 전략이 중요하다는 이야기지요. 몇 가지 예를 살펴볼까요?

● **보스턴 프로퍼티스(Boston Properties, 미국 1위의 오피스 리츠)**

"우리 회사는 미국 5개의 주요 도시(보스턴, LA, 뉴욕, 샌프란시스코, 워싱턴 DC)[지역]를 거점으로 1급 오피스 빌딩[섹터]들의 소유, 관리, 개발[전략]하는 미국에서 가장 큰 자기관리 리츠[운용주체] 중 하나입니다."

(Boston Properties, Inc. a self-administered and self-managed real estate investment trust(REIT), is one of the largest owners, managers, and developers of first-class office properties in the United States, with significant presence in five markets: Boston, Los Angeles, New York, San Francisco and Washington, DC.)

(출처: 회사 홈페이지)

● 사이먼 프로퍼티 그룹(Simon Property Group, 미국 1위 쇼핑몰 리츠)

"우리 회사는 S&P500(미국 대기업 지수)에 들어가며, 쇼핑몰, 식당, 즐길거리를 제공하는 복합쇼핑몰[섹터]을 소유하고 있는[전략] 분야의 글로벌[지역] 리더입니다. 북미, 유럽, 아시아에 위치한 쇼핑몰에는 매일 수백만명이 방문하며, 매년 수조원의 매출이 창출됩니다."

(Simon is a global leader in the ownership of premier shopping, dining, entertainment and mixed-use destinations and an S&P 100 company(Simon Property Group, NYSE:SPG). Our properties across North America, Europe, and Asia provide community gathering places for millions of people every day and generate billions in annual sales.)

(출처: 회사 홈페이지)

모두 지역, 섹터, 전략에 대해 제일 먼저 이야기한다는 것은 가장 중요하다는 것입니다. 그런데 우리가 효율적인 투자를 하기 위해 가장 중요한 기준을 골라야 한다면 그것은 바로 '섹터'입니다. 그 이유는 다음 그림을 보면 알 수 있습니다.

◀ 지역별 리츠 주가 추이 ▶

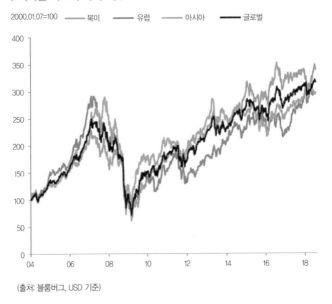

2000.01.07=100 ── 북미 ── 유럽 ── 아시아 ── 글로벌

(출처: 블룸버그, USD 기준)

◀ 부동산 섹터 가격 지수 ▶

Green Street Property Sector Indexes

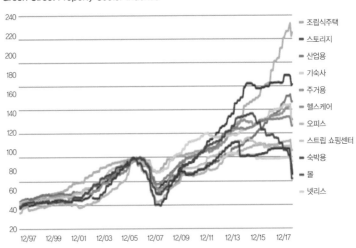

조립식주택
스토리지
산업용
기숙사
주거용
헬스케어
오피스
스트립 쇼핑센터
숙박용
몰
넷리스

(출처: 그린 스트리트)

장기적으로 보면 지역별 리츠보다 섹터별 리츠의 수익률 차이가 훨씬 큽니다. 지역별 수익을 보게 되면 앞서거니 뒤서거니 해도 결국 비슷한 수익률을 냅니다. 따라서 리츠 장기투자자에게는 섹터 배팅 전략이 유리합니다.

그런데 투자자들이 먼저 지역별로 리츠를 고르려고 하는 이유는 아마도 리츠 펀드들이 '아시아 리츠', '미국 리츠', '글로벌 리츠', '유럽 리츠'와 같이 지역별로 출시됐기 때문인 것 같습니다. 그렇다면 섹터별 리츠 펀드는 지역별 리츠 대비 쉽게 찾아보기가 쉽지 않을까요? 아마도 일반투자자들이 상업용 빌딩의 종류에 대해 익숙하지 않아 판매하기가 힘들기 때문일 것이고, 또 한 가지는 과거에는 리츠의 섹터들이 그리 다양하지 않았기 때문일 것입니다.

예전에는 다음 그림에 나오는 리테일, 오피스 등 전통적인 상업용 빌딩들이 주를 이뤘지만, 산업과 부동산이 발달하면서 헬스케어 물류창고, 셀프스토리지, 데이터센터, 카지노 리츠 등 다양한 섹터가 생겨났습니다. 특히 최근 10년간 IT와 인터넷이 발달하면서 이런 트렌드에 맞는 부동산들과 전통적인 분야의 오피스, 쇼핑몰 부동산 사이의 특징이 차별화되기 시작했죠. 따라서 부동산 섹터의 개별 특징을 잘 알아두는 것이 고수익 전략의 핵심입니다. 그럼 이제부터 가장 중요한 지역, 섹터, 사업, 전략에 대한 기준을 알아보겠습니다.

지역 배팅은 어떨까?

리츠를 소개하면, 대부분의 투자자들은 지금 투자하기에 어느 지역이 좋은지 궁금해하십니다.

"지금 미국이 좋나요? 아니면 작년에 리츠 수익률이 제일 좋았고 오피스 공실률도 역대 최저인 일본이 좋은가요?"

나라마다 경제 상황, 부동산의 수요·공급 상황, 리츠 밸류에이션이 다르기 때문에 단기(약 1~2년)나 중기(3~5년)까지는 어느 나라를 선택하느냐에 따라 수익률이 많은 차이가 납니다. 하지만 장기적으로 보면 선진국 우량 빌딩을 소유하는 리츠 제도라는 공통점을 갖고 있어 비슷한 수익률을 얻을 수 있습니다. 그러면 이 지역별 차이를 어떻게 활용하는 것이 좋을까요?

선진국의 리츠 도입 현황

지역 전략을 이해하기 위해 먼저 선진국의 리츠 도입 현황을 알아보겠습니다. 다음 그림은 리츠 주요 인덱스상의 지역 분포도입니다. 공통점이 있나요? 맞습니다. 거의 선진국이죠. 사실 리츠가 발달하기 위한 환경은 주로 선진국에서 조성됩니다. 선진국은 저금리, 노령화 환경에 접어들기 때문에 안정된 배당의 리츠 상품 수요가 높아지고, 이에 발맞춰 부동산 기업도 발전하기 때문에 리츠 산업이 발달합니다.

《 주요 인덱스상 국가별 기준 》

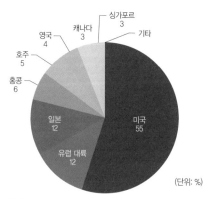

(단위: %)

(출처: FTSE, FTSE NAREIT developed Index●, 2019년 8월 말 기준)

알아두세요

FTSE NAREIT developed Index
글로벌 리츠 펀드에서 가장 많이 참조하는 지수(인덱스)를 말한다. 전 세계 국가와 섹터 비중이 고르게 분포돼 있다.

미국이 1960년대 리츠를 처음 시작한 후 시가총액이 1,100조에 육박하며, 미국 증권시장의 4%를 차지할 정도로 규모도 크고, 여러 가지 면에서 가장 앞서가고 있습니다. 그 뒤를 이어 호주와 싱가포르, 1970년, 1980년대에 유럽과 주요 아시아 지역이 2000년대 초반에 리츠를 도입했습니다. 이렇게 발달한 나라에서는 대개 그 나라 증권시장의 4~20% 정도를 리츠가 차지합니다. 2010년대 후반에 대형 리츠가 본격 상장하기 시작한 한국은 다른 선진국에 비해 늦은 편입니다.

지역 리츠 수익률은 장기적으로는 비슷

지역 리츠 수익률이 장기적으로 비슷한 이유는 리츠 제도가 이익의

90%를 배당해야 하고 각 선진국의 우수한 빌딩에서 임대료를 받는 시스템이기 때문입니다. 또 샌프란시스코, 런던, 싱가포르 A급 빌딩에 투자한다면 15년 후에는 아마 비슷한 수익률을 거둘 확률이 높겠지요.

그런데 장기적으로도 차이가 많이 나는 국가가 있을 수 있습니다. 그것은 그 나라 상업용 부동산의 차이가 아니라 상장부동산의 특징상 리츠의 비중이 적고, 부동산 개발회사 비중이 클 때 또는 그 나라 리츠 제도가 독특하거나 어떤 나라에서는 특정 섹터가 아주 크거나 작을 경우들입니다.

예를 들어 아시아 지역은 그 나라 증시에서 대부분 리츠만큼 부동산 개발회사의 비중이 큽니다. 따라서 상장부동산 인덱스에서는 리츠와 개발회사가 반반씩 투자됩니다. 일부 아시아 리츠 펀드라 불리는 펀드의 인덱스를 보면 A 회사의 아시아 리츠 펀드는 100% 리츠만, B 회사의 아시아 리츠 펀드는 리츠 외에도 부동산 개발회사가 많이 투자돼 있습니다. 이것이 바로 비슷한 이름에도 불구하고 두 회사 펀드 기준지수가 크게 차이 나는 이유입니다.

또한 일본 리츠는 오피스 섹터가 전체 비중의 50%를 넘고, 호주 리츠에는 주택 개발 관련 사업 비중이 꽤 큽니다. 이런 특징들이 두 나라 리츠 변동성이 큰 원인 중 하나입니다. 지역 배팅을 할 경우에는 그 나라의 섹터 구성이 어떻게 돼 있는지 살펴봐야 합니다.

그런데 어떤 지역의 같은 분야 리츠만 보면 역시 수익률은 장기적으로 연 10%에 수렴하는 경우가 많습니다. 따라서 제가 권하는 장기투자 전략의 관점에서는 지역 리츠별 차이점이 그렇게 크지 않습니다.

지역 배팅은 중·단기적으로 효과적

지역적으로 리츠의 수익률이 중·단기적으로 차이가 나는 가장 큰 이유는 부동산 사이클이 지역마다 다르기 때문입니다. 다음은 유명한 존스랑라살 사의 '부동산 사이클 시계(Property Cycle Clock)'입니다. 같은 섹터라도 도시별로 수요와 공급이 다르기 때문에 지금 단계에서 투자했을 때 수익률이 수년 정도 차이가 날 수 있습니다. 예를 들면, 2018년 2분기 기준 서울 오피스는 임대료 가격이 바닥에 가까워지는 데 비해 시드니는 오피스 임대료가 한참 상승기입니다.

《 세계 오피스 분야 오피스 사이클 시계 》

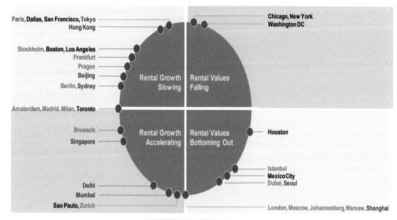

(출처: 존스랑라살, 2018년 2분기)

그럼 여기서 아직 회복기에 들어서지 않은 서울을 사지 말고, 시드니를 사야 할까요? 유명한 글로벌 부동산회사인 존스랑라살 사의 시계 자료를 보면 그렇게 하면 좋을 것 같네요. 이렇게 간단하면 얼마나 좋겠습니까? 문제는 이 사이클을 볼 때 이미 이 '소식'이 반영돼 각 도시의 리츠 또는 부동산이 그만큼 싸게 또는 비싸게 거래되는지를 함께 살펴봐야 한다는 것입니다.

더욱이 그 나라 경제 상황과 정치적 이슈, 제도 특징 등은 우리와 같은 일반인들로서는 파악하기가 쉽지 않습니다.

53

섹터 배팅은 어떨까?

생각했던 것보다 리츠의 섹터가 매우 다양하고, 특성이 각기 다르다는 것은 투자자에게 신나는 일입니다. 투자할 방법들이 많아지기 때문이죠. 예전처럼 경기에 민감한 오피스, 상가, 호텔 정도로만 구성돼 있으면, 섹터들의 움직임도 비슷했을 텐데, 20~30년 동안 투자하기 좋은 섹터들이 다양하게 등장했습니다.

다양한 섹터의 발달

미국에서는 1970년대 임대아파트와 물류, 1980년대엔 셀프스토리지, 1990년대엔 넷리스, 헬스케어, 조립식주택, 2000년대엔 데이터센터, 기숙사, 2010년대엔 카지노, 농토 등이 추가됐습니다. 더욱이 최근 몇 년 전부터는 미국 세무당국 국세청이 꼭 부동산이 아니더라도 꾸준한 임대료와 비슷한 성격의 임대금을 받을 수 있는 기업이 다른 리츠의 조건에 부합하면, '리츠'로서 인정해주게 돼 통신탑이나 가스설비 등 '인프라' 시설에 가까운 기업들이 리츠로 인정됐습니다. 이런 섹터들은 주로 '특수 섹터(Special Sector)'로 분류됩니다.

그런데 이렇게 새로운 섹터가 리츠계에 '데뷔'했다는 것은 그 섹터의 성장이 이제 막 시작됐을 가능성이 높습니다. 그래서 증시에 상장해 큰 자금을 모아 더 많은 자산을 취득하려고 하지요. 그래서 새로운 섹터의 리츠들은 '외부성장'(1부 참조) 전략을 강하게 추진해 이익과 배당이 보다 빠르게 성장하는 경향이 있습니다.

《 미국 리츠 섹터의 발달 연대기 》

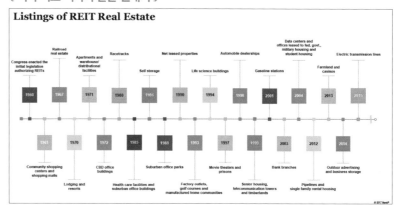

(출처: NAREIT, 미국 리츠협회)

한 가지 재미있는 사실을 알려드리겠습니다. 뉴욕이든, 런던이든 고급 빌딩을 매입할 수 있는 큰 손인 전 세계 기관투자가들이 리츠에 투자하는 중요한 이유 중 하나가 '섹터 배팅'인 것을 아시나요?

최근 1990년대 이후 데뷔한 일부 섹터들, 즉 셀프스토리지, 기숙사, 조립식주택, 데이터센터 등은 수익률이 양호하고 실물투자하기가 힘든 섹터이기 때문입니다. 리츠가 갖고 있는 자산의 질이 더 우수하거나 섹터의 성격상 상장기업이 갖는 프랜차이즈 가치(최종 소비자나 사용자들이 중요하게 여기는 브랜드나 회사의 인기도)가 중요한 섹터들입니다.

리츠가 가진 빌딩의 규모가 작고, 개수가 많고, 임차인이 개인이어서 리츠 경영진의 빌딩관리, 마케팅이 특히 중요하고, 상장기업으로서의 브랜드 네임이 중요한 경우(셀프스토리지, 실버타운 리츠, 조립식주택 등)가 이에 해당합니다. 개인용 창고회사인 셀프스토리지 회사는 광고를 많이 합니다. 상장리츠이기 때문에 개인고객들에게 지명도도 높고, 광고비를 많이 쓸 정도의 자금을 증시를 통해 모았지요.

자산의 운용에 고난이도의 전문성이 요구되는 경우(데이터센터, 통신탑)에는 IT 기업이나 통신회사들이 자산을 전문성 있게 대규모로 운용해줄 수 있는 리츠를 선호합니다.

그래서인지 최근 미국 기관투자가들의 리츠 투자가 많아진 이유에 대한 인터뷰를 보면 "셀프스토리지, 데이터센터 같은 섹터를 투자하고 싶은데, 마땅히 투자할 실물이나 프로젝트가 없어 이번에 그 분야는 리츠로 투자했습니다."라고 설명하는 것을 알 수 있습니다.

섹터 배팅을 할 때는 새롭고 성장성이 높은 섹터뿐 아니라 금리 인상에 민감한 섹터, 인구노령화에 적합한 섹터 등으로 구분해볼 수 있습니다.

섹터 배팅이 효과적인 이유

섹터마다의 수익률 차이는 크지만, 다른 지역이라도 같은 섹터의 수익률은 비슷하다는 사실이 섹터 투자를 쉽게 만듭니다. 지역과 상관없이 섹터만 결정하면 되니까요. 코로나 확대로 인한 재택근무의 영향으로 호텔, 오피스, 리테일, 카지노 등의 수요가 일시적으로 약화된 현상은 정도의 차이만 있을 뿐, 모든 나라에서 겪고 있는 현상입니다. 노령화로 점점 필요해질 실버타운의 성장성도 선진국 국가에서는 모두 현재진행형입니다.

섹터를 깊게 공부하면 지역을 넘나들며 활용할 수 있고, 섹터에 대한 자료는 보편적으로 신문기사나 잡지, 인터넷 등을 통해 찾기도 쉬워 지역보다 일반투자자들이 접근하기 쉬울 것입니다. 그래서 리츠 섹터 중심으로 배팅하시는 것을 추천합니다.

리츠의 장점은 미국 최고의 기관투자가나 여러분이나 최고의 상업용 빌딩에 투자할 기회를 똑같이 제공받을 수 있다는 점이죠.

투자의 대상이 빌딩인가, 개발 프로젝트인가?

섹터, 지역, 사업 내용 분류까지 완성되면 사실 리츠에 투자하는 데 꼭 필요한 숲을 고르는 세 가지 기준이 마무리됩니다. 사업 내용은 개발업과 임대업의 비중이 중요합니다.

2부에서 리츠의 외부성장전략 방식에는 빌딩을 '짓는' 방식, 즉 개발 방식도 있다고 했습니다. 또 우리가 흔히 부르는 '리츠 펀드'는 리츠 외에도 약간의 부동산 개발회사가 포함돼 있어 해외에서는 '상장부동산 펀드'라고 불린다고 했지요. 그런데 리츠와 개발회사의 차이는 수익률에 어떤 영향을 미칠까요?

《 리츠/부동산 개발회사의 성격 》

상장부동산 주식	
리츠	부동산 개발회사(또는 부동산운영회사)
• 부동산 투자신탁 • 배당 의무(배당 가능 이익의 90%) • 법인세 면제 • 부동산 소유에 초점 • 최소한 75%의 총 매출 이익이 소유 빌딩의 임대료, 대출이자, 빌딩매각대금 • 최소한 75%의 자산이 부동산 자산, 모기지, 현금, 정부 증권으로 구성	• 부동산운영회사 • 리츠의 범주에 들어가지 않지만 부동산 관련 업 영위 • 대개 아시아지역의 부동산 개발회사 • 배당의무 없음 • 법인세 부과

리츠는 대부분 개발(나라마다 기준은 틀리지만)할 수 있지만, 제한이 있습니다. 앞의 표에서 알 수 있듯이 총 매출이나 순자산 제약 사항으로 인해 미국 리츠의 경우 부동산 개발을 대개 전체 자산의 10% 이하로 합니다. 그것도 부동산전문 개발회사에서처럼 '개발을 완료한 후 매

각을 목적으로 한 개발'이 아니라 '리츠가 직접 지어서 자기빌딩으로 쓰면서 '임차인을 유치할 목적으로 한 개발'이라는 차이가 있습니다. 부동산 개발회사에 투자하는 것은 '개발사업'에 투자하는 것과 비슷합니다. 이런 사업에 투자하면 어떤 해는 개발 후 매각을 통해 매출과 이익이 크게 늘어나고, 어떤 해는 이익이 줄어드는 등 매출이나 이익의 변동성이 해마다 큰 편입니다. 반면, 리츠의 주 수입원인 임대업은 임대료 수입이 꾸준하지요. 이런 이유 때문에 개발회사 주식은 리츠보다 변동성이 큰 경향이 있습니다.

경기가 냉각되거나 부동산 빌딩 공급이 많아지면 어떻게 될까요? 리츠는 최악의 경우 임대료를 못 걷거나 공실률이 늘어나겠지만, 부채비율도 높지 않아 그리 위험한 수준은 아닐 겁니다. 그런데 개발회사가 부채비율이 아주 높을 때는 위기를 겪는 경우가 많습니다. 대신 경기가 좋아지고, 현재 공급량이 적은 시기라면 부동산 개발회사의 기대 수익률이 더 좋을 수 있습니다.

개발사업의 특징을 이해하셨기 때문에 리츠 펀드나 리츠에 투자하실 때는 다음 두 가지를 체크해보세요.

- **리츠 펀드**: 부동산 개발회사 비중이 얼마나 되는지 자료를 찾거나 펀드 판매직원에게 물어보세요. 생각보다 개발회사 비중이 펀드 수익률에 미치는 영향이 큽니다. 일본, 홍콩, 싱가포르, 호주 등 아시아권에서는 상장된 부동산 회사 중 개발회사 비중이 40~50%입니다.

- **개별 리츠**: 리츠 내에 개발사업 비중이 어느 정도 되는지, 과거 개발 성공 경험이 많았는지를 확인합니다. 개발 비중이 높아도 공사를 시작하기 전에 선임대*(Pre-Lease)에 성공하거나 리츠 자체나 프로젝트상 부채 비율을 낮춘 경우, 위험을 크게 낮출 수 있습니다.

알아두세요

선임대(Pre-lease)
공사 시작 전에 지어질 빌딩이나 아파트의 임대차 계약을 완료하는 것

보스턴 프로퍼티스(미국 최대 오피스 리츠)나 디지털 리얼티 트러스트(Digital Realty Trust, 미국의 대표적인 데이터센터 리츠)도 개발 프로젝트의 과거 성상률이 좋았던 기업들이죠. 그동안 빌딩을 성공적으로 개발했던 리츠, 과거 실적이 좋았던 리츠가 향후에도 개발에 성공할 확률이 높습니다. 왜냐하면 빌딩을 짓는 개발은 자금조달, 디자인, 선임대, 복잡한 건설 과정 등이 복잡하고 어렵기 때문에 단순히 빌딩을 시장에서 매입하는 것보다 난이도가 높기 때문입니다. 이런 난이도 높은 프로젝트를 어떤 리츠가 처음 시작한다든지, 그 비중을 급격히 늘린다면 일단 그 추이를 체크해보거나 평상시보다 리스크가 높아졌다고 생각하는 것이 좋습니다.

REITs

54

종목 배팅은 어떨까?

2단계 섹터와 지역까지 결정하면, 그 안에서 종목을 선택하는 것이 좋습니다. 종목 선택 시 지역이나 섹터의 특징을 충분히 파악하지 못한 상태에서 투자하면 안 됩니다. 우리나라니까 강남 또는 부산의 상권에 대해서는 임장도 하고 국문 리포트도 볼 수 있지만, 해외 리츠의 경우의 종목에는 섹터 리포트도 구하기 힘듭니다. 따라서 섹터, 지역의 특성을 파악하지 않은 채 수년간의 수익률, 단순한 배당수익률, 단편적인 정보만 알고 투자하는 개별 종목 투자는 '숲은 못 보고 나무만 보는' 투자가 될 수 있습니다.

우리나라에서는 많은 분이 해외 투자가 초기 단계이기 때문에 해외 리츠의 내용을 잘 파악하고 투자한다기보다는 어떤 종목이 배당률이 가장 높고, 배당이 꾸준했는지를 중심으로 수치상 좋아 보이는 종목들을 수개 골라 섹터나 지역, 과거 수익률 등을 간략히 보고 결정합니다. 이런 내용도 매우 중요하지만, 부동산의 본질적인 핵심 내용을 놓칠 우려가 있습니다.

따라서 종목을 배팅하기 전 섹터와 지역부터 결정하는 것이 좋습니다. 첫째, 종목에 대한 공부는 (해외 리츠에 관한) 자료를 구하기 힘듭니다. 회사 IR 자료가 있긴 해도 영문이라 파악하는 데 시간이 걸립니다.

외국 종목은 해외 증권사에서 주로 리포트를 내는데, 일반인들이 구하기 힘듭니다(Investing.com과 같은 미국 주식 정보 사이트에서 개략적인 내용은 알 수 있습니다).

둘째, 종목은 자주 변화하기 때문에 신경을 많이 써야 합니다. 종목 공시, 뉴스, 분기 실적 등은 반드시 살펴봐야 합니다. 섹터나 지역의 변화는 상대적으로 천천히 진행됩니다.

셋째, 종목을 고르려면, 섹터와 지역을 공부해야 합니다. 더욱이 자주 변하는 내 배팅 종목에 대한 공부까지 하려면, 그 종목이 탁월한 차별성이 없는 한 효율성이 떨어집니다.

예를 들어 허드슨 퍼시픽 프로퍼티스(HPP, Hudson Pacific Properties)라는 종목은 미국 서부에 오피스를 주로 갖고 있는 리츠입니다. 여러분이 리츠에 투자할 때 HPP를 꼭 집어 투자하려면 오피스(섹터), 미국 서부(지역)라는 분야를 공부하고 그 섹터와 지역에 투자하겠다고 결정한 후 공통 영역에 속하는 미국 서부 오피스 영역에서 종목을 골라야 합니다.

'미국 서부 지역의 오피스'라는 카테고리 안에서 종목 A, B, C, D 및 HPP의 장기성과는 대개는 비슷합니다. 그러나 각 종목의 경영진, 전략, 빌딩들의 특성, 회사의 역사, 주주 구성, 재무 전략, 밸류에이션은 다르기 때문에 그중 개별 리츠인 HPP의 수익률이 탁월할 것으로 기대되면 HPP로 최종 결정합니다.

《 리츠의 섹터와 지역을 정한 후 종목을 고르는 방법 》

지역 →

섹터 ↓

섹터	서울	미국 서부	영국
오피스		종목 A, B, C, D, HPP, …	
데이터센터			
임대아파트			

섹터, 지역을 잘 파악한 후 종목 리서치를 잘하셔서 최상의 종목을 고르실 수 있다면 가장 좋은 배팅이 될 것입니다. 그런데 방대한 해외 리츠 종목들에 전부 접근하기는 시간과 자료상 한계가 있으므로 섹터와 지역을 먼저 선택한 후 그 카테고리 안에서 종목을 고른다면 손품, 발품, 공부 시간 대비 성공 투자 확률이 올라가는 '가성비 높은 투자'가 될 것입니다.

보스턴 프로퍼티스 사례

1단계) 나에게 맞는 리츠 찾기(reit.com 사이트 활용)

일단 리츠를 찾으려면 미국리츠협회(NAREIT) 사이트(www.reit.com)에서 [Investing in REITs]의 [REIT Directory]에 들어갑니다. 이 사이트는 미국 리츠를 공부하기에 좋습니다. 책을 읽고 난 후 이 사이트를 꼼꼼히 공부하다 보면 리츠 트렌드, 기업 정도 등 다양한 정보를 얻을 수 있을 것입니다. 여기에는 섹터별, 상장별, 나라별, 최근 성과별 다양한 분류가 있지만 섹터 분류가 가장 의미가 있어 보입니다. 내가 찾는 리츠가 미국 리츠 중 오피스 대형 리츠라고 가정해보겠습니다. 오피스 섹터를 누르면 여러 오피스 리츠가 나옵니다. 이름으로 검색할 수도 있습니다.

2단계) 기업 기본 정보 찾기

NAREIT의 [회사 정보]에는 기본적인 회사 정보가 나옵니다.

"이 회사는(지역) 보스턴, 뉴욕, 워싱턴, 샌프란시스코, 프린스턴 5개 도시에서 주로 A급 빌딩을 다루며(자산 종류), 이 빌딩을 개발, 재개발, 신규취득, 운영, 보유하는 자기관리 리츠(전략)인 것입니다."

이외에 간단한 주가 정보, 즉 시가총액(현재 약 22조원), 현재 시가배당률, 주가 거래량 경영진에 대한 정보도 얻을 수 있습니다(NAREIT의 BXP 정보 사이트 페이지 발췌).

그러나 이 정보로는 많이 부족합니다. 회사의 자산이나 전략, 경영진 등을 더 알아보는 데 좋은 몇 가지 방법을 소개합니다. Wikipedia.org에 접속해 회사 이름을 입력하면 이런 정보가 상세히 나옵니다. 회사의 역사와 보유하고 있는 유명 빌딩들의 이름이 나오며, 이 빌딩에는 미국에서 가장 비싼 빌딩 중 하나인 제너럴 모터스 빌딩(General Motors Building)과 존 핸콕 타워(John Hancock Tower) 등도 포함돼 있습니다.

최고 경영자를 아는 것도 중요합니다. 'Mortimer Zuckerman'을 눌러보면 주주나 최고 경영자의 경력, 가족관계, 관심사 등을 알 수 있습니다. 주커만은 미국의 대표적인 부동산 재벌 중 하나로 1970년도에 설립한 보스턴 프로퍼티스 외에도 「US News & World Report」의 사주이자 편집장입니다. 그 이전에는 하버드, 예일대학교의 교수였고, 3조원의 자산을 갖고 있는 세계 688위의 부자입니다(2016년 기준). 참으로 다채로운 경력의 소유자입니다. 회사의 재무정보나 최신 뉴스를 좀 더 알고 싶다면 야후 파이낸스(yahoo finance, investing.com) 사이트가 도움이 될 것입니다.

3단계) 회사의 전략 찾기(홈페이지, 경영진 인터뷰, 애널리스트 리포트)

상기 사이트에서 개략적인 정보를 수집했다면, 그다음으로 중요한 것은 회사의 전략이나 회사가 보는 회사의 이익 전망일 것입니다. 당연히 우리는 리츠 회사가 갖고 있는 빌딩들의 주요 시장이나 섹터의 향후 전망과 전략(자금조달, 취득, 처분, 개발 등) 등이 향후 리츠 수익에 큰 영향을 미칠 것이라는 것을 알고 있습니다. 이 정보에 대한 가장 좋은 정보원은 회사 경영진의 인터뷰나 홈페이지에 있는 투자자를 위한 IR 자료입니다. 최근 한국 애널리스트들도 리츠 분석 리포트를 발간하기 때문에 이 자료도 참고합니다. www.bostonproperties.com에 방문하면 가장 먼저 회사의 기본 전략을 알 수 있습니다.

"Premier Quality, Core Market, High Quality Tenants, Experienced Leadership"
[최상급 빌딩(포트폴리오 내역을 보면 안다), 주요 도시(미국의 주요 대도시 5개), 고품질 고객(즉, 전 세계 대기업), 경험이 풍부한 경영진(미국의 부동산 재벌)이 경영하는 리츠]

이 리츠는 아주 모범적인 자산을 갖고 잘 운영되고 있는 것으로 보입니다. 그다음으로 메뉴에 보유하고 있는 주요 빌딩들이 나열돼 있습니다. 유명한 샌프란시스코의 엠바카데로(Embarcadero)나 뉴욕의 타임스퀘어 타워(Times Square Tower) 등의 사진이나 임차인 내역이 나와 있는데, 타임스퀘어 타워의 경우 'Developed by Boston Properties'라고 나와 있어서 이 회사가 건물을 매입할 뿐 아니라 대형 빌딩의 개발도 직접 한 후 보유하는 전략도 구사하고 있다는 것을 알 수 있습니다.

회사에 대한 내용을 빨리 파악하고 싶다면, 앞의 과정을 생략하고 바로 [Investors Relations]라는 메뉴에 들어갑니다. 여기에는 회사의 각종 보고서(연차보고서 금융위 제출 보고서) 등이 있습니다. 이런 자료를 보면 회사의 전략을 알 수 있습니다. 여기서는 그중 하나인 'BXP IR Presentation 2018년 2분기 실적 슬라이드'를 중심으로 살펴보겠습니다. 연차보고서나 정례보고서에는 좀 더 자세한 자료가 나와 있고, 초보자에게는 회사가 실적 발표 기간 또는 컨퍼런스에서 회사를 소개하기 위해 만든 슬라이드 형식이 처음 보기에 좋을 것입니다.

- **전략**: P4, 5에 회사의 전략이 투자, 재무, 임차별로 자세히 나와 있습니다. 회사는 적극적으로 개발 기회를 찾고, 밸류-에드(value-add) 방식의 매입을 우선시하며, 선택적으로 자산을 매도할 계획이라고 합니다. 즉, 매도보다는 매수, 개발에 더 무게를 두고 있는 상황입니다.

  재무전략도 현재의 보수적인 태도를 유지할 것으로 보입니다. 레버리지 비율을 확대하기보다는 EBITDA 등의 현금흐름을 강화해 레버리지 비율을 감소시키려고 합니다.

  개발자산의 안정화를 위한 준공 전 임차를 통해 개발로 인한 리스크를 낮출 예정입니다. 85%의 개발 예정 자산이 이미 선임대 완료됐습니다. 점유율 목표는 91~93% 유지입니다. 이를 달성하기 위한 세부전략들도 소개돼 있습니다.

- **개발 파이프라인**: 향후 개발 계획인 자산들

- **이익 분해**: NAV 계산, 향후 2022년까지 5년간 unlevered cash return(무차입, 현금 기준 수익률) 평균 6.9% 예상의 근거 자료 제시

- **장기수익률**: 1997년 상장 이후 누적 주식수익률이 1,158%로서 S&P500(미국 우량 대형주 지수) 354%, 미국 리츠지수 527%를 훨씬 능가했습니다. 이 수익률은 연 평균 12.4%로, 이런 대형 코어 자산을 갖고 있으면서도, 이 정도로 주가가 상승했다는 것은 리츠의 경영진이 단순한 보유 전략 외에도 개발, 임차, 자금조달 전략 등 다양한 전략 구사에 성공해 가치를 상승시켰다는 것을 의미합니다.

- **지역별 상황**: 주요 5대 대도시 시장 임대료 및 회사 자산 상황(15년간 샌프란시스코의 임대료 성장률은 연 6.1%로서 뉴욕 3.5%를 뛰어넘습니다. 3.5%이면 매우 훌륭한 수치입니다. 미국의 상업용 부동산 임대료 인상률은 대개 미국 인플레이션을 능가합니다)

마지막으로 경영진의 인터뷰를 통해 회사의 전략을 알 수 있습니다. 미국 경영진은 한국과 달리, 회사 업황에 대한 인터뷰 등을 자주 하는 편이고, 이 자료는 홈페이지뿐 아니라 유튜브, 구글에서 쉽게 접할 수 있습니다.

일반투자자들은 이렇게 고품질의 공개된 자료를 통해 양질의 정보를 접할 수 있으며, 미국이나 한국 등 선진국의 고품질의 빌딩들을 리츠를 통해 '직구'할 수 있습니다.

해외 리츠 종목 정보 찾기(사례)

해외 리츠의 정보는 어떻게 찾는 것이 좋을까요? 다음 체크리스트는 이 항목들을 세부적으로 정리한 것입니다.

이번에는 세계 최대의 오피스 리츠인 '보스턴 프로퍼티스'에 대한 정보를 찾는 '부동산' 씨의 사례를 통해 리츠 홈페이지에서 리츠 투자에 필요한 정보를 어떻게 찾을 수 있는지 알려드리겠습니다.

《 개별 리츠 투자 시 체크리스트 》

항목	리츠에 미치는 영향	참고할 점들
우수한 경영진(자기관리 리츠) 또는 리츠운용팀 (위탁관리 리츠)	리츠의 중요한 전략 수립 및 수행 결정	• 경영진과 리츠운용팀의 경력 • 운용사, 경영진의 평판 • 과거 리츠의 수익률
지역/섹터 구성	• 리츠의 부동산 자산의 성격을 규정 • 리츠의 수익률 및 M&A 대상 가능성 예측	• 현재 섹터와 지역 분포 • 향후 변화 계획 체크 • 섹터와 지역 전망 지식
자산운용 전략	외부 및 내부 성장전략 이해	• 섹터와 지역 전망 개발 • 밸류-애드(Value-Add) 등 운용 전략 • 사이클에 따른 매도·매수 전략
자금 운용	• 위기 시 리스크 관리 가능한 폭 이해 • 리츠의 새로운 자산 매입 가능성 예측	• LTV(Loan to value) 등 부채비율 • 개발자산 리스크 측정
수수료 (위탁 운용의 경우)	수익률에 미치는 리츠의 수익률 영향 계산	위탁운용사와 리츠의 수수료(일반, 성과 보수)
가치평가(valuation)	비싸게 투자하면 수익률 하락	NAV, P/FFO, 배당률 등

"미국에서 가장 큰 오피스 리츠인 보스턴 프로퍼티스의 최근 10년간 투자 수익률은 연 7%에 달했다(2020년 1분기 기준)."

보스턴, 샌프란시스코, 뉴욕에 107개의 대형 A급 빌딩을 보유하고 있는 이 대형 리츠는 어떻게 이런 대형 오피스 리츠로 성장할 수 있었을까요? 앞서 이야기한 내부성장과 외부성장 전략 및 자금조달 전략을 적시에 활용해 수익률을 최대화했기 때문입니다. 이를 가능하게 한 것은 리츠의 경쟁력과 관련돼 있습니다. 인베스팅닷컴(investing.com)과 같은 주식 정보 사이트에서는 기업 개요나 재무정보를 쉽게 찾을 수 있지만, '경영진 역량: A+, 전략: 외부개발에 특화돼 있음'과 같은 전략적 사항에 대한 정보는 찾기 어렵습니다.

그렇다면 어떻게 찾아야 할까요? 직접 회사의 자료나 경영진 인터뷰 등을 찾는 노력, 소위 손품을 좀 팔아야 합니다. 그 대신 한 번 찾은 경영진의 역량이나 전략은 쉽게 변하는 자료가 아니므로 오랫동안 유용하게 쓰일 겁니다.

열째
마당

리츠에도
가치투자가 있다!

난이도가 있지만 가장 고수익을 기대할 수 있는 가치투자방법은 좋은 타이밍에 매수, 매도하는 것입니다. 열째마당에서는 그 노하우에 대해 알아보겠습니다. 주식투자를 해봤다면 더욱 적극적으로 활용할 수 있을 것입니다.

55

REITs

가치투자 vs. 모멘텀 투자

상황보다 본질을 중시하는 가치투자

저는 리츠 투자나 주식투자에 익숙하고 투자 성공 경험이 많으신 소수의 투자자들을 제외하고는 리츠 투자 타이밍을 노리는 투자를 권하지 않습니다. 다시 한번 강조하지만, 대다수의 투자자에게는 아파트나 빌딩에 투자하듯 일단 사서 장기간 갖고(버티고!) 있기, 정기적으로(한달 또는 1년에 한 번씩) 여윳돈이 생길 때마다 꾸준히 리츠에 투자하는 방식을 권합니다. 이것이 바로 가장 안전하고 수익률도 높은 '빌딩 투자식 리츠 투자법'입니다.

하지만 주식투자에 능한 투자자들은 투자 타이밍을 활용해 수익률을 더 높일 수 있습니다. 리츠의 가치가 낮아진 순간에 투자하기 때문에 '워런 버핏식' 또는 '강남 토박이 투자자식' 방법이라고 할 수 있습니다.

앞에서 워런 버핏이 스토어 캐피털에 투자했던 일화를 소개했습니다. 워런 버핏이 이 리츠에 투자한 때는 이 리츠의 NAV가 평소보다 낮게 거래되는 시기였습니다. 예일대학교의 기관투자가인 데이비드 스웬슨도 "순자산이 할인될 때 리츠에 평소보다 많이 투자하라."고

말했습니다.

거장들이 말했던 것처럼 리츠의 성공적인 가치투자란, '밸류에이션이라는 닻을 내리고, 때가 오길 기다렸다가 원하는 시기에 물고기라는 투자 시기가 오면 눈을 질끈 감고 물고기를 잡아올리는 방법'입니다. 이것이 바로 타이밍에서의 알고리츠이기도 합니다.

여러분이 타임머신을 타고 2012년으로 돌아가신다면 전세금이 5억 5,000만원인 대치동 구축 31평 아파트 가격이 7~8억원 정도일 때 사시겠습니까? 얼마나 돌아가고 싶은 시절이겠습니까? 그 아파트는 2020년 후반 기준으로 약 20~25억원에 거래되고 있습니다.

그런데 당시에 이렇게 이야기하는 사람은 극소수였습니다. 주로 강남에 집이 있는 토박이 투자자들이었지요.

"갭이 1.5~2억 정도이므로 하나 사두면 언젠가는 오르겠지요. 지금은 안 오를 것 같아 보이지만 언젠가는 올라갈 겁니다. 그리고 수요, 공급상으로 보면 지금이 바닥으로 보여요."

그러나 당시 많은 여의도 금융 전문가들의 반응은 부정적이었습니다. "정부에서 아직 완화책을 내놓지 않았고, 사는 사람들도 아직 없습니다. 이젠 시대가 바뀌었습니다. 집으로 돈 버는 시대는 끝났습니다."

앞서 강남 토박이 투자자는 '부동산 가격은 사이클이 있지만, 오랜 기간 보면 부동산이 우상향한다는 것'을 믿고 '갭이 작은 것을 활용한 밸류에이션 점검'을 했으며, '장기간 호흡의 수요와 공급'을 체크했습니다. 가장 중요한 것은 원하던 1.5~2억원 정도의 작은 갭이었을 것입니다(이제는 상황이 변해 다음 바닥 사이클에는 다른 종류의 갭과 가격 형태가 올 수 있습니다). 그러나 핵심은 자산이 싸다고 생각하는 가격대를 계산한 후 그 가격대 즈음이 오면, 생각했던 바닥 시그널(대개 수요 공급 상황)을 확인한 후 '용기 있게' 투자하는 것입니다.

워런 버핏이 넷리스 리츠인 스토어 캐피털에 투자한 것도 이와 비슷한 논리였습니다. 2017년에는 리츠에 대한 부정적인 의견이 팽배했을 때였습니다. 금리가 본격적으로 오를 것이라는 전망하에 리츠에 대한 부정적인 의견이 많았고, 주가가 하락했습니다. 더욱이 스토어 캐피털은 넷리스 형태이므로 대형쇼핑몰보다 인터넷 쇼핑의 확장의 영향을 덜 받긴 하지만, 임차인이 의류, 가구점 등 리테일 상점이어서 구조적인 성장 섹터는 아니었습니다. 다음 2017년 차트를 본다면 워런 버핏이 매입한 시점에 이 리츠의 주가가 계속 하락하며 지지부진했던 것을 알 수 있습니다.

《 스토어 캐피털 차트 》

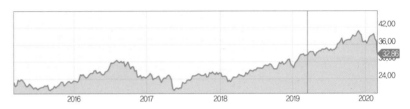

이 리츠가 곧 좋아질 것이라는 뉴스(단기 모멘텀)에 의지해 리츠를 사려고 한다면, 워런 버핏처럼 좋은 타이밍을 찾지 못합니다. 워런 버핏은 수년간 스토어 캐피털 경영진에게 연락해 사업에 대해 물어봤다고 합니다. 버핏의 투자 특성상 스토어 캐피털이 인터넷 쇼핑몰의 확장이라는 불리한 환경에도 불구하고, 이 분야의 특징상 오랫동안 좋은 현금흐름을 창출할 수 있는 섹터와 리츠라고 생각한 후 2017년이 오자 '가격이 상당이 싸다.'라는 판단으로 투자했을 것입니다.

코로나가 창궐하기 시작했던 2020년 2월 말, 많은 전문가들은 입을 모아 코로나의 진정 상황을 확인하고 투자하라고 했습니다. 이는 상황을 보면서 투자하는 모멘텀 투자●의 관점인데 , 실상 코로나가 진정되고 난 후 이미 리츠의 주가는 바닥에서 꽤 상승했습니다. 워런 버핏은 다음과 같이 이야기합니다.

"나도 짧은 기간을 예측하고 싶지만 불가능합니다. 경기 동향 숫자는 체크하지만 이 사업이 10년, 20년 후 어떻게 될지는 모릅니다. 그때쯤이면 코로나 바이러스의 영향은 사라졌을 것입니다. 주식을

알아두세요

모멘텀 투자
장세나 주식가격이 상승세냐, 하락세냐 하는 기술적 분석과 시장 심리 및 분위기 변화에 따라 추격 매매하는 투자 방식을 말한다.

사는 것은 사업을 사는 것입니다. 약세장이니까 더 기다리면 좋을 것이라고요? 그것을 예측할 수 있으면 좋은데, 저도 예측하지 못합니다. 신문을 읽어도, 내 이야기를 들어도 시장을 예측하진 못할 겁니다."

만약 그동안 사고 싶은 리츠지수의 가격이 여러 이유로 인해 예전에 원했던 만큼 하락했다면, 부정적인 생각이 많이 들겠지만 이럴 때 훌륭한 상업용 빌딩을 싸게 사는 기회라고 생각을 전환하면 워런 버핏식 가치투자를 할 수 있지 않을까요?

시장의 분위기를 살피는 모멘텀 투자

앞에 언급한 2012년 집값에 대한 여의도 전문가들의 의견은 모멘텀에 바탕을 둔 것으로, 가치투자와 반대입니다. 모멘텀 투자는 가격이 싼지, 비싼지의 여부보다는 현재 상황이 나쁜지, 좋은지를 더 중요하게 생각합니다. '부동산은 최종적으로 우상향하는 자산의 성격'보다는 '현재 아파트 가격이 계속 내려가고 있으며, 당분간 오를 것 같지 않다.'는 단기적인 동향과 뉴스를 체크하면서 '부정적인 뉴스와 주변 동료들의 반응'을 찾으면 안심을 합니다. 강남 구축 아파트 갭이 작은 것은 이런 부정적인 상황에서는 당연한 것으로 여기고 '밸류에이션'보다 '투자 분위기', 즉 '모멘텀'을 더 중요시했습니다.

하워드 막스, 조지 소로스, 줄리안 로버트슨
이들은 모멘텀 투자의 고수인 헤지펀드의 수장들입니다. 매크로 트레이더(경제 상황을 보고 배팅하는 전문 투자자)인 경우가 많습니다. 짧은 시간에 고수익을 내야 하므로 먼저 국면을 보고 짧은 기간에 많이 오를 것 같은 자산을 고르는 투자자들입니다(선국면 판단, 후투자). 고수들은 큰 사이클과 작은 사이클 모두 잘 보면서 투자하기 때문에 모멘텀 투자의 성공 확률이 높습니다.

일반인의 경우 사이클에 대한 상황을 파악하기 어렵기 때문에 모멘텀 투자를 할 경우 시류에 휩싸여 오히려 실패하기 쉽습니다. 장점은 본인의 의견에 공감하는 사람들이 많아 외롭지 않게 투자할 수 있다는 것입니다(보통 '무리와 함께하는 정신(Herd Spirit)'이라고 합니다). 증권시장에서는 이를 '같이 투자'*라 부르기도 하지요.

제 경험상 장기적으로 주식운용 수익률이 좋은 매니저들은 대개 자기만의 투자관을 가진 분들이 많았고, "우리가 남이가." 하면서 자기 의견보다는 동료 투자자들의 동향을 더 살피는 매니저분들은 단기적으로는 수익률이 좋을 수 있지만, 장기적으로는 좋은 수익률을 계속 유지하기 힘들었습니다.

그래서 저는 리츠 투자의 타이밍을 찾는 분들에게는 워런 버핏식 가치투자 방식을 권합니다. 훨씬 편하고 안전합니다. 두 번째 방법으로 투자하면 매일 시장과 뉴스를 확인하고, 이게 무슨 의미가 있는지 고민하느라 생업에도 지장을 받을 것이고, 실패할 경우 잠도 안 올 정도로 불안하실 겁니다.

워런 버핏처럼
리츠도 가치투자하라

리츠 가치투자로 고수익 올리기

만약, 강남의 대표적인 아파트, 즉 래미안대치팰리스, 압구정현대아파트, 아크로리버파크를 보유한 '한국강남아이콘아파트 리츠(가칭)'가 상장돼 거래됐는데, 코로나 바이러스 때문에 주가가 동반 하락해 이 아파트들의 시가보다 약 20% 할인된 가격에 거래된다면 여러분은 어떻게 하시겠어요? 이런 경우 더 하락한 리츠를 사는 것이 장기적으로 수익률이 더 괜찮았다는 과거의 데이터도 있고, 특히 이 리츠는 소액투자로도 가능하므로 저 같으면 한국강남아이콘아파트 리츠를 사겠습니다.

좀 더 싼 시점에 리츠에 투자하는 방법에는 여러 가지가 있겠지만, 많은 투자 고수들 사이에서 검증된 방법은 보유한 실물자산가치와 비교해 현재의 상황을 판단하는 것입니다.

이때는 순서가 중요합니다. 즉, 밸류에이션 기준점을 정하고, '장기적'인 수급 상황과 사업전망을 체크하면서 투자 결정을 합니다. 분위기가 좋아질 것인지를 먼저 살펴본 후에 밸류에이션을 보면 단기적인 우려 또는 흥분, 동료들의 설득에 휘둘리게 됩니다. 즉, 싸다고 생각한 가격을 먼저 생각해두는 것이 중요합니다.

리츠라면 주로 NAV 또는 순운영 현금흐름(FFO)을 기준으로 한다든
지 해서 과거 오랜 기간 동안의 리츠가 거래됐을 때의 밸류에이션
평균치를 기준으로 삼아 리츠가 그 평균치보다 저렴하게 거래될 때
리츠를 매입하려고 노력해야 합니다.

대개 경제 침체기에는 리츠 가격이 위험자산인 주식보다 덜 하락하
거나 올랐습니다. 현금흐름이 풍부하고, 비교적 안전자산으로 취급
받기 때문이시요.

《 상장부동산 주식의 절대 성과 추이 》

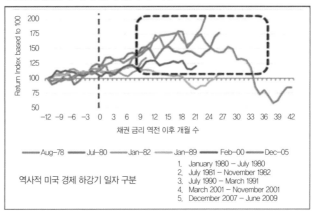

장단기 채권 금리 역전 12개월 전부터 경기 침체가 끝날 때까지의 상장부동산 주식의 절대 성과 추이
(출처: Quay)

그런데 위기의 와중에 리츠 가격이 하락했을 때는 어떤 가치평가 기
준을 선택하는 것이 좋을까요? 가장 중요한 몇 가지를 조합해보면
더 좋겠지만, 쉽게 접근할 수 있는 하나를 고르자면 위기 시에는 청
산가치에 많이 주목하기 때문에 이와 비슷한 NAV가 좋은 참고가 됩
니다.

알아두세요

P/NAV(Price to NAV)

현재 증시에서 거래되는 리츠의 가격을 NAV로 나눈 것을 말한다. 주식의 P/Book(Price to Book 또는 PBR, 주당 NAV)와 비슷한 개념이지만, NAV는 현재 실제 시장에서의 감정가이고, Book은 과거 자산매입 당시의 가격이므로 P/NAV가 좀 더 현재 주가가 NAV보다 고평가됐는지, 저평가됐는지를 잘 나타내준다. P/NAV가 +이면 청산가치보다 높게 거래돼 투자자가 그 자산이나 주식의 전망을 긍정적으로 보고, P/NAV보다 낮게 거래되면 현재 청산가치보다 낮게 거래돼, 투자자가 부정적인 전망을 하고 있음을 나타낸다.

《 미국 리츠 P/NAV* 차트 》

(출처: 그린 스트리트 홈페이지)

《 글로벌 리츠 주가지수 추이 》

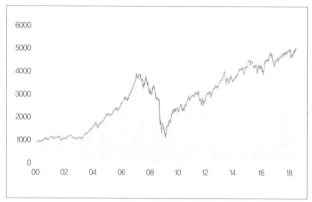

(출처: 블룸버그, FTSE EPRA NAREIT DEVELOPED Total Retrn Index USD)

위의 그림을 보면, 리츠가 NAV 대비 할인 거래되는 시기를 알 수 있습니다. 대개 인터넷 버블 시기, 리먼브러더스 사태, 금리 인상 전망 시기(실제로는 금리가 오히려 내렸습니다) 등 리츠에 부정적인 의견이 팽배할 때 할인 거래됐죠. 그러나 과거 30년간을 살펴보면, 주로 NAV(청산가치에 가깝죠)의 10% 이상 할인되는 경우는 많지 않았습니다.

그러나 많이 심각한 위기, 예를 들면 2000년대의 인터넷 버블 시기 때는 20%, 리먼브러더스 사태 때는 40% 이상 할인받았습니다. 리츠의 하락이 일어날 만한 경제적 악재가 생겼을 때, 이 위기가 리츠에 미치는 영향이 어느 정도인지 판단하면 리츠의 바닥을 가늠해볼 수 있습니다.

두 번째로는 상황이 언제 개선될 수 있을지 알아봅니다. 가격이 비슷하게 하락한 리츠 중에서 경쟁력을 빨리 회복할 리츠를 사는 것이 수익률에 도움이 됩니다.

다시 한번 강조하지만, 매력적인 가격을 중심으로 기준을 정한 후에 상황이 호전되는 타이밍을 찾는 것을 부차적인 기준으로 두는 방법이 성공률이 높은 가치투자법입니다.

가치투자의 결과는?

앞서 리츠는 부동산 가치가 남기 때문에 다른 투자보다 바닥을 측정하기 쉽고 상대적으로 가격이 싸면 반등할 가능성이 높은 자산이라고 말씀드렸죠? 과거에 리츠를 순자산 대비 할인가에 샀을 때의 결과는 어땠을까요?

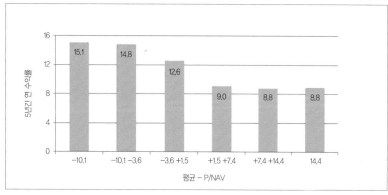

《 P/NAV 가치평가 시점에 따른 5년간 연평균 수익률 》 (단위: %)

(출처: NAREIT)

리츠에 가치투자를 했을 때의 결과는 매우 좋았습니다. NAV가 10% 이상 할인됐을 때 리츠를 매입했더니 그 후 5년간 연평균 수익률이 연 15%에 달했습니다.

주가가 NAV보다 10% 이상 할인될 때 투자하면 동일한 품질의 실물 빌딩보다 10% 이상 할인된 가격에 사는 것이므로 수익률이 좋을 가능성이 높습니다.

NAV 등 밸류에이션 정보를 찾는 방법

안타깝게도 미국 리츠나 일반 리츠의 NAV 정보를 얻는 것은 쉽지 않습니다. 계산할 수 있는 방법도 있지만, 이마저도 일반인들에게는 어렵습니다.

리츠지수의 NAV 할인율은 투자한 펀드의 자산운용보고서에 설명돼 있습니다(예: "최근 리츠는 NAV가 ○○% 할인돼(또는 비싸게) 거래되고 있습니다."). 이런 문구가 없다면 매입한 증권사 투자 창구나 상품을 운용하는 자산운용사에 물어보시는 것이 좋습니다.

위 그림처럼 '그린 스트리트'라는 회사의 홈페이지에 들어가보면 장기간의 미국 리츠 P/NAV 정보가 나옵니다. 개별 리츠의 경우에는 회사 IR 자료나 애널리스트 분석 자료에 NAV나 FFO 등을 밝히고 있습니다.

'리츠 투자 타이밍 포착하기'를 한 줄로 요약한다면, '투자하고자 하는 리츠의 적정 밸류에이션(가치평가)을 생각해보고 이보다 가격이 하락하면 투자하기'입니다.

리츠 투자 가치평가 활용 팁

리츠 가치평가에도 '알고리츠'의 원리를 적용하는 것이 좋습니다. '어떤 경우에 필요하며 어떤 방법으로 가능한가?'라는 질문을 해결해주기 때문입니다. 다만, '실제로 투자에 도움을 주며', '적용하기 쉽다.'는 조건을 갖춰야 합니다. 그럼 리츠의 가치평가가 가장 필요한 순간은 언제일까요?

가치평가는 중·단기의 매수, 매도 타이밍에 유효하다

가치평가가 필요한 순간은 단기나 중기의 매수·매도 타이밍입니다. 알고리츠 투자방법 1단계(금액, 기간)나 2단계(섹터/지역)에선 장기투자를 강조하고 있으므로 가치평가에 민감하게 반응하지 않아도 대부분 성공합니다. 하지만 단기나 중기로 주식처럼 매매를 하실 경우에는 타이밍이 큰 역할을 합니다.

그래도 '자산 배분'이 더 중요한 이유

워런 버핏은 "타고 있는 배가 항상 샌다는 것을 알게 되면 구멍을 막느니 차라리 배를 바꿔 타는 것이 생산적이다."라고 말했습니다. 자산 선택의 중요성을 강조한 말이죠.

골프를 칠 때 잘못된 방향으로 장타를 치면 오히려 골칫거리입니다. 리츠 투자에서도 '타이밍'보다 '배분'이 중요합니다.

실제 거주할 아파트를 살 때 타이밍을 너무 따지지 말고 살고 싶은 좋은 주택을 빨리 사서 보유하라고 많이 권합니다. 좋은 자산을 선택하려면 빨리 매입해 장기적인 상승효과를 누리는 것이 중요하지, 투자 타이밍을 노리다가(그 판단이 틀리기도 하지요) 5년 또는 10년을 그 자산을 사지 못한 상태로 가면 더 큰 손실을 입을 수도 있기 때문입니다. 또 한 가지는 저명한 투자가인 앙드레 코스톨라니의 '개와 주인의 사례'입니다.

한 남자가 개를 데리고 산책을 하는데, 둘은 산책을 하면서 같은 목표에 도달하게 됩니다. 주인이 1km 걷는 사이 개는 주인보다 앞으로 왔다, 뒤로 갔다 하면서 4km를 걷게 됩니다. 여기서 주인은 경제이고, 개는 증권시장입니다. 또는 주인은 어떤 자산의 본질가치이고, 개는 현재 시장에서 거래되고 있는 가격입니다. 장기적인 안목으로 보면 경제와 증권시장(또는 본질가치와 가격)은 같은 방향으로 진행되고 그 행로의 중간중간에 때로는 둘은 서로가 상반되는 방향으로 나아가기도 하지만, 주인이 개 줄을 끌어당기기 때문에 결국 개는 주인이 있는 곳으로 돌아옵니다.

이렇게 시장에서 거래되고 있는 가격(개)의 변동성은 왜 높은 것일까요? 주식시장에서 거래될 때는 '심리'라는 변수가 작용하므로 본질가치보다 좋게 보면 크게 상승하고, 비관적으로 보면 하락하기도 합니다. 이 논리를 이해하는 사람은 변동성을 이용해 자산을 싸게 매입하고, 이해하지 못하는 사람은 비싸게 매입합니다.
다음 그림에서 주인의 동선은 녹색 선(리츠가 보유한 빌딩들의 NAV, 즉 본질가치), 개의 동선은 파란색 선(리츠가 현재 시장에서 거래되고 있는 가격, 즉 시장가격)을 나타냅니다. 파란색 선이 녹색 선보다 높이 또는 낮게 위치할 때도 있지만, 장기적인 흐름은 같지요.

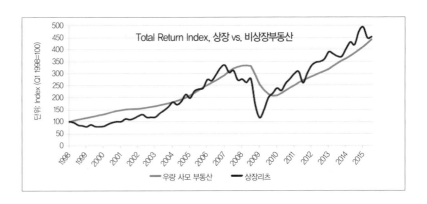

만약 2009년과 같이 본질가치(녹색 선)보다 싸게 거래되는 가격(파란색 선)에서 투자를 시작하면 분명 중·단기적으로 더 높은 수익률을 만듭니다. 이런 중·단기의 타이밍은 결과적으로 장기수익률에 영향을 미치지만, 타이밍을 잘 맞추지 못하는 투자자라도 장기투자자(그림에서는 1998년부터 2015년까지)라면 리츠 주가는 결국 본질가치(녹색

선)에 수렴합니다. 왜 가치평가가 장기보다는 중·단기수익률에 더 중요하게 작용하는지를 잘 보여주는 그래프이기도 합니다.

우리는 가장 먼저 여러 방향으로 왔다갔다하는 개보다는 주인의 방향에 주목해야 하고(자산의 본질가치 흐름), 그다음에는 개가 주인보다 앞서 갔는지(본질가치보다 비싼 시장거래가격), 뒤처졌는지(본질가치보다 싼 시장거래가격)를 살펴보고 이왕이면 개가 주인보다 뒤처졌을 때 사는 것이 좋습니다. 이를 위해 가치평가 기법이 필요합니다.

제가 밸류에이션을 이야기하기 전에 자산선택이 중요하다고 거듭 강조하는지를 잘 보여주는 것이 다음 사례입니다.

자산가 D씨는 리츠가 꼭 투자해야 하는 자산인 줄 알고 있다고 하면서도 결국 투자를 못하고 있다가 결국 가치가 많이 낮아 보이는 구리에 투자했습니다.

《 구리 가격 추이 》

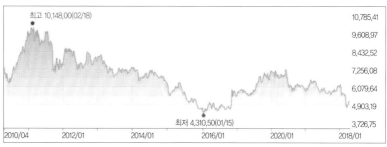

그림을 보면 아시겠지만, 위 그래프는 구리라는 자산의 시장거래가격(개)입니다. 주인을 따라 산책을 나가는 개처럼 올라가고 내려가는 자잘한 흐름이 계속 이어지지만, 2010년부터 2020년 초까지 장기적인 트렌드는 '하락'이었습니다. 이런 자산투자에서 6개월, 1년 동안 개가 주인보다 앞서는지, 뒤처지는지를 판단하는 것이 중요할까요? 단기 수익이나 잦은 매매를 통한 수익을 중시하는 헤지펀드나 딜러를 제외하고 말입니다.

구리는 '구리 박사(Doctor Cooper)'라는 별명이 있습니다. 구리는 자동차, 건설, 해운 등 인프라 산업재의 재료로 쓰이기 때문에 경기 사이클의 민감한 지표가 되고, 경기 시그널을 박사님처럼 알려준다고 해서 이런 별명이 붙은 것입니다.

그런데 2010년도 이후 현재까지는 산업재 주도의 경기회복 시기가 아니었고, 이를 반영한 구리 가격은 오랫동안 하락했습니다. D씨에게는 구리라는 자산의 특성과 상황 파악이 우선이고, 단기적인 타이밍 판단은 덜 중요했을 것입니다.

가치투자로 타이밍을 찾는 것은 모든 투자자가 할 수 있는 방법은 아니므로 투자 경험이 어느 정도 있으신 분들에게 권합니다. 리츠나 주식투자에 경험이 없는 투자자분들은 뒤의 가치평가법을 나중에 관심이 생길 때 살펴봐도 괜찮습니다.

● **투자 경험 수준별 리츠 투자법**
   - 초급 투자자: 자산만 사서 장기투자 또는 적립투자
   - 중급 투자자: 섹터, 지역, 종목 배팅
   - 고급 투자자: 가치평가로 투자 타이밍 찾기

초·중급 투자자는 다음에 소개할 가치평가에 대한 설명이 잘 이해되지 않는다 하더라도 걱정하지 마시고, 가장 중요한 '좋은 리츠 선택과 장기투자'라는 원칙을 상기하면서 투자해보세요.

가치평가법으로
리츠 투자 시점 찾기

앞에서 소개한 기본 투자방법에서 중요한 질문은 다음과 같습니다.

"리츠 펀드나 ETF에 언제 가입하는 것이 좋을까요?"

제가 추천하는 방법은 P/NAV의 활용입니다. 증권사나 자산운용사의 월간 리포트에서 제공하는 글로벌 리츠나 미국 리츠지수의 P/NAV를 활용하는 것입니다. 만약, P/NAV를 구하기 힘들다면 Price to FFO(P/FFO)를 사용하셔도 됩니다(P/FFO는 뒤의 가치평가 방법에서 설명합니다).

《 미국 리츠 P/NAV 차트 》

(출처: 그린 스트리트 홈페이지)

위 그림은 미국 리츠의 역사적 P/NAV 차트입니다. 긴 기간의 평균은 2.1% 정도입니다. 최고점, NAV 할증률이 역사적으로 거래됐던 가장 높은 권역인 15~20%인 단계만 아니면, 진입해도 괜찮다고 생각합니다. 왜냐하면 리츠가 매력적으로 평가되는 시점에서는 NAV에서 할증돼 거래되는데, 이 상태에서도 리츠는 상승을 계속할 가능성이 있기 때문입니다. 가격이 아주 싼 시점은 아니지만, 투자를 시작하기에 나쁜 시점도 아닙니다. 이와 반대로 NAV 할인 시점이 보통 싸다고 할 수 있지만, 이때가 자주 오는 것이 아니기 때문에 좋은 자산의 투자기회를 너무 오래 기다릴 수 있습니다.

"NAV보다 10% 할인된 시점에서 투자하면 실물 부동산에 투자하는 것보다 꽤 좋은 수익률을 얻는다고 하셨잖아요? 그 시점이 오면 알려주세요."

그 시점은 2016년부터는 1년에 1번꼴로 왔지만, 그 이전 시기에는 8년이나 4년만에 한 번 올 정도로 많이 기다려야 했던 적도 있었습니다. 리츠에 장기투자하면, 투자를 시작하는 최적 시점의 중요성이 점차 희석됩니다. 따라서 타이밍에 너무 집착해 좋은 자산에 투자할 기회를 놓치는 위험성이 더 큽니다.

기본 투자법에서의 가치평가법 활용하기(요약)

● 리츠 투자하는 가치평가 기준으로 P/NAV나 P/FFO를 참고한다.

● 처음 투자할 경우, NAV 할증률이 15~20% 이상일 때는 실물 부동산 사이클 및 전반적인 상황을 다시 체크해야 할 필요가 있다.

● 리츠 자산의 전반적 하락으로 NAV 할인율이 큰 상황이 생겼을 때라면, 역발상의 자세로 추가 투자를 고려해본다.

위 방법은 과거에 잘 맞았고 합리적인 상식에 기반을 둔 가치평가 이론에서의 추천 방법이지만, 상황에 따라 달라질 수 있음을 염두에 둬야 합니다.

리츠가 하락했을 때 가치투자한 기관투자가 K씨

리츠에 투자하기 가장 좋은 시점은 리츠가 가진 빌딩 가치보다 리츠 가격이 더 많이 하락했을 때입니다. 어느 날 기관투자가인 K 팀장님에게 연락이 왔습니다.

"리츠 가격이 최근 하락한 것 같은데 지금 기업가치를 보면 저희가 투자하는 비슷한 실물 빌딩 대비 어떤가요?"

"팀장님, 사실은 제가 지금이 좋은 시기라고 알려드리고 싶던 참이었습니다. 지금 리츠 가격이 보유하고 있는 실제 NAV 대비 15% 정도 할인받고 있네요. 그렇다고 중기적으로 보유하고 있는 부동산 가격이 하락할 것 같지도 않고요."

"지금 운용하고 있는 펀드 리스트를 좀 보내주세요."

대개 어떤 자산 가격이 하락하면 다른 분들은 더 하락할지 모르는 두려움에서 피하거나 최근 수익률이 더 좋은 다른 자산을 보느라 하락한 자산은 관심 리스트에서 제외해 버리기 마련인데, K 팀장님께서는 오히려 이럴 때 관심을 갖고 계셨습니다.

당시 K 팀장님이 투자한 지역의 리츠 펀드는 그 이후 1년 동안 20%가 넘는 상승을 보였으므로 가격이 떨어졌을 때 장기간 수익률이 좋은 리츠 펀드에 투자하면 더 높은 수익률을 거둔다는 좋은 예였습니다.

• 심화 •

리츠 가치평가법과
그 밖의 투자 상품

앞에서 살펴본 리츠의 가치투자법은 가치평가법을 알면 더욱 정교하게 투자할 수 있습니다. 난이도가 있기 때문에 공부하고 싶은 부분만 골라서 읽어도 괜찮습니다. 리츠와 관련한 다양한 투자 상품 소개와 함께 책을 마무리하겠습니다.

리츠 가치평가의 종류

리츠 가치평가 방법 소개 (1)

리츠의 가치평가 방법은 매우 다양합니다. 그 이유는 리츠가 부동산, 주식, 채권적 특성을 모두 갖고 있기 때문입니다. 당연히 가치평가 방법도 일반 주식보다 다양합니다. 주식 가치평가 방법도 여러 가지인데, 그 이유는 부동산, 채권적 측면의 가치평가 방법도 더해지기 때문입니다.

"리츠 평가 방법이요? 배당률이 높으면 되는 게 아닐까요?"

"여러 가지가 있을 텐데 왜 배당률로 평가하세요?"

"아, 그걸 많이 쓰시던데요…. 특별히 생각해본적은 없어요. IR 자료에도 주로 배당률이 설명돼 있고요."

해외의 리츠 보고서를 보면 다양한 방법을 모두 고려하거나 그 리츠에 가장 맞는 방법을 써서 계산하는데, 우리나라에서는 아직 한두 가지 방법으로 정해 평가하는 경우가 많은 것 같습니다. 주로 배당률과 FFO(Fund from Operation)입니다. 리츠의 특성을 잘 알고 성공 투자하는 '알고리츠'의 원리에서는 제대로 된 지식하에 투자방법이 나오는데, 가치평가도 이와 마찬가지입니다. 리츠 가치평가에 반영해야 할 리츠의 특징들 중 총 투자 수익률(Total Return) 10%(배당률 4%, 이익성장 6%) 개념을 기억하시지요?

《 리츠 수익률 구조도 》

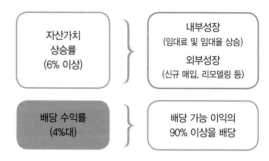

펀드에 포함되거나 포함될 빌딩의 수가 이미 결정된 부동산 펀드는 내부성장이 주가 되지만, 리츠의 경우는 영속적으로 매년 자산 수를 늘려나가기 때문에 외부성장의 비중도 큽니다. 그런데 여기서 배당률만 보면 리츠의 자산가치 상승에 대한 부분은 고려되지 않습니다. 배당수익률만 보더라도 리츠의 섹터상 업황의 변화 등 자산가치 변동이 상대적으로 크지 않으며, 이런 리츠는 채권적인 성격이 큽니다.

다음 두 리츠의 경우 중 여러분은 어느 리츠를 선택하시겠어요?
"멋진 상가(가칭) 리츠는 최근 들어 후퇴하고 있습니다. 인터넷 쇼핑 때문에 임차인이 파산하고 임대료가 걷히지 않아 멋진 리테일이 받는 임대료 수입은 향후 수년간 연 4%씩 하락할 것으로 예상됩니다. 이런 전망 때문에 주가가 계속 하락해 현재 시가 배당률이 11%입니다."
"성장 데이터센터(가칭) 리츠는 코로나로 인해 서버 수요가 급증하면서 임대료와 자산 성장이 수년간 연 6%가 될 것으로 예상합니다. 그동안 이런 전망이 반영된 덕분에 주가가 상승해 현재 시가 배당률은 4%입니다."

앞의 경우에는 자산성장률(-4%)+시가배당률(11%)=7%의 총 수익률, 뒤의 경우에는 자산성장률(6%)+시가배당률(4%)=10%의 총 수익률이 예상됩니다.

위 예는 현재 시가배당률만 볼 경우, 리츠가 가진 자산들의 수익을 바탕으로 한 가치가 고려되지 않는다는 맹점을 잘 나타낸 것입니다. 여기서 사용한 방법은 예상 총 수익률로 보는 가치평가 기법 중 하나이며 외국에서도 많이 사용합니다. 이 방법은 우리가 기대하는 리츠의 자산 성장 및 배당률에 대해 잘 설명해주고 있으며, 다양한 리츠의 성격에 맞는 가치평가 방법 중 하나입니다.

위의 예처럼 리츠의 가치평가 방법의 선택은 매우 다른 결과를 가져옵니다. 리츠는 부동산이면서 주식, 채권 같은 성격도 일부 갖고 있습니다. 그래서 리츠 가치평가 방법을 다양한 리츠의 성격에 따라 다음 세 가지로 나눠봤습니다. 주식 같은 외부성장에 많이 의존하거나 섹터의 업황 변화가 많을 때는 주식과 부동산처럼 평가하는 것이 적합하며, 그렇지 않은 경우에는 채권처럼 평가하는 방법도 좋을 것입니다. 참고로 모든 분류에 해당하는 DCF(Discounted Cash Flow, 미래 현금흐름을 적절하게 할인해 구한 현재가치로 기업가치 측정) 방법은 어떤 성격의 리츠에도 적용 가능합니다. 해외 애널리스트들의 분석에도 많이 쓰이고, 리츠의 성격에도 잘 맞지만 수년간의 리츠의 현금흐름을 예측하고 할인율을 적용하는 과정을 일반인이 직접 계산하기 어렵고, 계산한 내용이 맞는지 검증할 만한 자료를 찾기도 어렵습니다.

《 리츠 평가 방법 분류 》

분류	가치평가 근거	평가 방법
주식의 관점에서 평가하는 방법	상장기업처럼 리츠의 주 수입원인 임대료 수입과 이익	DCF(또는 DDM), FFO, AFFO, FFO 성장성

부동산의 관점에서 평가하는 방법	부동산처럼 리츠가 보유하고 있는 부동산 자산가치	DCF(또는 DDM), NAV(PBR), NOI 성장성. 총 수익률(Total Return)
채권의 관점에서 평가하는 방법	채권처럼 받을 수 있는 임대료를 기반으로 한 배당률	DCF(또는 DDM), 배당률과 국채와의 스프레드

리츠 가치평가 방법 소개(2)

각 평가 방법에서 리츠평가에 가장 많이 쓰이는 것은 FFO, NAV, 국채와의 배당률 스프레드인데, 이번에는 각각의 개념과 활용 방법을 설명하겠습니다.

공통으로 쓰이는 방법

사실 모든 평가법 중 합리적인 가정을 사용한다면 할인 현금흐름 분석법(DCF)과 배당 할인 모형(DDM)과 같은 리츠의 미래 현금흐름이나 미래 배당금 할인 모델이 가장 신뢰성이 높다고 생각합니다. 이러한 기업 고유의 현금 또는 배당금 창출 능력을 수치로 계산한 방법을 '내재가치 평가법'이라고 합니다.

- DCF(Discounted Cash Flow, 할인 현금흐름 분석법): 모든 분야에서 쓰이는 방법이고, 이론적으로 근거가 잘 마련돼 있어 외국계 증권사에서 주 가치평가법으로 많이 쓰인다. 몇년간 및 영구적인 현금흐름을 추정한 후 현재의 가치로 할인해 직접 계산하는 방법이다.
- DDM(Dividend Discount Model, 배당 할인 모델): DCF와 비슷한 이론이지만, 현재가치로 할인하는 대상이 주주에게 지급하는 배당이라는 차이점이 있다. 배당률이 높은 기업에 주로 적용한다.

위 방법들은 회사의 수년간 현금흐름이나 배당금을 계산해야 하므로 일반투자자가 사용하기에 어려움이 있습니다. 그래서 직접 계산하는 것보다는 다른 사람이 DCF를 사용해 계산한 내용의 주요 가정들, 즉 할인율, 영구성장률 등을 체크해 이 가정들이 합리적이면 현재 가격과 비교해 비싼지, 싼지를 가늠해보는 용도로 쓰는 것이 좋습니다.

리먼브러더스 사태 직전, 주식리서치팀에서 일할 때의 일입니다. 당시 매우 비쌌던 두산중공업의 기업가치평가를 DCF를 사용해 계산해보니 영구성장률을 거의 7% 수준으로 잡고 계산해도 당시 두산중공업의 주가보다 쌌습니다(영구성장률은 보통 0~2% 수준 적용). 두산중공업이 내재가치 기준으로 고평가된 것이 확실해 보여 2007년도 말에 두산중공업을 팔자고 운용팀에 제안했습니다. DCF나 DDM은 이처럼 아주 비싸거나 싼 주식을 평가할 때 좋은 확인 도구로 쓰일 수 있습니다.

주식 관점에서 평가하는 방법

상장된 주식의 기업가치는 주로 그 기업의 매출과 이익을 중심으로 평가하는 경우가 많기 때문에 리츠가 벌어들이는 임대료가 주가 되는 수입을 근거로 가치평가하는 방법이 좀 더 주식처럼 평가하는 형태라고 생각합니다. 이 방법 중 가장 많이 쓰는 방법은 P/FFO(또는 Price to FFO)입니다. FFO는 기업의 수익성을 나타내는 지표인 기업의 순이익을 리츠의 특성에 맞게 발전시킨 형태로, 현재 리츠가 돈을 버는 능력, 즉 수익 창출 능력을 알 수 있습니다.

FFO = (1) 순익 + (2)(+ 부동산 자산 매각으로 인한 손실 − 자산매각으로 인한 이익) + (3) 손상 차손 + (4) 부동산 감가상각비**

리츠의 순이익에 리츠가 보유한 자산들의 매각으로 인한 이익이나 손실을 보정해주고, 실제 나간 비용이 아닌 회계적 비용들(손상차손, 부동산 감가상각)을 더해주면 리츠의 운영 현금흐름(Funds from operation, FFO)이 계산됩니다. 이렇게 FFO가 산출되면, P/FFO 배수를 구합니다.

● P/FFO 배수(multiple): 'Price to FFO'라고도 부르며, 주식의 PE 또는 PER(Price to Earnings Ratio)이라고도 부르는 평가 방법과 비슷합니다. 단, 리츠에서는 순이익 대신 FFO를 쓰는 점이 다릅니다.

P/FFO = 현재 리츠 주가 / 현재 또는 1년 후 리츠의 주당 예상 FFO

● 활용법: 보통 비슷한 성격(섹터/지역, 전략)의 리츠 간의 P/FFO를 비교하거나 특정 리츠나 지수의 P/FFO를 과거 거래됐던 데이터와 역사적으로 비교해 리츠의 가치평가가 현재 주가보다 비싼지, 싼지를 판단하는 근거로 활용합니다.

쉬운 예를 들어보겠습니다. 비슷한 지역과 전략의 데이터센터 리츠 A의 P/FFO가 25이고, 경쟁사인 데이터센터 리츠 B의 P/FFO가 20이라면 A가 B보다 P/FFO의 관점에서는 비싸게 거래되고 있다고 할 수 있습니다. 미국 리츠의 경우 2013년 5월 6일 당시 기준 P/FFO가 18.3배이고 그 시점에서 10년 평균 P/FFO는 14.1이었습니다. 이럴 경우 미국 리츠는 2013년도에 과거 미국 리츠보다 P/FFO 관점에서는 비싸게 거래되고 있다고 할 수 있습니다(물론, 실제로는 이렇게 단순하게 쓰이지 않고 여러 가지 맥락을 고려해 최종 판단하지만, 이해를 쉽게 하기 위해 간략한 예시를 들었습니다).

《 미국 리츠 과거 Price to FFO 배수 추이 》

(출처: 메릴린치 보고서, 2013)

● 상대가치 평가법: P/FFO처럼 평가 대상 기업과 비교해 경제적 특성이 유사하다고 판단되는 기업들의 주가배수를 평가 대상에 적용하거나 비교하는 가치평가법을 '상대가치 평가법'이라고 합니다. 앞에서 소개한 DDM, DCF와 같은 내재가치 평가법은 비교 대상 없이도 계산이 가능하지만, 상대가치 평가법은 비교 대상 기업이나 그 기업이 속한 지수가 존재해야 상대적 가치를 계산할 수 있습니다.

그런데 아까 이야기한 데이터센터 리츠 A, B의 P/FFO를 비교할 때 A는 25, B는 20이면 A가 비싸므로 A를 팔고 B를 사야 할까요? 지역, 전략, 섹터가 모두 같아도 뭔가 A가 B보다 잘하는 점이 있는지를 찾아보고 분석해야 합니다. 그런 점이 없다면 A가 비싸다고 할 수 있겠습니다.

그런데 A가 B보다 비즈니스상 장점이 많은 리츠라는 것을 수치상으로 알 수 있는 근거가 있으면 좋겠지요? 그중 하나가 과거 기업의 FFO 성장률입니다. A는 5년간 FFO가 연 10%씩, B는 8%씩 성장해왔으며, 이런 성장률 차이를 만든 원인이 향후 10년간은 더 계속될 것이라고 가정해봅시다. PEG 비율(Price Earnings to Growth Ratio)

로 본다면 PEG(A)=P/FFO(25)/10, PEG(B)=20/8는 2.5로 같습니다. 즉, '두 기업의 P/FFO 차이는 FFO 성장률의 차이에 기인하는구나.'라고 유추해볼 수 있습니다.

FFO 성장률 = 한 기업이나 지수의 FFO 연간 성장률

● PEG 비율: 가장 성공한 펀드매니저 중 한 명이었던 피터 린치가 주로 쓴 방법으로, 성상률이 뛰어난 주식이 싼지, 비싼지를 가늠할 때 쓰입니다.

PEG 비율 = P/FFO/수년간 연간 예상 FFO 성장률(%)×100

숫자가 작을수록 성장성에 비해 가치가 저렴한 것입니다. 피터 린치는 PEG 비율이 1 이상이면 투자 대상에서 제외했다고 합니다.

이 PEG 가치평가법의 장점은 상대 기업과 비교하지 않아도 내재가치 평가법인 DCF나 DDM과 같이 어떤 기업이나 섹터가 비싼지를 단독으로 가늠할 수 있는 잣대로 활용할 수 있다는 것입니다. 미래의 성장률만 합리적으로 잘 예측할 수만 있다면, 이 PEG는 가치가 비싸 보이는 고성장 섹터나 리츠를 평가할 때 유용하게 쓰일 수 있습니다. 상대가치 평가법의 한계는 비교 기업들이 모두 비싸져 객관적인 잣대를 구하기 힘들 때인데, 이런 경우에 내재가치 평가법인 PEG 나 DCF 등을 함께 활용하는 것을 추천합니다.

지금까지 미국 리츠를 비롯해 리츠 가치 분석에 가장 많이 쓰이는 FFO의 뜻과 활용법, 일반적인 내재·상대가치평가의 개념까지 설명드렸는데, 다음에는 부동산과 채권 자산 측면으로 살펴보는 방법을 알려드리겠습니다.

61

부동산 가치측정의 중요 개념들

부동산적으로 가치평가를 하는 법을 설명하기 전에 리츠뿐 아니라 실물 빌딩에서도 많이 쓰이는 중요한 개념과 계산법을 소개합니다.

실제 빌딩의 가치는 어떻게 평가할까요?

"이 빌딩은 얼마지요?"
"자본환원율(Cap Rate, Capitalization Rate)을 5%로 적용하면 될 것 같네요."

빌딩 가치를 물었는데, '자본환원율'이 왜 나올까요?
보통 실무에서 빌딩 가치는 NOI(빌딩 순영업수익=부동산 임대료−빌딩 비용)를 자본환원율로 나눈 것으로 산정되기 때문입니다. 그래서 위 대화에서 '자본환원율이 5%'라는 이야기는 "빌딩 순영업이익은 빌딩의 위치나 퀄리티, 임차인을 보고 짐작하셨거나 리서치하셨기 때문에 이미 아는 것으로 가정할게요. 따라서 우리가 조율해야 할 중요 변수는 '자본환원율'이죠."라는 의미를 내포하고 있습니다.

빌딩 현재 시장가치 = 연간 NOI / 자본환원율

● NOI(순영업이익, Net Operating Income): 리츠나 실제 빌딩 매매에서 매우 중요한 개념으로, 일반 기업의 매출 총 이익과 비슷합니다. 리츠 보유 빌딩에서 나오는 임대료 수익에서 건물 운영 비용을 차감한 이익으로, 리츠의 자금조달 비용이나 간접비용이 포함돼 있지 않습니다.

총 임대료 매출 − 총 부동산 비용 − 세금과 보험 비용 = 순영업이익(NOI)

● 자본환원율: 상업용 부동산에서 가장 중요한 개념으로, 차입을 하지 않았다고 가정한 경우의 자산 예상 수익률을 지칭합니다. PE Ratio의 역수 개념이고 자본환원율이 높으면, 할인율이 높게 적용되므로 빌딩의 가치를 싸게 평가한다는 뜻입니다.

자본환원율 = 해당 부동산 NOI/부동산의 현재 시장가치

위와 같은 방식으로 리츠가 보유한 (모든) 빌딩들의 집합인 NOI와 자본환원율을 알게 되면, 리츠가 보유한 자산의 현재 시장가치가 계산되고, 여기서 부채를 빼면, 리츠의 NAV가 도출됩니다. 자! 드디어 책에 자주 등장하던 NAV를 계산하는 방법입니다.

NAV: 리츠보유자산의 현재 시장가치 + 기타 유형자산 − 부채

《 NAV 계산 시 필요한 개념 적용 순서 》

부동산 관점에서 평가하는 방법

리츠를 리츠가 보유한 부동산의 현재 평가된 NAV를 비교해 평가하는 방식은 부동산을 자산적인 관점에서 평가하는 방법입니다. 이 방법은 '각 리츠가 회사를 청산해 자산을 주주에게 돌려준다고 생각할 때의 가치가 얼마나 될까?'라는 개념에서 출발합니다. 이런 면에서 가장 부동산적인 평가 방법이지만, 이와 반대로 리츠의 중요한 무형적 자산이기도 한, 리츠 경영진이나 자산운용사의 관리능력, 경영 능력은 NAV에 반영되지 않는다는 단점도 있습니다(그 대신 리츠의 NAV가 어떻게 성장하는지를 보면 짐작할 수 있습니다).

리츠의 NAV가 주식에서 흔히 쓰이는 장부가액(Book Value)과 다른 점은 회계장부에 기록된 자산가치를 기준으로 하는 장부가액과 달리, 최근의 감정평가 기준으로 자산을 평가하므로 좀 더 현실에 가깝다는 것입니다. 보통 수십년의 업력을 가진 선진국 리츠의 경우 자산은 과거 회계기준 장부가치보다는 최근 기준인 NAV로 평가하는 게 맞겠지요.

- 리츠 NAV: 리츠가 갖고 있는 부동산의 최근 감정평가 기준의 NAV
- 일반 주식 장부가액: 회사가 갖고 있는 순자산이 장부상에 기록된 가치

P/FFO에서 설명한 것처럼 리츠의 주가가 NAV 대비 더 싸게도, 비싸게도 시장에서 거래될 수 있는데, 이를 평가하는 상대평가법을 'P/NAV(또는 Price to NAV)'라고 합니다.

- P/NAV 배수(Multiple): 'Price to NAV'라고도 부르며, 주식의 'PB' 또는 'PBR(Price to Book Value Ratio)'이라고도 부르는 평가 방법과 비슷합니다. 단, 리츠에서는 장부가치 대신 NAV를 쓰는 점이 다릅니다.

P/NAV = 현재 리츠 주가/(현재 또는 1년 후 리츠의 주당 예상 NAV)

다음 차트는 미국 리츠의 P/NAV 할증률(Premium)과 할인률(Discount)의 약 30년간 움직임입니다.

P/NAV 할증/할인률(Premium/Discount) = P/NAV−1

예를 들어 리츠 A의 주가가 33달러, NAV가 30달러이면, P/NAV는 33/30=1.1이고, P/NAV 할증/할인률은 1.1−1=0.1, 즉 10%의 할증률을 받고 있습니다. 만약, 주가가 30달러 이하이면 P/NAV 기준으로 할인돼 거래되는 것입니다.

《 미국 리츠 P/NAV 차트 》

(출처: 그린 스트리트 홈페이지)

P/NAV 기준으로 할인돼 거래된다면 어떻게 해석하는 것이 좋을까요? P/NAV가 1 이하이면 리츠가 보유 순자산보다 싸게 거래된다는 뜻이므로 리츠 가치가 저렴하다고 해석하는 것이 상식적입니다. 그런데 경영진이 리츠를 아주 잘 운용한다거나 데이터센터 리츠의 경우처럼 실제로 자산을 취득하려면 감정가 이상을 줘야 살 수 있는 인기가 많은 섹터인 경우에는 P/NAV 기준으로 비싸게 거래됩니다. 따라서 어떤 섹터가 P/NAV 기준으로 계속 싸게 거래된다는 것은 투자자가 이 리츠의 자산 섹터가 인기가 없다거나 리츠의 경영이 잘되고 있지 않다고 생각하고 있을 가능성도 있습니다.

또 리츠의 P/NAV가 높아지면 리츠 주가가 높아지므로 리츠가 유상증자 등을 통해 자산을 취득하는 등 증권시장을 이용할 때 유리해집니다. 이런 상태에서는 리츠가 증권시장을 이용해 자금을 모아 자산을 취득하는 외부 성장 활용이 활발해집니다. 경영을 잘하거나 좋은 섹터의 리츠에는 이런 장점이 생기므로 부익부의 연속이지요.

단순히 주식시장이 안 좋아져서 어떤 섹터나 리츠가 평소보다 싸게 거래돼 일시적으로 P/NAV가 낮은 것과 구조적인 섹터매력도 및 리츠 자체의 경쟁력이 낮아 장기적으로 P/NAV가 낮은 것은 구별돼야 한다는 사실은 매우 중요합니다. 최근 미국 오피스, 호텔, 쇼핑몰 리츠는 수년째 P/NAV상 할인 거래되고 있습니다. 수년 전에 가격이 저렴하다고 투자한 투자자들은 손해를 보고 있는 상황입니다. 이런 경우 P/NAV상 할인율의 해소는 가격이 매우 저렴해지거나 업황이 개선될 때 나타납니다.

《 미국 리츠 NAV 할증률(최근 5년간) 》

NAV 대비 할증된 섹터	데이터센터, 통신탑, 조립식주택, 물류, 셀프스토리지, 헬스케어 넷리스
NAV 대비 유사한 섹터	임대주택, 기숙사, 제약연구건물
NAV 대비 할인된 섹터	오피스, 호텔, 쇼핑몰

어떤 섹터나 나라의 리츠를 볼 때 그 섹터나 나라의 P/NAV 할인 또는 할증률에 대한 과거 긴 기간의 추세를 파악한 후 평균보다 P/NAV상 싸게 거래될 때 매수하는 것은 대개 우량한 수익률로 돌아오는 경우가 많습니다. 그래서 예일대학교 연기금 CIO였던 데이비드 스웬슨도 P/NAV에서 할인 거래될 때 리츠 자산에 투자를 하라고 권한 바 있습니다.

다만, 이런 경우에는 과거나 지금에나 펀더멘탈에 아주 큰 변화가 없는 오피스, 아파트 등이 적절할 것으로 보이고, 이와 반대로 데이터센터처럼 구조적으로 크게 성장하는 섹터는 다음과 같은 관점에서도 평가해야 합니다.

이 경우는 좀 더 복잡합니다. 최근 몇 년간은 P/NAV 기준으로 비싼 섹터들(데이터센터, 통신탑, 조립식주택 등)이 계속되는 인기와 함께 더 비싸지고, 오피스, 호텔, 리테일 같은 경우에는 점점 더 주가가 하락하는 빈익빈 부익부 현상이 지속됐습니다. 이럴 때 성장성 높은 섹터가 본질보다 비싸졌는지, 성장이 둔화된 섹터가 너무 하락했는지를 확인하려면, 그 섹터의 예상 성장률이나 경영진의 경영 능력이 합리적으로 반영됐는지 살펴봐야 합니다. 이때 투자자들은 FFO 성장률을 체크했던 방법과 마찬가지로 NOI 성장률이 합리적으로 추정돼 주가에 반영됐는지 확인해보는 절차가 필요합니다.

채권 관점에서 평가하는 방법

리츠가 채권의 성격을 갖고 있다는 것은 어떤 의미일까요?

리츠의 임대료 수입이 배당의 원천이 되는데, 이 임대료 수입은 어느 정도의 법적 강제성을 갖고 있기 때문입니다. 우리가 채권을 안전자산으로 취급하는 것은 채권 액면 이자 지급이 법적으로 보장돼 있기 때문입니다.

이와 비슷한 논리로 리츠의 임대료 수입도 채권 이자만큼은 아니지만 어느 정도 강제돼 있고, 배당을 해야 하는 원칙(배당 가능 순익의 90% 이상을 배당해야 함)에 의해 배당률이 높으므로 채권적 특징이 있는 안전자산으로 분류되기도 합니다.

이런 관점에서는 배당률을 채권적 관점에서의 가치평가 방법으로 볼 수 있는데, 이 경우의 단점은 전에 설명한 것처럼 배당률만 보게 되면, 자산가치의 증감률은 평가되지 않는다는 것입니다. 따라서 배당률은 섹터나 리츠가 좀 더 채권적인 성격, 예를 들면 섹터의 성장률보다 매우 장기의 안정적인 임대차 계약에 중점을 두고 있는 리츠에 적용하는 것이 좋습니다. 예를 들면, 롯데리츠는 롯데그룹의 쇼핑몰들과 장기간의 마스터리스 계약을 체결했기 때문에 임대료를 장기간에 걸쳐 안정적으로 받을 확률이 높은 채권적인 성격의 리츠입니다. 데이터센터 리츠 같은 경우에는 섹터의 성장률이 높고, 자산가치를 전반적으로 높이는 것에 중점을 두므로 배당률은 다소 떨어집니다. 그렇다고 해서 투자자들이 데이터센터의 배당률이 낮다고 말하지는 않습니다. 이런 리츠는 채권적인 성격이 적은 편입니다.

채권적인 성격이 강한 리츠를 평가할 때 좋은 방법은 리츠의 배당률과 그 나라 국채수익률 긴 스프레드(Spread)*를 이용하는 것입니다. 과거 평균보다 현재의 스프레드가 크면 리츠가 싸다고 볼 수 있습니다.

리츠 배당률과 국채수익률 간 스프레드: 리츠 배당률 – 그 나라 국가 10년물 국채수익률

지금까지 리츠를 주식, 부동산, 채권적 성격으로 나눠 가치평가하는 방법에 대해 설명했습니다. 자, 그럼 이 방법을 어떻게 실제 투자에 활용하는 것이 좋을까요? 잘 알고 성공투자에 활용하는 '알고리츠'의 특성에 따라 이 방법들을 잘 활용할 수 있는 팁을 알려드리겠습니다.

알아두세요

스프레드
보통 은행 돈을 대출받을 때 우대금리에 대출자의 신용도에 따른 금융기관 수수료를 추가해 결정하는데, 이때 추가하는 금리를 '가산금리'라고 한다. 다른 성격의 금리 간 차이를 '스프레드'라고도 한다.

63

리츠 가치평가
제대로 활용하기

지금까지 설명한 가치평가 방법은 모두 중요한 방식이지만, 리츠 펀드를 전문적으로 운용하는 자산운용사에서도 모든 방법을 쓰진 않고, 리츠에 투자하는 데 필요하다고 판단되는 주요 평가법 중에서 그 리츠의 특성에 가장 적합하다고 생각하는 방법을 선택해 활용합니다. 먼저 리츠를 많이 연구한 증권사에서는 어떤 방법들을 주로 쓰는지 소개하겠습니다.

개별 리츠를 소개하는 국내증권사 보고서에는 FFO를 많이 활용하고, 리츠를 분석한 역사가 오래된 미국이나 유럽의 증권사에서는 내재가치(DDM, RIM, DCF)와 FFO, NAV를 모두 또는 한두 개 채택해 활용합니다.

먼저 '리츠지수가 올해 얼마만큼 상승할 것인가?' 하는 측면에서는 총 수익률 예측치를 사용합니다. 즉, 지금부터 1년간 받을 배당률은 4%, 영업 현금흐름 성장률(또는 자산성장률)은 6% 정도 성장하겠다고 가정해 총 수익률 10%를 예상하는 구조입니다.

심화투자법에서 활용하는 가치평가 방법

"어제 애널리스트 리포트에서 본 한국의 오피스 리츠인 신한알파리츠가 많이 하락했다고 하네요. 신문에서 전망이 좋다고 한 미국의 데이터센터 리츠와 P/FFO, 배당률을 비교해보면 신한알파리츠가 훨씬 더 싼 거 같아요."

만약 내가 우연히 아는 2개의 리츠가 있다면 이 2개의 가치를 단순 비교하면 될까요? 아니면 이 리츠와 비교 대상이 될 수 있는 리츠는 따로 골라 봐야 할까요?

심화투자법에서의 가치평가는 특정 섹터나 지역, 종목을 고르기 때문에 기본 투자법보다는 복잡합니다. 내재가치 평가법 또는 상대평가법을 적용해야 하는데, 적용 대상이 될 수 있는 범위가 매우 넓어 비교 대상 선택의 폭이 넓습니다. 이때 비교 대상이 잘못되면 오히려 비교하지 않는 것이 더 나은 부작용이 있을 수 있습니다.

여러분이 리츠의 다양한 섹터와 지역을 몰랐을 때는 신문이나 애널리스트들의 리포트를 통해 우연히 이 2개의 리츠를 보고 비교했을 수도 있지만, 여러분께서는 이 책을 통해 이 두 리츠의 성격이 매우 다르다는 것을 배우셨습니다. 따라서 신한알파리츠를 상대가치법으로 평가하려면 이 리츠와 비슷한 성격의 비교 대상 리츠를 찾아야 합니다. 다음 예를 한번 보시지요.

방금 전의 질문에 등장한 신한알파리츠는 '한국의 오피스 리츠'입니다.

타 섹터/지역과의 비교

a) 같은 지역의 타 섹터(예: 한국의 리테일 섹터인 이리츠코크랩과 비교)

b) 다른 지역의 동일 섹터(예: 미국의 오피스 섹터인 보스턴 프로퍼티스와 비교)

c) 다른 지역 다른 섹터와 비교(예: 미국의 데이터센터 리츠인 디지털 리얼티와 비교)

"Apple to Apple."(사과는 다른 사과와 비교해야 한다)이라는 말처럼 가치평가는 가능한 한 지역, 섹터, 전략이 비슷한 리츠와 평가해야 가장 잘 평가할 수 있습니다. 하지만 필요에 따라 다른 섹터나 지역과 비교할 때가 생기는데, 이럴 때 비교의 의미가 높은 군은 b)의 '다른 지역 동일 섹터'입니다. 왜냐하면 요즘에는 지역보다 섹터 간 리츠의 공통점이 더 커졌기 때문이죠(이를 '동조성'이라고도 합니다). 최근 코로나로 리츠가 하락했을 때 데이터센터 리츠군은 지역이 달랐는 데도 대부분 선방했으며, 오피스, 호텔, 리테일, 임대주택은 좀 더 하락했습니다.

같은 섹터, 같은 지역군 내 비교

같은 섹터, 같은 지역군 내에서 비교하는 것은 개별 주식 상대가치 비교군으로 가장 바람직합니다. 좀 더 세분화해 비교하면 정확도가 높아집니다. 예를 들면 같은 미국 리테일이라도 알고 보면 넷리스, 대형 몰, 쇼핑센터로 나눠지고, 여기서 한 번 더 자산 품질이 더 좋은 리츠와 좀 떨어지는 리츠로 나눌 수 있습니다. 계약 형태에 따라 넷리스와 일반 계약 형태로도 분류됩니다. 또 개발 비중이 높은 리츠와 낮은 리츠도 있지요. 이렇게 리츠를 분류하다 보면, 어느 리츠끼리 비교하면 좋을지가 좀 더 명확해집니다.

같은 리츠와 섹터의 과거 가치평가 구간 활용

또 하나의 좋은 방법으로는 어떤 리츠와 섹터를 그 섹터의 P/NAV, P/FFO, 배당률 등 역사적으로 어느 정도의 범위에서 거래됐는지 참고하는 것입니다. 이 방법의 장점은 긴 기간에서 비교 대상이 어떻게 거래됐는지 보면서 지금 가치가 어떤지 가늠해볼 수 있고 또 비교 대상을 잘못 선택할 우려도 없다는 것입니다. 이런 장점 때문에 저도 역사적인 가치평가 구간을 많이 참고하곤 합니다.

여기서는 두 가지만 유의해 사용하면 됩니다. 첫째, 회사나 섹터의 내용이 많이 변했을 때는 과거 내용이 큰 참고가 되지 못한다는 것이고 둘째, 너무 짧은 기간의 비교(예: 약 1년)는 큰 의미가 없다는 것입니다. 물류 섹터는 예전과 달리 인터넷 쇼핑에서 물류 섹터의 중요성이 높아지면서 가치평가 구간이 변경된 경우입니다. 이럴 때는 옛날의 가치평가보다 최근 재평가 기간의 구간을 참고하는 것이 더 의미가 있습니다.

회사나 섹터의 우수성 비교

수치상으로 단순히 싼 리츠나 주식을 선호하다가 '싼 비지떡'을 고를 우려가 있는 것이 '가치투자의 함정'입니다.

만약, 같은 한국 오피스 섹터에서 비교할 때 A 리츠의 P/NAV나 P/FFO가 B 리츠보다 높다면 A 리츠가 수치상으로 비싼 것은 사실이지만, A 리츠를 운용하는 자산운용사나 리츠 회사가 잘 운영한 결과라면, A 리츠가 B 리츠보다 비싸다고만은 할 수 없습니다. A 리츠는 계속 잘 경영돼 임차인을 잘 유치하고 좋은 빌딩을 사들여 투자자에게 더 높은 이익을 지속적으로 제공할 수 있기 때문입니다. 다음은 리츠나 섹터의 우수성 정도를 체크해볼 수 있는 보조 지표들입니다.

- 성장성 지표: 동일 면적 NOI 성장률(내부성장률), FFO 성장률(내부성장률 + 외부성장률)
- 동일 면적 NOI 성장률: 대체로 1년 이상 보유한 자산만을 대상으로 한 NOI 성장률을 말한다. 1년 미만 기간 내 보유하게 된 신규 자산은 제외하므로 리츠의 외부성장의 영향을 가급적 제외한 내부성장률을 알 수 있다.
- 재무 건전성 지표: 레버리지, 각종 부채비율, 자본 조달 비용
- 전반적인 경영 우수성 지표: 장기적인 과거의 총 수익률

REITs

64

리츠와 관련된
다양한 투자 상품

여기에서는 일반적 리츠 외에도 비상장리츠, 리츠가 발행한 채권과 우선주, 모기지 리츠, 개발회사 등 리츠 산업과 관련한 다양한 종류의 상품을 소개합니다.

대부분의 리츠들이 상장해 증권시장을 활용한 덕분에 리츠 관련 투자 상품도 다양해졌습니다. 우리나라에서는 현재 리츠 주식만 주로 상장돼 있지만, 해외의 리츠들은 채권이나 우선주도 꽤 발행하고, 기관투자가들도 안정적인 이자나 높은 배당률을 받을 수 있는 상품을 선호하는 편입니다.

- 리츠가 주식을 증시에 상장하면 ⋯ 이 책에서 주로 다루는 리츠 주식(Equity REITs) 투자기회
- 리츠가 채권을 발생하면 ⋯ 리츠 기업이 발행한 채권
- 리츠가 우선주를 발행하면 ⋯ 높은 배당률(미국 리츠 기준 5~6% 수준)의 우선주

우리나라에는 리츠 주식, 대만에서는 리츠가 발행한 우선주가 인기를 끌고 있습니다. 그리고 선진국 기관투자가들은 리츠가 발행한 채

권도 선호하지요. 다른 사업보다는 빌딩 보유 사업 채권이 더 안전하기 때문이겠죠?

비상장리츠

증시에 상장되지 않는 사모 리츠도 존재하는데, 대부분의 사모 리츠는 '사모'의 성격상 불특정다수 50인 이하에게 투자 권유를 해야 하기 때문에 투자 최소 금액도 크고, 주로 기관투자나 큰손들에 의해 투자가 완료됩니다. 이런 리츠들은 공모를 하지 않았기 때문에 거래가 자유롭지 않고, 리츠 정보를 공시해야 할 의무가 없습니다. 그렇지만 투자 수익률이 좀 더 확정적이고 기준가가 매일 변동하지 않아 변동성이 없어 보인다는 장점이 있지요.

사모 부동산 펀드와 성격이 비슷한 면이 많지요? 이 리츠들이 상장하지 않기로 결정한 것은 일정 특정 빌딩들에만 투자하기로 결정했거나 큰 규모의 기관투자가 대상으로 발행하는 것이므로 굳이 개인을 대상으로 상장할 필요가 없기 때문입니다. 다음 그림에서 국내 사모리츠의 수익률은 개략 7% 수준으로 사모 부동산 수익률과 비슷하고 미국의 상장부동산 리츠보다 낮습니다.

그 이유는 여러 가지가 있겠지만, 사모리츠와 부동산 펀드는 상장리츠의 성장전략을 전개하지 못하는 것도 그 이유 중 하나입니다. 한편 사모 부동산 펀드와 비교할 때 사모 리츠의 차이점이 공모리츠와의 차이점만큼 크지 않기 때문에 상장리츠 고유의 외부 성장, 자금조달 전략을 활발히 펼 수 없는 것이 사모 리츠의 단점입니다. 따라서 향후 우리나라에서도 리츠시장의 주류는 상장리츠가 될 가능성이 높습니다.

《 리츠 연도별 수익률 추이 》

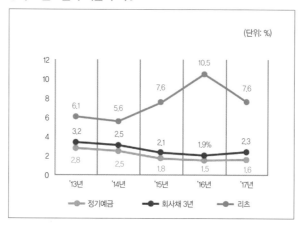

《 리츠 규모 대비 공모리츠 비율 》

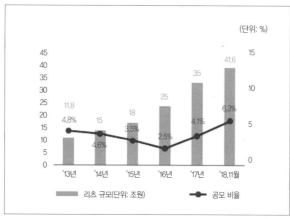

(출처: 관계 부처)

65 지분형 리츠와 모기지 리츠

모기지 리츠는 배당률이 10% 수준이라는데, 어떤 상품인가요?

보통 배당률만 해도 높은 한 자릿수나 10%인 모기지 리츠에 대한 투자자들의 관심은 높은 편이지요. 우리가 보통 이야기하는 리츠는 지분형 리츠입니다. 미국 기준●으로 약 80%의 리츠는 지분형 리츠, 나머지가 모기지 리츠입니다. 모기지 리츠가 발달한 미국에서도 최근에는 리츠라고 하면 대부분 지분형 리츠를 지칭합니다. 이 책에서도 지분형 리츠를 중심으로 다룹니다.

알아두세요

FTSE NAREIT ALL REITs
index 기준(2015년 말)

그런데 모기지 리츠란 무엇일까요? '모기지(Mortgage)'라는 말은 대출할 때 대출 대상을 담보로 삼는다는 뜻으로, 모기지론, 모기지 대출 등과 결합해 주로 부동산 담보 대출을 이야기할 때 쓰이는 단어입니다. 십수년 전 리먼브러더스 사태 때 시초가 됐던 서브프라임 모기지를 기억하시나요? 서브프라임 모기지는 주로 미국에서 주택담보 대출에서 심사에 통과하지 못한 사람들을 위한 대출이었습니다.

리츠가 상업용 부동산을 소유해 임대료를 받는 것이 주 수입원이라고 했지요? 모기지 리츠는 상업용 부동산이나 아파트를 소유하지는 않고, 빌딩 소유자나 개발회사에 그 빌딩을 담보로 대출해주거나 이미 발행된 모기지 대출이나 채권에 투자합니다.

그런데 모기지 리츠는 이런 사업에 투자를 하는 회사의 지분을 사는 것이기 때문에 바로 대출을 해주는 것과 크게 다릅니다. 이 회사의 사업은 리츠의 신용으로 리츠의 자본보다 무척 큰 대출을 일으켜 상업용 빌딩의 대출상품에 투자하는 성격입니다. 은행의 예대마진과 비슷하지요? 쉽게 말하면 모기지 리츠의 사업모델은 금융기관에서 돈을 빌려 상업용 빌딩에 대출을 해주는 대출금융의 성격입니다. 그래서 여러분이 빌딩을 사서 임대료 수입과 자산상승 이익을 얻는 주주로서의 투자를 원하면 지분형 리츠, 대출상품에 투자해 이자를 받는 회사의 투자가가 되고 싶으면 모기지 리츠를 사면 됩니다.

그런데 대부분 은행이 예대마진으로 이익을 보는 것처럼 모기지 리츠도 대체로는 사업상 이익을 만들지만, 이 과정에서 자금조달을 위한 대출을 크게 일으킨다는 것에서 은행의 대출사업보다는 리스크가 큽니다. 이런 성격 때문에 모기지 리츠 투자자는 두 가지를 기억해야 합니다.

첫째, 모기지 리츠는 금리와 연관이 높습니다

빌린 돈으로 상업용 빌딩 자금을 빌려주기 때문에 금리가 갑자기 올라가 빌린 돈의 금리가 빌려줄 돈의 금리보다 더 높아지면 이익이 줄어듭니다. 또 전반적으로 금리가 하락하면, 돈을 빌려간 사람이 급히 돈을 갚게 돼, 대출로 돈을 버는 기회가 줄어듭니다. 그래서 대체로 모기지 리츠는 금리가 완만히 움직일 때가 가장 안정적입니다.

둘째, 대출이 아닌 레버리지를 활용한 대출사업이기 때문에 채권 투자라고 생각하면 안 됩니다

대출 마진이 크진 않아 이익을 최대화하기 위해 레버리지 비율*이 매우 높은 편입니다. 어떤 모기지 리츠의 레버리지 비율은 1,000%

알아두세요

레버리지 비율은 전체 투자금액을 내가 투자한 금액으로 나눈 것을 말한다. 내 돈 100원과 은행대출금 900원으로 1,000원짜리 집을 샀다면 레버리지 비율은 1,000/100 = 10 = 1,000%가 된다.

에 가깝기도 합니다.

모기지 리츠는 연간 배당률이 10% 수준으로 매우 높기 때문에 한국 투자자들 사이에서 관심을 많이 받습니다.

"모기지 리츠 배당률이 10%라고요? 엄청나군요. 당장 투자하고 싶어요."

그런데 총 수익률을 기준으로 볼 때 모기지 리츠가 일반 지분형 리츠보다 총 수익률이 그렇게 좋은 편은 아닙니다. 2019년 11월 중순 기준 7년간 미국 모기지 리츠의 총 수익률은 연 7%입니다. 배당률만 보고 모기지 리츠를 평가하면 안 되고, 배당자산은 꼭 총 수익률로 봐야 한다는 사실을 꼭 기억해주시길 바랍니다.

"배당이 10%인데 총 수익률이 8%라면, 자산 성장률이 하락한 건가요?"
"그럴 수 있습니다. 앞에서 설명한 것처럼 두 대출 간 금리 차이로 이익이 발생한다는 점, 금리 하락 시 채무자가 대출을 갚아버리면 수취할 수 있는 이자가 줄어든다는 점, 레버리지가 높다는 점이 자산 성장률의 하락으로 이어질 가능성이 있지요."

또 한 가지는 부동산 임대업보다는 금융 섹터의 성격이 강해 미국 증권사에서도 소비자 금융(consumer finance) 섹터에 속해 있고 리츠가 속해 있는 부동산(Real Estate) 섹터에는 속해 있지 않습니다. 미국에서 리츠 분석 보고서를 내는 애널리스트들이 대개 이 모기지 리츠를 분석 대상에서 제외하는 이유는 업의 성격이 다르기 때문이죠.

모기지 리츠는 일반 리츠와의 투자 특성이 달라 두 상품을 함께 투자하면 전반적으로 변동성이 낮아진다는 장점이 있습니다.

배당률이 높다는 매력에 끌려 모기지 리츠에 투자하고 싶으신 분들께서는 그 모기지 리츠가 투자한 금리의 방향과 그 리츠가 대출받은 금리의 성격의 전망을 잘하시고, 레버리지 비중, 빌딩의 종류 등을 잘 파악한 후에 투자 결정을 하시길 바랍니다.

"왜 리츠를 잘 알고 투자해야 하는가?"

리츠에 관심을 갖는 투자자들이 점차 많아지고 있습니다. 투자자분들이 리츠 투자에 실패하지 않고 본연의 좋은 수익률을 경험할 수 있도록 부족하나마 8년 동안 해외 리츠 펀드를 운영해본 경험을 바탕으로 이 책을 쓰게 됐습니다. 이런 내용을 세미나에서 다루기에는 시간이 부족하기도 하고 많은 분에게 전하는 데 한계가 있다고 느꼈기 때문입니다.

책을 쓰기 시작한 1월에 갑자기 코로나 사태가 진전되고 주식시장이 급등락하며 경제에 대한 우려가 높아졌습니다. 또한 라임 펀드로 인해 어떤 금융상품을 골라야 하는지에 대해 투자자들의 고민이 많아졌습니다. 작년에 국내 리츠의 상장과 선전으로 관심을 끌었던 국내외 리츠도 하락했습니다.

이제 다시 투자할 국면일까요? 갖고 있는 자산은 그냥 보유해야 할까요?

한 가지 분명한 점은 리츠는 선진국에서 주류 상품 중 하나라는 것입니다. 해외 연기금이 전체 자산의 1~2%를 투자할 정도입니다. 국내에서도 점차 대기업이나 유명 자산운용사가 진입하고 있는 성장 산업 분야입니다. 리츠를 잘 모르거나 투자하지 않게 되면, 이런 트렌드를 놓치고 뒤처질 위험이 있습니다.

왜 리츠를 잘 알고 투자해야 하는가?

"돈은 뜨겁게 사랑하고 차갑게 다뤄라."

제가 좋아하는 유럽의 저명한 투자자인 앙드레 코스톨라니의 책 제목입니다. 코스톨라니는 일생 동안 투자만으로 백만장자가 됐습니다. 그의 주된 충고는 '생각하는 투자자가 되라.'는 것이었습니다.

투자 분야에 20년 넘게 근무하면서 '돈을 사랑하는 마음으로 열심히 한다고 해서 투자가 꼭 성공하지는 않는다.'라는 점을 배웠습니다. 오히려 투자의 성공 알고리즘을 알고자 하는 차가운 머리가 장기적인 투자 성공에 더 필요합니다.

집에 잘 투자하려면 아파트를 매일 보러 다니는 것보다 어느 정도 시간을 투자해 아파트 투자의 기본지식과 부동산 사이클을 보는 법을 터득하는 것이 중요합니다.

이런 판단 능력이 없으면, 큰 사이클이 변할 때 감지하는 능력이 없어 유명한 부동산 평론가의 의견에 끌려다닐 수밖에 없고, 투자에 실패하거나 마음고생을 하기 쉽습니다. 이것이 바로 노력과 돈에 비해 성공률이 낮을 수밖에 없는 이유입니다.

리츠 투자도 이와 마찬가지입니다. 리츠를 공부하지만 방향을 잘못 이해할 경우, 노력과 시간에 비해 투자 수익률은 만족스럽지 못할 것입니다.

제가 이 책을 쓰게 된 동기는 다음과 같은 사실을 알려드리고 싶었기 때문입니다.

"리츠는 개인이 투자할 수 있는 최고의 빌딩 투자입니다."

"리츠를 빌딩에 투자하듯 장기투자하면, 투자 성공 확률을 높일 수 있습니다."

리츠는 최고의 빌딩 투자기회

시가총액이 큰 대부분의 선진국 리츠들은 그저 그런 빌딩이 아닌, 매우 좋은 빌딩을 보유하고 있고, 최고의 전문가들이 관리해주고 있다는 사실이 최고의 강점입니다. 그래서 빌딩 투자방법 중에서도 선진국의 대형 리츠들은 코로나, 노후, 경제위기에도 상대적으로 안전한 수익형 부동산 투자입니다.

첫째, 빌딩의 입지와 품질이 높아 임대료를 잘 받을 가능성이 일반 빌딩 투자에 비해 높습니다. 이번 코로나 위기에도 최고급 빌딩의 주인들은 상장기업 등 안정적인 임차인(상장기업 등)과 계약하고 있기 때문에 임대료를 잘 받을 확률이 높습니다. 그렇지 않은 빌딩들은 임차인의 형편이 어려워지면 임대료를 못 낸 임차인들과 분쟁의 여지가 생깁니다.

둘째, 아무리 좋은 빌딩이라도 빌딩을 운용하는 사람의 능력에 따라 수익성이 달라집니다. 최고 수준의 리츠운용사나 리츠 회사에서 임대인을 관리하고, 자산을 매입, 매도하기 때문에 개인이 관리하는 것보다 빌딩의 수익성이 높을 수밖에 없습니다.

셋째, 원하는 지역과 섹터의 빌딩을 살 수 있습니다. 코로나 위기에도 수요가 감소하지 않거나 상승하는 데이터센터, 물류센터, 셀프스토리지 섹터의 빌딩을 사고 싶다면 리츠를 통해 투자할 수 있습니다.

넷째. 리츠 거래에 수반되는 비용은 국내외 주식과 비슷하기 때문에 실제 빌딩을 거래하면서 지불하는 큰 수수료와 세금에 비해 저렴합니다. 그리고 정부는 공모 부동산 펀드 및 리츠 투자를 장려하기 위해 투자원금 5,000만원을 한도로 3년 이상 투자할 때 배당소득에 대해 분리과세 혜택을 주고, 세율도 14%에서 9%로 낮춰 적용하는 혜택을 제공합니다. 리츠가 미국 해외 부동산업계에서 어떤 위상인지 알게 된 계기는 다음과 같습니다.

2004년부터 2년간 미국에서 MBA(경영학 석사)를 하던 시절, 재미있는 사실을 발견했습니다. MBA 학생들은 졸업 후 커리어 전환을 하기 위해 여러 비즈니스 관련 클럽에 가입하는데, 그중 '상업용 부동산 투자 클럽(Real Estate Club)'의 규모와 인기가 매우 높고 월가에서 가장 인기 있는 직종인 헤지펀드, 사모펀드(프라이빗 에쿼티)의 펀드매니저 출신 친구들까지 부동산 자산운용사에 관심을 갖고 앉아 있었습니다.
"너는 최고의 헤지펀드에서 일했는데, 왜 계속 상업용 부동산 투자자로 직업을 바꾸려고 해?"
"내가 일한 헤지펀드는 고연봉이긴 한데, 오늘 낸 아이디어가 내일도 맞는다는 보장이 없기 때문에 하루하루 피가 마르거든. 그런데 부동산 빌딩 투자 쪽은 장기적으로 안정적인 투자면서 오래 일할 수 있어. 대학 졸업 후 8년을 헤지펀드에서 일하면서 고생했으니 MBA 후엔 호흡이 긴 상업용 부동산 투자자로 전직할까 생각 중이야."

당시 한국에선 당시 상업용 부동산 투자 회사가 많지 않았기 때문에 신기했습니다. 그런데 이런 쟁쟁한 경력의 친구들이 상업용 부동산 투자자로만 지원하는 것이 아니라 고급 호텔 체인인 '포 시즌(Four Season)'의 부동산 개발 부분이나 심지어 '리츠'라는 회사의 자산 인수 부문으로 진출했습니다. 친구들이 취업정보를 얻기 위해 자주 방문하는 'Zell/Lurie Real Estate Center'라는 곳은 '에쿼티 레지덴셜' 등 몇 개의 유명한 리츠 회사의 소유주인 샘 젤이라는 사람이 설립한 부동산리서치센터라고 했습니다. MBA 진학 전에 저는 벤처캐피털리스트로 일하고 있었고, 졸업 후에는 사모기업투자자(Private Equity)나 주식펀드매니저(Equity portfolio Manager)로 전직할 생각을 하고 있어서 부동산 쪽의 취업은 생각하지 않았습니다.
그러나 2년간의 유학생활 기간 중 미국이나 다른 선진국의 사례를 볼 때 한국도 곧 상업용 부동산이 크게 발달하고, 이후 리츠 산업이 발전하겠다는 생각이 들어 따로 공부해볼 요량으로 부동산 투자 교과서 몇 권을 사서 귀국했습니다. 졸업 후 인프라 분야의 PE, 국내주식 펀드매니저를 거쳐 2012년도에 해외 리츠 펀드매니저를 맡게 됐습니다. 국내에는 생소했지만, 이 리츠가 헤지펀드 매니저들도 좋아하는 회사이며 산업이라는 것을 알고 있었기 때문에 새로운 도전을 해보기로 결정했습니다. 앞으로 커질 사업 분야에 일찍 발을 들여놓는 것이 좋겠다는 생각에서였습니다.

투자자가 리츠 투자에 성공하는 법

그뿐 아니라 리츠가 오래 투자할 만한 '좋은 자산'이라는 것을 알았기 때문입니다. 20년의 투자 기간 중 벤처캐피털, 비상장기업투자, 상장주식매니저로서 다양한 투자분야를 경험하면서 보편적으로 잘 통하는 투자 비결이 있다는 것을 배웠습니다.

"나무보다 숲을 보자. 거시적으로 멀리 보는 것이 장기적으로 좋은 투자전략이다."

물론 좋은 주식을 고르거나 현재 시점에서 더 좋은 아파트 투자처를 고르는 것처럼 개별투자에서 잘하는 것도 중요하지만, 시기 선택에서 운이 많이 따라야 하고, 많은 자산 중에서 고르고 분석하는 시간과 노력이 꽤 듭니다. 따라서 거시적인 경제 상황, 자산에 대한 인식 없이 개별 자산 중에서 고를 때는 시간과 노력 측면에서 비효율적입니다. 반면, 좋은 자산, 섹터 등 거시적인 상품을 보는 안목을 기르고 그 상품에 따른 투자 특성이나 패턴을 파악한 후 개별 자산에 투자하면 훨씬 효율적이고 승률도 높다는 것을 알았습니다.

투자 성공은 좋은 자산을 고르는 것에서 시작되는데, 첫째가 자산, 둘째가 섹터/지역, 셋째가 개별 상품입니다.

'서울 아파트 + 미국 리츠 + 미국 주식'은 지역 / 자산 선택의 예이고, '강남구 아파트 + 미국임대주택 리츠 + 미국 IT 주식'은 좀 더 나아가 섹터까지, '래미안대치팰리스 + 에쿼티 레지덴셜 + 마이크로소프트'는 종목까지 선택한 경우입니다.

그런데 처음의 자산 선택에서 대부분 사람들의 부가 결정된다는 사실이 중요합니다. 자산 선택을 '한국 저축 + 한국 주식'으로 구성한 사람이 있다면, '서울 아파트 + 미국 리츠 + 미국주택'으로 구성한 사람과의 10년 후 자산 차이는 매우 클 것입니다.[1] 최근에는 인터넷의 발달로 손쉽게 거래할 수 있는 상품들이 등장해 시간과 노력을 종목 선택에 투자하지 않고 자산 선택만 해도 쉬운 방법으로 투자를 실현할 수 있습니다. '서울에 살 아파트 한 채, 미국 리츠 펀드+미국 주식 ETF' 이렇게 말이죠. 그러나 많은 사람이 투자할 자산을 결정하기보다는 개별 종목과 개별 자산, 단기 매매 타이에 더 신경을 쓰는 것은 자산 수준의 결정에 대해 배울 기회가 없었기 때문이라고 생각합니다. 자산 선택에서 잘못된 결정을 하면 아무리 종목 선택에 힘을 쏟더라도 투자 효율성이 떨어집니다.

두 번째로 중요한 점은 이렇게 선택한 좋은 자산, 섹터, 종목을 오랫동안 갖고 있어야 한다는 것입니다. 자주 사고팔면 큰돈을 벌기 힘듭니다. 수수료를 받는 중개회사, 세금을 수취하는 회사, 세금을 받는 정부에게만 좋은 일이죠.

타이밍 포착과 특별한 상품에 대한 관심을 돌려 10년 이상 갖고 갈 정말 좋은 자산인지와 함께 그 상품들이 선진국에서도 검증된 건전한 자산인지에 결정하시는 데 더 관심을 두는 것이 좋습니다. 워런 버핏이나 피터 린치도 경제 타이밍 포착은 힘들다고 이야기했고, 단기적인 타이밍을 이야기하는 투자자 중에 의외로 부자가 없는 것이 현실입니다.

리츠를 부동산처럼 투자하는 것이 알고리츠의 핵심

'리츠에 투자했을 때 선진국의 우량 상업용 빌딩에 투자한 만큼의 수익률을 거둘 수 있을까?'라는 질문에 대한 답이 바로 위의 투자 원칙에 바탕을 둔 '알고리츠'입니다.

알고리츠의 원리는 세 가지입니다. '리츠가 우량한 빌딩자산이라는 것을 인식하고, 충분한 금액을 오래 투자하자'입니다. 리츠가 가진 자산인 "맨해튼 오피스 빌딩, 샌프란시스코의 고급 임대아파트, 유럽의 셀프스토리지가 장기투자하기 좋은 자산이기 때문에 충분한 금액을 오래 투자하자."라는 말로도 표현할 수 있습니다.

한걸음 더 나아가 이왕이면 섹터에 포커스를 맞춰 리츠에 투자하시는 것도 추천합니다. 임대주택은 도시민들의 주거 습성이 바뀌지 않는 한, 그 투자매력이 상당히 지속될 섹터죠. 경제가 좋거나 어려운 상황에서도 수요가 꾸준히 지속될 섹터를 고르면 장기적으로 수익률을 기대할 수 있습니다.

이렇게 리츠 투자를 완료하면, 임차인을 관리하기 위해 서울과 지방을 넘나들지 않아도 큰 세금이나 거래비용 없이 고품질 부동산의 수익률을 달성하면서 그 시간에 좀 더 가치 있는 다른 일을 하거나 다른 투자를 할 수 있습니다.

책을 덮기 전에 나에게 맞는 리츠 투자를 어떻게 시작할지 결정해보세요. 책을 읽은 후 리츠에 대해 잘 알게 됐다고 생각하고 재테크 책들과 같이 꽂아 놓고 잊어버리신다면, 리츠 투자의 효과를 수년 후 알기가 힘들겠지요?

리츠 투자로서 재테크에 영향을 끼치는 결과를 기대하려면 의미 있는 금액을 투자해야 한다고 설명했지만, 처음부터 그렇게 하긴 힘듭니다. 처음엔 부담 없는 금액부터 시작해보세요. 그리고 1년에 한 번, 한 달에 한 번 그 정도의 돈을 다시 투자해보세요. 동일한 리츠 상품이나 개별 리츠가 아니라도 좋습니다. 처음에는 리츠 펀드나 ETF, 다음에는 마음에 드는 개별 리츠, 세 번째는 리츠 섹터나 ETF 등에 다양하게 투자하면, 각각 어떤 장단점이 있는지를 경험하면서 내게 어떤 투자가 잘 맞는지 알 수 있습니다.

리츠에 투자한 후 경제와 주식시장이 급변하면 '내가 투자한 리츠가 괜찮을까?'라는 생각을 할 수 있습니다. 이 경우에는 리츠의 특성과 리츠의 섹터들을 설명한 장들을 다시 살펴보면서 내가 뉴욕의 오피스 빌딩이나 데이터센터 리츠를 갖고 있다면 어떻게 할 것인지 생각해보는 것이 좋습니다.

리츠에 관심이 있는 투자자들의 관심도나 투자 경험은 매우 다양할 것입니다. 그래서 이 책에는 독자들이 책을 읽은 후 '단순히 리츠에 좀 더 알았다.'라고 느끼는 것보다 '리츠 투자하는 방법에 대해 더 알았고 이제 해봐야겠다.'라고 생각할 수 있도록 수준별로 리츠에 투자할 수 있는 방법을 소개하려고 노력했습니다.

이 책을 통해 여러분이 리츠를 더 잘 이해하고, 실제로 투자한 후 좋은 수익률로 이어진다면 정말 기쁘겠습니다. 이 책이 여러분의 성공적인 리츠 투자에 동반자가 되길 바랍니다.

---

(1) 이 사례들은 투자를 권유하는 것이 아니며, 이론의 예시를 보여주기 위한 단순 실례입니다.

M·E·M·O

M·E·M·O